本书系"2022年内蒙古自治区本科教学改革研究项目"（本科法学实践课程建设和教学改革研究）成果。

姜 磊◎著

理论与实践
高等院校卓越法治人才培养模式研究

LILUN YU SHIJIAN
GAODENG YUANXIAO ZHUOYUE FAZHI
RENCAI PEIYANG MOSHI YANJIU

中国政法大学出版社

2022·北京

声　　明　　1. 版权所有，侵权必究。

　　　　　　2. 如有缺页、倒装问题，由出版社负责退换。

图书在版编目（ＣＩＰ）数据

　　理论与实践：高等院校卓越法治人才培养模式研究/姜磊著.—北京：中国政法大学出版社，2022.12
　　ISBN 978-7-5764-0798-3

　　Ⅰ.①理… Ⅱ.①姜… Ⅲ.①高等学校－法律－人才培养－研究－中国 Ⅳ.①D92-4

　　中国版本图书馆 CIP 数据核字(2022)第 258151 号

出 版 者	中国政法大学出版社
地　　址	北京市海淀区西土城路 25 号
邮寄地址	北京 100088 信箱 8034 分箱　邮编 100088
网　　址	http://www.cuplpress.com（网络实名：中国政法大学出版社）
电　　话	010-58908586(编辑部) 58908334(邮购部)
编辑邮箱	zhengfadch@126.com
承　　印	固安华明印业有限公司
开　　本	880mm×1230mm　1/32
印　　张	9.75
字　　数	270 千字
版　　次	2022 年 12 月第 1 版
印　　次	2022 年 12 月第 1 次印刷
定　　价	59.00 元

前言

法学类专业教育具有很强的应用性和实践性,在国家民主法治建设中发挥着重要的基础性作用。本科法学类专业教育是社会主义法治建设进程中的关键环节,它旨在培养德才兼备,具备依法执政、科学立法、依法行政、公正司法、高效高质量法律服务能力与创新创业能力的法治人才,是社会主义法治建设的重要组成部分。

本科法学类专业教学具有极强的实践性,是法学教育的重要组成部分,它直接关系着复合型、应用型、创新型法治人才及后备力量培养目标的实现。本科法学类专业实践教学是一项系统化工程,无论是培养方案制定、实践课程建设、教学大纲制定、实践教学管理完善,还是实践教学配套保障,乃至实践教学模式创新,都是本科法学类专业实践教学整体的一部分。《法学类教学质量国家标准(2021年版)》对本科法学类专业实践教学给出了基本标准,在基本标准上高质量地培养卓越法治人才还需要实践课程建设和教学模式创新等一体开展。本科法学类专业实践教学相对于理论教学而言研究还不够深入,尚未形成科学的体系,实践教学模式也亟须加强研究。

本书一体化地探讨本科法学类专业实践课程体系和与之相适应的教学模式的重整与创新,以本科法学类专业实践教学基本理论为切入点，借鉴国内外本科法学实践教学经验，针对当前存在的问题，提出解决策略：以课程体系建设为基础，探讨新时代本科法学类专业实践教学模式的构建与创新，实现培养分析和解决实务问题的德法兼修的卓越法治人才。在实践教学模式方面，本书采用理论研究和实践检验系统协同实施的技术路线，根据建构主义学习理论、隐性知识理论和有效教学理论等，提出在"三全育人"理念下"参与式教与学"培养模式（学生循序渐进地参与直至主导学的逻辑进路：理论学习→案例分析练习→文书撰写和辩论、谈判等训练→模拟法庭（仲裁庭）实训→专业（毕业）实习实践和法律诊所等真案实战→毕业论文）并进行与之相匹配的课程建设改革创新发展，突破了同质化困境，通过协同育人机制，实现在校学生"去真法庭见真人"处理"真事儿真纠纷"和全过程参与教学改革研究与实践，致力于开拓本科法学实践教学理论研究和实践应用新范式，有效培养学生法治思维、职业道德、创新精神和实践能力，解决学生独立自主地获取、更新本专业相关知识的学习能力和将所学的专业理论与知识融会贯通并灵活地综合应用于专业实务之中的基本技能需求，同法学实践课程供给不足和教学模式创新不够之间的矛盾问题。实现全员全过程全方位培养德才兼备卓越法治人才之目标。

除特殊注明外，本书所指的实践教学仅限于本科法学类专业（本科法学）范围内。全书注重理论联系实际，突出实践性特点，全面系统地对法学实践教学模式进行分析和解读，从多个方面和角度结合实际状况作出了相关阐述。

本书撰写过程中得到了许多专家学者的帮助和指导，在此表示诚挚的谢意。由于作者水平有限,书中所涉及的内容难免有疏漏与不够严谨之处,希望各位专家、执教同仁多提宝贵意见,以待进一步深化本科法学教学改革,完善创新法治人才培养机制,提高法治人才培养质量。

目录

前　言 | 001

上篇　理论基础与改革方向

第一章　法学实践教学概述 | 003
一、法学实践教学概念 | 003
二、法学实践教学功能 | 009
三、法学实践教学目标 | 013

第二章　国外法学实践教学考察 | 023
一、国外法学实践教学发展历程 | 023
二、国外法学实践教学启示 | 043

第三章　国内法学实践教学演变 | 050
一、国内法学实践教学发展历程 | 050
二、国内法学实践教学现状及经验总结 | 053

第四章　法学实践教学改革理论基础和实践价值 | 073
一、理论基础 | 073
二、实践价值 | 097

第五章　法学实践教学改革检视 | 104
一、教学目标不清晰 | 104
二、课程建设不合理 | 105
三、教材建设匮乏 | 108
四、师资力量不足 | 109
五、法律职业伦理教育有待加强 | 111
六、评价体系不科学 | 112
七、协同育人机制不完善 | 114
八、培养模式创新乏力 | 116

第六章　实践教学改革方向 | 119
一、明确教学目标 | 119
二、强化课程改革 | 121
三、丰富教材建设 | 124
四、加强师资队伍建设 | 127
五、系统化课程思政 | 132
六、科学考核评价 | 134
七、完善协同育人机制 | 137
八、创新培养模式 | 139

中篇　典型法学实践教学模式讨论

第七章　法学实践课程概述 | 145
一、法学实践教学课程概述 | 145
二、法学实践教学课程功能与目标 | 154

第八章 法律诊所教学模式 | 168
　　一、法律诊所教学简述 | 168
　　二、理论解析 | 172
　　三、法律诊所教学步骤与方法 | 174
　　四、法律诊所教学的运用和问题 | 179
　　五、法律诊所教学改进和发展 | 181

第九章 模拟法庭教学模式 | 185
　　一、模拟法庭教学模式简述 | 185
　　二、理论解析 | 189
　　三、模拟法庭教学模式步骤与方法 | 191
　　四、模拟法庭教学模式中存在的主要问题 | 196
　　五、模拟法庭教学模式创新 | 199

第十章 法学情景教学模式 | 204
　　一、法学情景教学模式简述 | 204
　　二、理论解析 | 207
　　三、法学情景教学模式步骤 | 208
　　四、法学情景教学模式的运用和问题 | 211
　　五、法学情景教学模式创新 | 213

第十一章 法学案例教学模式 | 216
　　一、法学案例教学模式简述 | 216
　　二、案例教学模式的步骤与方法 | 220
　　三、法学案例教学模式中存在的主要问题 | 224
　　四、案例教学模式创新 | 227

第十二章　当事人教学模式　| 232

一、当事人教学模式简述　| 232

二、当事人教学模式意义　| 235

三、当事人教学模式内容　| 236

四、当事人教学模式步骤　| 238

五、当事人教学模式创新　| 241

第十三章　法学实验教学模式　| 244

一、法学实验教学模式简述　| 244

二、理论解析　| 245

三、前提与内容　| 246

四、目标与保障　| 247

下篇　"参与式教与学"培养模式创新发展

第十四章　"参与式教与学"培养模式内涵与实现路径　| 251

一、"参与式教与学"培养模式概述　| 251

二、"参与式教与学"培养模式协同育人机制完善　| 257

第十五章　"参与式教与学"培养模式下实践课程考核评价　| 271

一、法学实践课程概述　| 271

二、《法律诊所》课程开设情况　| 272

三、关于变革《法律诊所》课程考核与评价模式的依据　| 278

四、关于变革《法律诊所》课程考核标准及评
　　价模式的探索　　　　　　　　　　　| 280

第十六章 "参与式教与学"培养模式研究与实践总结　　| 285

一、"参与式教与学"培养模式之基础　　| 285
二、"参与式教与学"培养模式创新及成效　　| 289
三、"参与式教与学"培养模式之完善和精进　　| 296
四、结语　　| 297

后　记　　　　　　　　　　　　　　　　| 299

上篇
理论基础与改革方向

第一章 CHAPTER 1
法学实践教学概述

一、法学实践教学概念

(一) 法学实践教学含义

实践教学通常是指在一定职业活动情景下,以培养学生技能为核心的教学活动,其含义有广义与狭义之分。狭义的实践教学仅指与理论性教学相对应的一种教学活动,广义的实践教学包括一切含有培养学生实践能力的教学活动,即理论教学中的实践性教学环节也属于实践教学。[1]本书就是从广义的角度展开关于法学实践教学的有关研究,以期构建起全面系统的实践教学体系。除此之外,还有学者将实践教学划分为课堂内的实践教学以及课堂外的实践教学,课堂内的实践教学主要包括案例教学、法律实务课、模拟法庭课等;课堂外的实践教学则包括法律诊所、法律援助、毕业实习等。

实践教学首先产生于英国,并以良好的效果被发达国家所推崇,成为一种被广泛应用的教学模式。然而,在移植其他国家或地区先进的、成熟的教学经验时,应当充分考虑他们之间的同构性和兼容性,在未进行必要的机理调适的情况下就"粗暴"引用,会导致"水土不服"。我国在借鉴国外法学教育制度

---

[1] 赵海燕、刘晓霞:《法学实践性教学理论与实施》,法律出版社 2015 年版,第 1~2 页。

时，将实践教学方式一道引进。目前我国的法学实践教学一般包括实践观摩、法律诊所、模拟法庭、社会调查、当事人教学、法律谈判、案例教学等教学方式。但由于实践教学课程体系僵化、教学模式单一等原因，在多年的实践运用中仍旧收效甚微，也并未从根本上解决我国法学教育中的一大矛盾，即学生对独立自主地获取、更新本专业相关知识的学习能力和将所学的专业理论与知识融会贯通并灵活地综合应用于专业实务之中的基本技能需求，同法学实践课程供给不足和教学模式创新不够之间的矛盾问题。

法学教育始终在技能训练和理论教育之间寻找平衡，始终在探寻实践教学和理论教学之间的关系定位。现代法学教育在其发展历史中，无论在英美法系国家还是大陆法系国家，始终没有离开技能训练这个主线，只是某个时期技能训练加强，某个时期技能训练削弱的差异而已。因此，实践教学同理论教学一样，都是现代法学教育不可分割的一部分。传统观念认为实践教学和理论教学之间有"先后关系"，即实习等实践课程（环节）教学往往是在理论教学完成之后再展开，如绝大多数学校的本科教育将实习安排在最后一学年。这种"先后关系"容易形成法学理论的"教条主义"，使学生在理论教学中接受了种种先进理论和制度，却未考虑过理论和实际的适配性，以致在实务中不断碰壁。这种"先后关系"的认识割裂了实践教学和理论教学的关系，使学生的理论知识体系和实践能力脱节，进而造成了人才培养和社会需求脱节、教学内容和社会现实脱节，这种脱节又反过来进一步加深了实践教学和理论教学的鸿沟。《法学类教学质量国家标准（2021年版）》提道："法学类专业人才培养要坚持立德树人、德法兼修，适应建设中国特色社会主义法治体系，建设社会主义法治国家的实际需要。培养德才兼备，具有扎实的专业理论基础和熟练的职业技能、合理的知识结构，具备依法执政、科学立法、依法行政、公正司法、高效高质量法律服务能力与创新创业能力，坚持中国特色社会主义法治体系和熟悉国际规则的复合型、应用型、创新型法治人才及后备力量。"应用型、复合型、创新型法治人才及后备力量的培养过程必然要兼顾实践教学和理论教学。因为本书侧重论述实践教学，所以内容涉及理论教学的部分较少，但是我们始终认为实践教学和理论教学只是强调培养学生知识能力和实务能力两种不同素养而进行的划分，本质上讲二者并不是相互割裂毫不相干的。"一个良好的理论基础定有利于掌握规则及其适应，丰富的实践经验又会促进理论的进一步提高。"[1]所以，二者之间绝不是一种"先后关系"，而应当是一种融贯的"同步关系"，即将专业技能训练穿插于理论教学中，在实践教学中注重理论知识的摄取和"学以致用"。

2017年习近平总书记在中国政法大学进行考察时作出重要讲话强调，法学学科是实践性很强的学科，法学教育要处理好知识教学和实践教学的关系。我国法学本科实践教学研究相对于理论教学而言还不够深入，尚未形成科学的体系，实践课程体系、教学模式等系统研究也应当提上快车道，这主要基于以下两个原因：首先，加强实践教学是全面提高法学专业学生素质的要求。学生自学能力、创新能力、组织管理能力及分析解决问题能力的培养，必须通过多种形式、多种渠道的教学实践及大量社会实践获取。其次，经过长期努力，各校法学实践课程蓬勃发展，亟待形成体系。我国目前实践教学内容逐渐丰富，一方面，各高等院校已经形成了多样化的法学实践教学课程群，

---

[1] 周汉华："法律教育的双重性与中国法律教育改革"，载《比较法研究》2000年第4期，第389~406页。

包括以法律程序锻炼为主的模拟法庭、以理论与实际相结合为主的案例分析课程、以增强法律感性认识为主的法律见习、以融合知识与增加解决问题能力为主的实习以及专题辩论和毕业论文等；另一方面，诸多高等院校更加注重协同育人模式的应用，如在法院、检察院、律师事务所等部门建立实践教学基地，并争取专门的实践教学经费、配备专门的指导教师保证实习的进行。有些高等院校还以学生为主体设立法律援助中心，并与律师的法律援助工作相结合，使学生得到律师的指导，积累处理法律事务的经验。[1]但我们应当看到，虽然法学实践教学被广泛运用，却并未形成一个完备体系。

(二) 法学实践教学特点

结合国内外实践教学的发展，可以发现实践教学具有如下特点：

第一，实践性。列宁这样说过："实践高于（理论的）认识，因为它不但有普遍的性格，而且还有直接现实的品格。"[2]法学学科是实践性很强的学科，实践教学的实践性是由法学学科的实践性决定的。实践教学方式着眼于学生实践意识的养成，以及综合实践能力的形成，强调学生自身的行为和态度，更符合我国培养应用型、复合型、创新型的法治人才的要求。2018年教育部、中央政法委发布的《关于坚持德法兼修实施卓越法治人才教育培养计划2.0的意见》提到"主动适应法治国家、法治政府、法治社会建设新任务新要求，找准人才培养和行业需求的结合点，深化高等法学教育教学改革，强化法学实践教

---

[1] 王伟、金疆："法学实践教学体系构建探索"，载《河北民族师范学院学报》2013年第3期，第108~110页。

[2] 转引自马鹏宇："论中国特色社会主义制度优势何所从来"，载《学理论》2021年第5期，第4~6页。

育",[1]其中特别提到实践教育既要面向人才培养,还要面向行业需求。也就是说,不仅要加强理论知识教学、夯实法学基础,还要加强法学专业技能、提高实务能力,不仅要重视理论教学,也不能忽视实践教育,二者应当同步开展。在人才培养和行业需求中寻求结合点的要求为我国变革传统法学教学方式提供了契机。实践教学与传统法学教学主要存在以下几方面的不同:其一,实践教学以学生为中心,学生是一个主动的学习者,而非被动的接受者,要求学生走出教室,亲身接触社会生活、了解社会生活,在真实的职业场景中解决社会中的问题,不再局限于"纸上谈兵",而传统教学的一大特点就是"填鸭式"教学方式。这是实践教学与传统教学方式最大的不同;其二,实践教学的考核评价模式更加注重对学生实践过程表现的量化,综合平时表现与结课报告,而传统教学的评价模式更偏重结课考试;其三,实践教学的课程展开侧重口语表达能力、法律文书撰写能力、法律实务技巧等方面的综合培养,强调学生的直接认识、感性认识,而传统教学往往按照教材的体系、章节展开。法学实践教育方法的革新对于改变我国注重"坐而论道"、忽视技能和实践能力培养的传统教育方法具有积极意义。

第二,教学性。上述关于实践教学和传统教学的区别的内容提到,传统教学管理要求教师严格按照教学大纲及教学计划进行讲授,而在实践教学方式下,具体的授课内容和教学模式则交由教师自主安排,其教学目标可以分别侧重培养学生理论知识应用能力、增强学生对法律程序的了解、增加学生对法律运行过程的感性认识等,教学模式不同于传统教学的讲授式,可以是参与式、引导式、讨论式、操作式等。但法学实践教学

---

[1] 参见中华人民共和国教育部网站:http://www.moe.gov.cn/srcsite/A08/moe739/s6550/201810/t2 0181017 _ 351892.html,2022年10月29日访问。

仍然具有教学性的本质特征,其一,实践教学同样遵循法学教学的总体规划。在实践课程开展过程中,坚持以学生发展为本,着力激发学生兴趣、发展学生个性,并在实践课程中体现高等院校教学特色,统筹运用高等院校教学资源进行实践课程开发;其二,教师在实践教学中也要做到课前计划、课后总结和过程监督,包括明确实践课程教学目的以及重难点,在计划落实中充分发挥学生的主观能动性,引导学生进行规范学习,并在课后及时总结、反思实践课程中的问题;其三,教学方法也按照教学标准和教学要求进行严格、系统的规划设置,严格遵循《法学类教学质量国家标准(2021年版)》,深入贯彻习近平法治思想,坚持立德树人、德法兼修,创新法治人才培养机制,深化法学类专业教学改革,提高法治人才培养质量,满足我国培养应用型、复合型、创新型法治人才的需要;其四,学校的教学、教务部门也同样要对实践教学进行监督,并及时给予教学效果的评价。因此,虽然授课内容和教学模式与传统教学有很大区别,授课内容和教学模式存在一定变动空间,但都是在专业教师的指导下和引导下开展的教学活动,因此从性质上来看,实践教学与理论教学一样,属于教学而非实践。

第三,参与性。实践教学的教学性体现为在课程展开过程中教师和学生的双方主体参加的特点,而实践教学的参与性则体现为在课程展开过程中学生是主要的参与者,是主动的学习者,教师则是引导者。实践教学使学生由被动地听课转化为主动地参与,让学生成为课堂的主体,便于学生在实际的工作或模拟的实践活动中学会主动应用所学知识并结合自身能力解决问题,以激发学生学习法学知识的热情和兴趣,强化学生在法律实务中的处事能力。通过情景剧式、辩论式、讨论式、模拟审判式、竞赛式等多种对抗性较强的实践教学,学生往往体现出极强的主动性和创造性。事实也确实证明，在实践教学课程中，学生无论是出勤率还是回答问题的参与度都要比采传统教学方式的课程更高。另外，根据教育部、中央政法委《关于坚持德法兼修实施卓越法治人才教育培养计划2.0的意见》中提到的"深协同，破除培养机制壁垒"的改革任务，我国许多高等院校还采取了协同育人的机制，能够体现课堂外的实践教学中学生的参与性。"切实发挥政府部门、法院、检察院、律师事务所、企业等在法治人才培养中的作用，健全法学院校和法治实务部门双向交流机制，选聘法治实务部门专家到高等院校任教，选聘高等院校法学骨干教师到法治实务部门挂职锻炼。在法学院校探索设立实务教师岗位，吸收法治实务部门专家参与人才培养方案制定、课程体系设计、教材编写、专业教学，不断提升协同育人效果。"[1]协同育人机制要求学生走出课堂，但"走到哪里"则需要其他机构的支持与配合。目前课堂外的实践教学主要包括在法院的庭审观摩、在各单位的毕业实习，以及与当事人直接接触的法律援助等。很多学校已经与相关法律实务单位或部门达成长期稳定的合作，以便为实践教学提供平台。

二、法学实践教学功能

法学实践教学之所以被越来越多的高等院校认同、被越来越多的专家学者所倡导，并在教学活动中被越来越多探索，主要的原因在于法学实践教育在弥补传统理论教育不足的同时，更提升了学生的专业能力。具体而言，法学实践教学的功能有如下几方面：

---

〔1〕 参见中华人民共和国教育部网站：http://www.moe.gov.cn/srcsite/A08/moe739/s6550/201810/t2 0181017_351892.html，2022年10月29日访问。

（一）道德教化功能

法律职业是一个道德特征明显的职业，法律职业道德是指法官、检察官、律师等法律职业所应遵循的行为规范的总和，其相对于社会一般道德来说对法律职业人员具有更强的约束力。因此，法律职业道德的培养在教育教学阶段就应当得到重视，而法学实践教学相较于理论教学具有更强的道德教化功能。本科学生正处于一个世界观和价值观塑造的关键时期，在法学专业学生的培养过程中设置实践教学课程或者穿插实践教学环节，通过接触具体的案件，并具体地解决案件问题，学生能够切身体会法官、检察官、律师、当事人等不同的角色，激发他们维护社会公平正义的信念，并在实践活动中将这一"内心确信"固化，潜移默化地提升道德素养。例如，模拟法庭课程能够通过模拟诉讼角色，了解每个职业角色、每个程序环节的独特价值，感受通过制度性交涉达成共识的过程，以及体验具有中立性和公正性的法律程序；再如，法律诊所课程能够通过为诉讼弱势当事人提供法律帮助、协助其解决实际问题，切身感受弱势群体的困境，激发他们学以致用、服务民众的自觉性，明白法律的作用以及法律人应当承担的社会责任。

我们之所以强调法律职业道德的重要性，是因为规则是有限的，而实务中的具体情况是无限的。很多高校甚至没有开设法律职业道德课程，只是贯穿于各部门法中简单地提及律师、法官、检察官等可以干什么、不可以干什么，这仅仅是在讲述规则，道德教化的效果不强。目前，本科教学阶段过于注重理论教学，将法律职业道德也按照理论教学的方式来讲授。这会产生一个问题，即讲授内容不能完全涵盖实务中纷繁复杂的情况，并且忽视学生对于利益权衡和背后原因的思考，因此很难让学生将纸面化的法律职业道德内化成为约束自己的道德。

同时，我们也强调在本科法学教育中将职业道德培养完成，其中最主要的原因在于学生步入社会时会受到多种价值观的干扰，极易形成不良的职业道德观念。因此，我们不应该将法律职业道德教育的责任推给社会，这既是对法律行业的不负责任，对当事人利益的不负责任，同时也是对学生的不负责任。

（二）转化功能

马克思主义认识论认为，实践是检验真理的唯一标准，同时认识对实践又具有能动的反作用，即认识对实践具有指导作用。这也是实践教学转化功能的内涵，即通过实践教学，能够将理论知识转化为学生的实践能力。因此，通过法学实践教学使学生在该过程中以法学理论知识指导实践活动，运用理论知识解决实际问题，既有利于理解理论知识的现实依据，又有助于学生对理论知识进行分析、判断、处理，将理论知识转化为自身的业务能力。除此之外，法律规定的稳定性必然会导致其滞后性，所以实践教学还有助于学生在实践教学中发现法律漏洞、法律空白，并思考如何解决相关的法律问题，从而增强其观察能力以及分析解决问题的能力。

在现实生活中，法律从业人员接触到的实务案例要比书本上的内容更加复杂，格式化的思维方式不能适应其中千变万化的法律事实。正如古希腊哲学家亚里士多德所说："公正不是德性的一个部分，而是整个德性；相反，不公正也不是邪恶的一个部分，而是整个邪恶。"法律工作者应当在尊重法律的前提下积极维护当事人的合法权益和社会的公平正义，实事求是、公平合理、不偏私、不歧视，依照客观公正的原则解决问题，这对法律职业人员工作的灵活性和创造性提出了更高的要求。因此，在本科法学教育教学过程中要重视培养学生将理论知识转化到实务工作中的能力，重要的培养方式就是开展实践教学。

例如，在模拟法庭课程中，学生作为当事人一方与对方当事人进行举证质证、辩论的过程中，必须运用所学的专业理论知识，考虑案件特征，同时运用自己的智慧解决问题。法律工作是一门艺术，所需的基础知识好比是颜料，每一次意见的发表都是一种创造，要想铸造一幅成功的"作品"，既需要考虑全局，又需要处理好细节。这是法学本科学生需要培养的能力，也是开展实践教学的一个重要功能。

（三）调整功能

实践教学的调整功能是指其对我国长久以来处于主导地位的传统法学教学方式的调整功能。传统法学教育方式存在诸多弊端，比如，将教学内容限定于教材的范围内，缺少真实性；再如，传统法学教育重理论而容易与实践脱轨，难以真正培养学生的法律实践能力；又如，传统法学教育的一大特点就是"灌输式教学"，重视教师的讲授，使学生在学习过程中处于被动地位，难以充分发挥主观能动性。

实践教学的优越性恰好能够弥补传统法学教育的这些弊端。其一，教育部、中央政法委《关于坚持德法兼修实施卓越法治人才教育培养计划2.0的意见》提道："要着力强化实践教学，进一步提高法学专业实践教学学分比例，支持学生参与法律援助、自主创业等活动，积极探索实践教学的方式方法，切实提高实践教学的质量和效果。"[1]也就是说，实践教学的教学内容不局限于教材，而是通过真实或者模拟的职业场景来展开其教学内容，故此，可以通过多种教学模式进行，学生所进行的实践活动相较于单纯理论教学更具真实性。其二，教育部、中央政法委《关于坚持德法兼修实施卓越法治人才教育培养计划2.0

---

[1] 参见中华人民共和国教育部网站：http://www.moe.gov.cn/srcsite/A08/moe739/s6550/201810/t20181017_351892.html，2022年10月29日访问。

《的意见》还提到，强化法学实践教育，目的就在于"构建法治人才培养共同体，做强一流法学专业，培育一流法治人才，为全面推进新时代法治中国建设提供有力的人才智力保障",[1]因此，实践教学注重学生实践能力的培养，并且以法律专业技能训练为主，更有利于理论和实践的衔接，弥补单纯理论教学的不足。其三，实践教学以学生发展为本，课程展开以学生为中心，强调教师引导、学生参与，以及学生与教师平等交流，重视学生的直观认识、感性认识，通过在真实或模拟的职业场景下主动地将理论应用于实践来增强自身法律实务能力，避免"坐而论道"。

目前，我国的各个法学院校都进行了不同程度的尝试，例如模拟法庭、观摩真实审判、毕业实习等方式，虽然还没有形成系统的课程体系，但是已经对传统教学发起了有力挑战。笔者相信，实践教学会以其优越性获得更多关注，实践教学体系的形成也指日可待。

三、法学实践教学目标

（一）法学实践教学目标背景

2016年，习近平在全国高等院校思想政治工作会议中提出，"坚持把立德树人作为中心环节，把思想政治工作贯穿教育教学全过程，实现全程育人、全方位育人"，为"三全育人"理念的具体阐述提供了基础。2017年2月，中共中央、国务院《关于加强和改进新形势下高校思想政治工作的意见》指出，"加强和改进高等院校思想政治工作的基本原则之一是坚持全员全过程全

---

〔1〕参见中华人民共和国教育部网站：http://www.moe.gov.cn/srcsite/A08/moe739/s6550/201810/t2 0181017_351892.html，2022年10月29日访问。

方位育人",[1]这是对"三全育人"理念的明确阐释。另一个重要理念是"五育并举"。1912年,蔡元培在《对于教育方针之意见》一文中,根据当时我国教育现状和未来发展将会面临的时代要求,创建性地提出了军国民教育、实利主义教育、公民道德教育、世界观教育、美感教育为主要内容的教育管理体系,简称为"五育并举",即我们熟知的"德智体美劳全面发展"。为了实现我国法学实践教学的重要目标,可以从"三全育人"提出的三个维度来保障"德智体美劳"五育并举的实现,使各项工作协同协作、同向同行、互联互通,这都为我国本科实践教学的开展奠定了政策基础。

纵观世界各国的法学教育,培养目标并不一致,培养模式也有差别。教育部、中央政法委《关于坚持德法兼修实施卓越法治人才教育培养计划 2.0 的意见》要求人才培养要遵循"坚持立德树人、德法兼修,践行明法笃行、知行合一"的原则。为了使我国高等法学教育更加适应社会主义法治国家建设的需要,促进社会主义法治理念教育纵深发展,针对我国目前法学教育的教学模式单一、教学体系僵化、学生实践能力普遍偏弱等问题,教育部、中央政法委《关于坚持德法兼修实施卓越法治人才教育培养计划 2.0 的意见》在卓越法律人才教育培养计划基础上,就实施卓越法治人才教育培养计划提出了改革方案。追求"卓越"是法学专业人才培养的重要目标,卓越法律人才培养的目标不是培养技术型工匠,而是培养具备人格精神、知识智慧和方法技能的高素质法律人才。卓越法律人才除了具有复合型的知识结构和知识体系、应用型和创新型的实践能力和综合能力,同样重要的是还应当具备社会主义法治理念。因此,

---

[1] 参见中华人民共和国人民政府网站:http://www.gov.cn/xinwen/2017-02/27/content_ 5182502.htm,2022 年 10 月 29 日访问。

卓越法律人才教育培养应当重视法学知识教育、实务技能教育和职业素养教育三个方面，并将三者有机结合。[1]《法学类教学质量国家标准（2021年版）》提到了我国法学教育的培养目标，即"法学类专业人才培养要坚持立德树人、德法兼修，适应建设中国特色社会主义法治体系，建设社会主义法治国家的实际需要。培养德才兼备，具有扎实的专业理论基础和熟练的职业技能、合理的知识结构，具备依法执政、科学立法、依法行政、公正司法、高效高质量法律服务能力与创新创业能力，坚持中国特色社会主义法治体系和熟悉国际规则的复合型、应用型、创新型法治人才及后备力量"。因此，可以将我国法学教育的培养目标概括为"德才兼备的复合型、应用型、创新型的法治人才"，对培养目标作出以下解释：其一，"复合型法治人才"。"复合"是指两者或两者以上的合成。"复合型人才"是指具有两个或两个以上专业的基本知识和基本能力的人才。[2]"复合型人才"具有以下两个特征：①知识交叉。"复合型人才"不仅应当法学基础知识深厚，还应当具有其他学科领域的拓展知识，能够将法学与其他人文社科类或自然科学类专业知识融会贯通。②知识整合。法学知识与经济学、心理学、社会学，甚至工学、农学、医学等专业知识相互交叉、整合，形成有条理、有层次的综合性知识体系，并形成跨学科的综合思维、综合能力。其二，"应用型法治人才"。"应用"是指灵活地运用现有的法学知识、法律方法，分析和解决现实法律问题的过程。"应用型法治人才"往往需要在复合型知识结构的基础上，具有

---

[1] 包玉秋："关于复合型、应用型卓越法律人才教育培养的思考——基于沈阳师范大学的模式"，载《教育部高校法学学科教学指导委员会、中国法学较研究会2013年年会暨"法学教育与法律职业"论坛论文集》2013年。

[2] 吴殿宁："论地方本科院校英语复合型人才培养原则"，载《贺州学院学报》2010年第4期，第85~88页。

应用法律的能力、技巧和思维，因此其培养重点是应用能力，即将理论知识应用于解决社会问题的分析问题和解决问题的能力。法学基础和多学科知识的交融奠定了应用型法律人才的能力基础，相对于各学科知识学习中的深度挖掘而言，"应用型法律人才"更注重多学科知识的交叉应用，以及多种能力的综合应用。其三，"创新型法治人才"。党的二十大报告中提到对高等院校培养创新型人才的要求，即"坚持为党育人、为国育才，全面提高人才自主培养质量，着力造就拔尖创新人才"。创新能力是指在法学与不同专业知识融合的基础上实际应用，基于一定的契机，超越原有的知识和能力框架，用创造性的方法来思考、分析和解决问题的能力。

对于培养目标的具体实施方案，有以下诸多观点：有学者认为："具体的法学实践教育目标主要分为三个层次：首先，要让学生具备运用法律思维去思考的能力和惯性，法学实践的最终目的是要将成果运用到实际工作中，这时考验的不仅仅是学生的专业技能，对于他们的思维方式也是一种考验，要让他们像法律人一样去思考，尤其是批判性思维，对于他们处理复杂的法律事务来说是必须具备的素质。其次，只拥有法律的思维方式但是没有经过专业的技能训练和实践的磨炼也是不可行的。在法律事务中，有许多专业技能如会见、咨询、谈判、起草法律文件等都是需要经过专门的训练才能达到实践要求的，就像要成为一名优秀的医生，只学习理论是远远不够的，需要在与病人的接触过程中不断地揣摩研究才能实现实践技能方面的质的进步，法律的实践也是这样，需要不断的历练才能做到精益求精。最后，要明确法律人的职业道德伦理与职业操守。法律工作作为一项特殊的行业，它不是像流水线的工作一样机械地完成就可以了，它是一份需要包含着某种价值判断与情感认同

的神圣工作,需要法律人在实现社会公平公正的同时,勇于承担相应的责任,培养具有良知与责任感的法律人。"〔1〕

有的人认为:"教育的目标是实现个体的全面发展,推动社会的不断完善和进步,其价值取向是使个体和社会均达到最佳状态。从个人层面分析,大多数法科生毕业以后会选择投身于司法实务,进入政法系统工作,少数人也会选择进入高等院校从事法学理论研究工作。当下双向选择的就业方式,使学生的就业面更为广阔,因此,基于社会对法律应用复合型人才的需求,切实培养学生的职业素养,将无疑成为提高学生在就业市场上核心竞争力的关键所在。法学教育的人才培养方案应与适应多层次、多元化人才结构需求结合起来,以本科教育教学为主体,以技能型、实践操作型的人才培养为特征,对人才培养目标、课程体系规划等方面作出完整的规划、适时地调整,并进行整体方案的评价与反馈,从而实现法学教育与社会需求的有效对接。从社会层面来看,社会对于法律的需要主要在于运用法律的精神、原则、规范维护个人及社会整体的利益,解决各种社会纠纷,维持社会的稳定和可持续发展。即需要把静态的法变为动态的法,而不是静止不动的法律概念、条文和规则。正如霍姆斯大法官所说,'法律是经验而非逻辑'。从这一层面我们仍然可以将我国的法学教育目标确定为培养具有法律专业技能的人。当然,确定了实践型人才培养目标,并不能因此得出法学教育就可不重视学生的理论素养的培养。通常情况下法律实践训练与法律理论学习并不矛盾,它们许多情况下实际上相互促进和提高,一个良好的理论基础肯定有利于掌握规则及其适用,丰富的实践经验又会促进理论的进一步提高。法律必

---

〔1〕 唐波等编著:《法学实践教育模式研究与创新》,上海人民出版社2020年版,第10页。

须包含这一对要求才能促进法律的进步。由此可知，法学教育目标需要既能满足社会和个体的主流需要，又能顺应法学教育的内在规律；在实现途径上既不能搞目标的平衡论，也不能搞纯粹的单一论，而应该是有侧重点的双重论。即总体培养目标应该确定为以培养职业技能为主，兼顾学术研究或通识。具体到研究生层次可作为特例，在坚持双重论不变的基础上，把侧重点由技能训练倾向到学术培养。有了这样明确而又符合法学教育规律和社会需要的教学目标，法律实践教学也就有了指路的灯塔。法律院校的教育观念、教学模式、教学内容和方法都会随着实践教学模式地位的确立而转变，实践教学也就不会变成装饰门面的花架子而会被落到实处。"[1]

笔者认为，上述观点都有一定道理，目标的设定要充分考虑国家政策要求和现实需求。法学实践教学要坚持教育的服务功能，根据我国社会发展和法治建设的需要，全面贯彻党的教育方针，"面向现代化，面向世界，面向未来"，遵循法学教育发展规律，不断改进教学方式，探索法律人才培养新模式。法学本科教育的目标要求高等院校坚持立德树人、德法兼修，践行明法笃行、知行合一的原则，适应法治国家、法治政府、法治社会建设新任务新要求，培养德智体美全面发展，掌握马克思主义基本理论，具有深厚的法学专业知识功底，达到较高的外语水平，具有创新精神和较强的创新能力、实践能力的复合型、应用型、创新型法治人才和后备力量，"培养造就一大批宪法法律的信仰者、公平正义的捍卫者、法治建设的实践者、法治进程的推动者、法治文明的传承者"。

概言之，法学本科实践教学应当按照通识教育与专业培养

---

[1] 赵海燕、刘晓霞：《法学实践性教学理论与实施》，法律出版社 2015 年版，第 7 页。

相结合原则，以"厚基础、宽口径、复合型、高素质"为人才培养标准，注重因材施教和个性培养，强调学生综合素质、职业道德、创新能力的培养。在教学实践中，制定科学的培养方案，探索课堂教学、专业实践、科研训练相结合的培养途径，综合采用案例教学、讨论式教学、研究式教学等方法，充分利用现代化的教育技术手段，致力于树立学生的法学信仰，培养其忠于祖国、忠于法学、刚正不阿、不畏权贵的美好品德，帮助其夯实坚实的法学理论功底，锻炼其对法律事实的探知能力、运用法律处理案件的能力以及适应环境的能力。[1]

(二) 法学实践教学目标

通过剖析高等院校法学教育教学各项政策，法学实践教学目标可以具体化为以下几个方面：

1. 培养法律专业技能

法律职业肩负的重要使命要求其从业者必须具备广泛而专业的职业技能。法学专业的本科教育应培养并强化学生的职业技能，使他们毕业后能适应并且胜任法律职业。[2]具体来说，培养法律职业技能具体体现在以下三个方面：

(1) 基础性能力。基础性能力主要包括社会认知能力、人际沟通能力和社会适应能力三种能力。培养社会认知能力是培养人际沟通能力和社会适应能力的前提和基础，也是法学实践教学最基本的教学目标。作为法律人，应当有一定的生活经验、社会阅历以及对社会现象的感知力、适应力和理解力。首先，要学会与社会接触，了解社会、认知社会，在此基础上训练良

---

[1] 郭捷等：《中国法学教育改革与法律人才培养——来自西部的研究与实践》，中国法制出版社2007年版，第92~93页。

[2] 刘慧频："论法学本科实践教学目标体系的构建"，载《湖北民族学院学报（哲学社会科学版）》2010年第2期，第138~141页。

好的人际沟通能力，善于使用社会群体语言与社会成员沟通，帮助其正确认识自己和恰当地展示自己。其次，还必须具有较强的社会适应能力，这是社会对学生的总体期望，也是判断办学效果的基本标准。因此，训练人际沟通能力和社会适应能力是法学实践教学最基本的目标。基础性能力的提升需要通过法学整体实践教学过程来实现。[1]

（2）应用能力和基本操作技能。法学专业学生的应用能力是指在社会生活中善于发现法律问题，运用法律思维观察、分析问题，最终准确、适当、熟练地将法律运用实际生活，解决法律问题的能力。法学专业学生的基本操作技能主要包括语言表达能力、掌握和运用信息能力、推理能力与论证能力。首先，语言是法律人的职业工具，语言表达能力要求学生学会使用法言法语，以口头或文字语言的方式与他人交流，准确表达自己对某一问题的观点；其次，学生还应当掌握运用现代办公设备获取信息的技能，大数据时代的到来，要求我们必须掌握现代办公设备的操作方法和技能；最后，学生还要形成严密的推理能力和严谨的论证能力，这是一种法律职业者的基本技能。应用能力和基础操作能力的提升主要通过各类完善的实践教学环节来实现。

（3）拓展性能力。拓展性能力在法学专业中主要指的是创新能力。创新能力是参与全球化人才竞争的重要砝码，也是法律工作者的必备能力，应当将其作为法学实践教学的重要目标之一。[2]法学专业学生创新能力的培养需要在具备基础能力的

---

〔1〕张伟强、李莉："法律思维视角下法律谈判能力的培养"，载《科教导刊（中旬刊）》2013年第12期，第166~167页。

〔2〕刘慧频："论法学本科实践教学目标体系的构建"，载《湖北民族学院学报（哲学社会科学版）》2010年第2期，第138~141页。

基础之上来实现。这要求教师在日常教学中拓宽学生的视野，对其进行拓展性引导，让学生在实践课程中广泛接触具有典型特征或争议的案件，对其独立性思考能力和创新能力进行针对性培养。

2. 培育法律职业道德

法律职业道德是基于法律职业的特殊性而演化出来的，严格、详细、具体的职业规则。法律职业道德对法律工作者的规范作用主要是由法律职业团体强制执行，而非以国家强制力保障实施。法律职业道德关注的是法律职业者应该如何从事社会的法律事务，也就是说，它不仅要关注职业道德之于法律职业的意义，还要关注法律职业行为对错、好坏的标准，以及证明法律职业行为正当与否的适当理由，并合理地解决法律职业领域的道德冲突。[1] 因此，只有法律知识，不能算作法律人才，还要具有高尚的法律道德。

由此可见，法律职业道德修养是维护法律职业的一个不可或缺的因素，较高的法律道德修养，是法律职业者在实际工作中维护法律的尊严和价值的根本保证。立法者如果欠缺法律道德修养，那么所立之法难免会偏袒部分利益群体而背离广大人民的利益；执法者如果欠缺法律道德修养，就会在执行法律的过程中滥用职权，危害正常社会秩序；司法者如果欠缺法律道德修养，就难以保持中立与公正，难以维护各方当事人合法权益。[2] 因此，培养法律职业道德，提高法律职业素养是法学实践教学追求的重要目标。

---

[1] 张志铭："法律职业道德教育的基本认知"，载《国家检察官学院学报》2011年第3期，第12~16页。

[2] 刘慧频："论法学本科实践教学目标体系的构建"，载《湖北民族学院学报（哲学社会科学版）》2010年第2期，第138~141页。

3. 培植法律信仰

法律信仰一般是指人们对于法律的一种尊敬的态度，是自愿接受法律统治的一种信仰姿态。我国于 1988 年、1993 年、1999 年、2004 年和 2018 年五次公布了《中华人民共和国宪法修正案》，对《中华人民共和国宪法》进行修改。其中 1999 年 3 月的宪法修正案，将依法治国、建设社会主义法治国家写入宪法。只有法治成为全体社会成员的共同信仰、追求和理想目标时，法治才能获得必要的精神支持；只有社会公众积极参与法治建设，法治的理想才会在实践中逐步实现。[1]法律人对法律有着更深层次的理解和探索，对法治社会的建设有着更为重要的作用，法学专业的学生是未来的法律职业者，树立坚定且正确的法律信仰将有助于推进中国社会法治进程。因此，法学教育对法律人法律信仰的培植应当是法学教育的终极性或综合性目标。

---

[1] 刘慧频：“论法学本科实践教学目标体系的构建”，载《湖北民族学院学报（哲学社会科学版）》2010 年第 2 期，第 138~141 页。

第二章 CHAPTER 2
国外法学实践教学考察

一、国外法学实践教学发展历程

进入近代社会以来,法学教育越来越被重视,美国、英国、德国、日本都对法学教育进行了改革。实践教学的提倡和教学模式的优化以及注重法律教育与从业资格得到衔接是各国法学教育改革的共同重点。

(一) 美国法学实践教学

1. 美国法学实践教学起源与发展

在世界法学教育的格局中,美国法学教育有着独特的影响。美国法学院毕业生在各行各业都有着强大的竞争力,这也是美国法学教育的成果。美国法律教育起源于美国建国前,作为英国殖民地,其便开始学习英国普通法并沿袭了普通法系传统,因而美国法律教育最早也是采用的英国的学徒制法律教育模式。在美国建国初期,法律还是一门极为稀缺的学问,一名优秀的律师的诞生异常艰难,要么接受伦敦四大律师事务工会的系统培训,要么师从于当地律师门下,从学徒做起从而了解审判程序、学会起草契约文书和掌握师傅的业务技巧等。这种传统的学徒制度是为了适应殖民地时期与之相匹配的社会生产力,教学模式上相对落后,但是不可否认的是,学徒制已经具有实践教学的雏形,即注重在实践中学习知识与技能并总结经验。

到19世纪20年代后期，工业革命带来的大机器时代，使得美国经济飞速发展，原有的学徒制度与社会基础已不匹配，具有传统色彩的学徒制度无法适应时代的变化，催生了职业学校的产生，其中就包括法律院校。例如，1784年由法官塔宾·里弗创立的利兹菲尔德法律学校，名噪一时，吸引了不少当时全美有志于从事法律职业的青年蜂拥而至并取得了巨大的成功。据统计，到1833年，从这所学校毕业的学生就有1000多人。[1]利兹菲尔德学院经历了（美国）法律教育的初创阶段，无独有偶，相似的私立法学院也在这个国家的其他地方建立起来了，奠定了该世纪最初25年的正规法学教育基础。

2. 美国法学实践教学特点

美国作为英美法系的典型代表国家之一，其显著特点是以判例研习作为整个教学核心，因此判例（特别是一些比较经典的判例）在司法审判活动中扮演着重要角色。此外，由于美国庭审的对抗性，遵循"当事人主义"（当事人主义诉讼模式的机理是通过控辩双方作用与反作用，达到制约政府权力、揭示案件真相的目的）[2]的诉讼模式，对律师的辩护能力的要求较高。因此，在美国的法学教育中，格外注重实践性教育。在实践性教学中，判例是重要的教学材料。以案例分析方法为例，这种方法以培养学生发现问题、分析问题、解决问题、口头表达以及语言运用的能力为基础要求，激发学生实践能力。老师在案例教学活动中扮演着重要角色，其作用更多是能帮助学生更主动地投入理解案例中所包含的法学理念和法律规范中去。以培

---

[1] 张红："学徒制VS学院制　诊所法律教育的产生及其背后"，载《中外法学》2007年第4期，第503页。

[2] 陈光中主编：《刑事诉讼法》，北京大学出版社、高等教育出版社2021年版，第35页。

养合格律师为目的的美式法律人才的培养模式，促进了学生与法律实务的接触，令学生毕业后尽快投入法律实务中去。为达到这一目的，美国教育界针对律师的各种技能培训（其中包括学理、学术性研讨）都紧紧围绕优秀法律人才的培养而展开。美国法学教育呈现"重实践、轻理论"的特点，法学教育对学生的要求是了解法律，了解判例，了解运用法律的必要程序和技巧，增加对案件的分析能力和对法律的理解能力。总而言之，美国的法学教育是基于未来实践应用的目的，教学活动都以法律实务为核心而开展。

3. 美国法学实践教学方法

培养大量的法律实务人才以适应社会各阶层、各领域的各种要求，美国的法学教学方式主要有以下几种方法：

（1）案例教学法

案例教学法，最早由苏格拉底所倡导。苏格拉底认为通过教授者提问引导学生来获取比较正确的结论，经过全方位、不同角度的论证和检验，学生不仅可以获得较为妥当的理论结果，而且从中也可以学习和积累大量的宝贵经验，有效地训练学生分析问题的能力，从而使学习者毕业以后可以得心应手地处理实务工作中可能遇到的问题。案例教学法由创立美国哈佛法学院院长兰德尔（Christopher Columbus Langdell）所创立，并且在哈佛大学法学院最早推行。兰德尔认为，法律是一门科学。[1] 学校所扮演的角色是为法律工作者提供一个可能的"实验"平台，而司法活动中的真实案件则是实验所要用的基本材料。美国作为判例法国家，在法学教育中也充斥着浓厚的判例氛围，课堂中多以上诉法院的经典案例呈现进行教学，判例学习所带

---

〔1〕赵建蕊："美国法学教育的理念和方法研究——以华盛顿大学为例"，载《兰州教育学院学报》2012年第8期，第138页。

来的问答式教学模式更能激发学生独立思考的能力,产生了良好的教育效果。案例式教学所具有良好的实践效果,被美国法学教育界所应用。在案例教学法的指导和要求下,尤其注重师生之间的互动,学生需在上课前自发地对案例进行研读,形成自己的初步观点;在课堂上,需要对课前预习的案例进行还原和分析,期间老师会随机进行提问,从而了解学生对案例的了解程度和思考深度,不过整个课程教师不会直接告诉学生结果以及应该适用的法律,而是经过不断地提问和回答的方式,引导学生进行规范的思维训练,从而正确思考并得到最终的接近正确的答案。尤其值得注意的是,教师在案例教学方法中,要更加费心及巧妙设计抛出的问题,毕竟好的问题可以训练学生理解、增强知识的应用和提升评估法律规则的能力。因此,这种高效有质的教学方法离不开学生和老师的相互配合。

(2) 诊所式实践教学模式

美国的诊所式实践教学有着悠久的历史,它堪称美国法学教育的经典之作。诊所式教学是指学生在教师指导下为当事人提供法律咨询与"诊断",对具体案件中的焦点问题进行剖析,提出相应的对策,为当事人点对点地提出法律建议的教学模式。[1]诊所式实践教学不仅在全美被广泛引用,近几十年来也被世界其他国家所引进和应用,取得了比较好的效果。诊所式教学的发展与美国历史传统密不可分,如前文所提美国法学教育借鉴于英国的学徒制,虽然学徒制具体培养方式多种多样,但万变不离其宗的是"学徒围绕律师",即学生在执业律师身边学习。包括打印文书、阅读有关法律实践的著作、书写诉辩状、分析实际案例等,其中最具经验传授特点的无疑是学生亲身体

---

[1] 霍宪丹主编:《当代法律人才培养模式研究》(上卷),中国政法大学出版社2005年版,第26页。

悟律师们处理法律实务的逻辑和技巧，如何处理法律实务问题。

诊所式的教学蜕变于学徒制，起初在美国大学法学院的建立中，学徒制占据主导地位，但随着大学教育的发展，学徒制地位变得岌岌可危。"守旧"与"立新"展开了拉锯，支持法学院者和坚持学徒制者之间爆发了激烈辩论，为了缓解双方之间的尖锐对立，诊所教学模式应运而生了，诊所教学模式是指学生在教授或律师的指导参与下办理实际案件，会见案件的当事人，在办理案件的过程中学习各种实务技能，其中蕴含法律技能（调查事实、撰写文书、法律检索、制定庭审策略、制定法庭辩论方案等）、人际关系技能（会见当事人、咨询沟通等）以及在实务工作中感受律师职业道德和社会责任感。诊所式教学模式的出现很好地弥补了由法院判例造成法律实践的强实务性与课堂理论的纯理论性之间的鸿沟。

（3）模拟审判教学方式

模拟审判是美国法学教育的另一种具有代表性的实践性教学模式。具体来讲，模拟审判是由在校的法学院的学生组成，学生在实践经验丰富的老师的指导下，对庭审中各诉讼角色进行扮演模拟。学生可根据所持观点进行角色的选择，从而适应不同的要求，也可令学生接触不同类型的案件。[1]如此，在模拟审判中强调学生的参与性同时还提升了法学生的整体法律素质，更能为法学生在毕业以后顺利适应各种法律事务工作奠定良好的实践工作基础和积攒实践经验。此种教学方式在培养和训练学生能力的同时也极大地节约了社会资源，整合并优化了法律资源配置。

---

[1] 车雷："美国法学教育中的课堂教学目标及教学法体系"，载《新课程研究（中旬刊）》2010年第4期。

(4) 课堂研讨式实践性教学

课堂讨论实践性教学是指由教师提前布置要讨论的问题，由学生在课余时间进行充分准备，并总结自己的观点，在课堂上进行发表，进而在学生之间进行讨论。课堂研讨式实践教学对教师设置有价值的问题的能力尤为苛刻，因为好的问题，不仅可以激发学生们的学习热情还可以使学生在表达过程中培养逻辑思维，培养学生在面对不同观点时也能予以观点解构并以迅速且自洽地进行口头辩论的能力。同时，教师也可以通过课堂讨论，把握学生对知识的理解程度和针对性的法律技能经验的传授。

(5) 探究式教学模式

探究式教学模式是指由学生在自主学习的过程中，通过自身的体验，提升学生自主学习和创新的能力，找出自己学习的问题所在的教学方法。探究式教学不以学生对教科书的理解能力作为评判标准，而是注重学生对问题的发现和解决能力的培养，从而作出整体评价的教学模式。例如，法律文书写作是法律工作者进行实务工作所应必备的法律技能。不论学生对于法学理论和法律常识掌握得多么扎实，如果欠缺相应的写作能力，不能对自我观点进行很好的表达与展示，无异于一匹强壮的马不能奔跑一样，从而失去广阔的天地。探究式教学模式认为课堂上的理论学习远远不能满足实际需要，只有通过各种法律文书的写作训练才能尽可能地达到实际司法活动的需求。探究式教学模式可以通过为学生提供多样的写作练习方式，如起（上）诉状、答辩状、判决书、辩论意见等，让学生有针对性地训练写作能力。在此过程中，学生们会为了解决争议，仔细地阅读相关素材，还会竭尽所能查询最适合的法律规定和制作最规范的法律文书，使得教师对学生所学的知识不再是简单的开卷考查，而是进行与实务相结合的综合评判。这种模式一方面培养和锻炼学生的逻辑能力，提高学生司法审判活动中的各种技能；另一方面增强了学生对所学知识的认知和对法律实践的反思，一定程度上规避了学生进入社会所要面临的误区。

(6) 实践性课程设置

美国哈佛法学院的庞德教授曾说过："法律教育并非单纯的灌输法律上的知识，因为法律随时随地而有变化。"因此，美国法学院在注重实践教学的理念下格外注重学生实践能力的培养。各法学院除了在课堂的教学中培养学生的各种法律技能，还为学生开设了各式各样的实践课程，以期他们在真实或模拟的案件中进行实践能力的训练。在课程设置方面，又细分为技能课程、法律诊所和实地考察/校外实习三大类。专门的技能课程设置非常全面和具体，主要包括"当事人会见和咨询""谈判和和解""司法仲裁""替代性纠纷解决""民事预审""刑事预审""庭审准备及抗辩""高级庭审抗辩""上诉及跨国诉讼"等。课程设置顺序与实务案件处理流程相吻合，使学生由易入难，先培养学生的基本技能，然后再过渡到复杂的技巧训练的课程。实践性课程的设置培养了学生基础的实务操作技能，为其以后进入社会成为一名专业的法律人才打下了坚实的基础。

(二) 德国法学实践教学

1. 德国法学实践教学起源与发展

德国高等院校在欧洲甚至乃至世界都享有盛誉，在18世纪末就有42所高等院校。19世纪初，德国著名教育家威廉·冯·洪堡在创办柏林大学的过程中提出了大学教学和科学研究相统一的办学主张，倡导学术自由、学术独立等现代教育理念。[1]

---

[1] 潘黎、刘元芳、[德] 霍尔斯特·赫磊："德国建设'高等教育强国'之启示——德国高等教育机构的分层与分类"，载《清华大学教育研究》2008年第4期，第44页。

先进的教育理念和普遍设立的高等院校,使得德国在 20 世纪 30 年代之前一直稳居世界高等教育和科学研究的第一强国位置。只是到 20 世纪 30 年代之后,由于政治等各种原因,导致大批优秀德国科学家流向美国,从而使得美国逐渐成为世界第一高等教育和科学研究强国。

德国的法律教育源远流长,德国大学产生之初就设置了法学院。近代以来,从德国的法学院里走出了一大批久负盛名的思想家和学者:普芬道夫、莱布尼茨、托马修斯、沃尔夫、胡果、黑格尔、费尔巴哈、马克思、普赫塔等。[1]

2. 德国法学实践教学特点

德国的法学教育是一种非常正规的双轨制教育,法学教育的学制长且通过法学教育考试的难度也比较大。《德国法官法》规定了法学教育的基本模式,一般包含两个阶段,也分别应着两次重要的考试:第一个阶段是大学的法学理论学习阶段,完成后需要通过第一次国家考试;第二阶段是大学后的见习期阶段,完成后需要通过第二次国家考试。

在第一阶段的大学学习阶段(又被称为大学研习),《德国法官法》规定的学制是三年半,如果具备了参加第一次国家考试的条件,则这一时间可以缩短,但不能少于两年。[2]从实际情况来看,由于德国法学教育要求较高,课程繁多,课程划分细致,如必修课包括民法、刑法、行政法的核心部分,诉讼法、欧盟法以及法理学、法哲学、法制史学、法社会学基础知识等,选修课("有选择可能性的重点领域")旨在补充学习、深化

---

[1] 郑永流:"知行合一 经世致用——德国法学教育再述",载《比较法研究》2007 年第 1 期,第 88 页。

[2] 韩赤风:"当代德国法学教育及其启示",载《比较法研究》2004 年第 1 期,第 115 页。

与之相关的必修课程，侧重国际法学和法学的相邻学科。[1]如此繁重的学业任务下很少有人能在三年半学习之后就有资格参加第一次国家考试，大多数人大致经过四到五年的学习，才有较大可能通过第一次"国家考试"，然后取得相当于法学硕士的学位。

第二阶段的见习期阶段（又被称为实习生阶段）一般需要两年时间。实习站点的设置也分为自选站点和必修站点。自选站点包括地方法院民庭、检察院、律师行等，自选站点则不设要求。值得注意的是，在必修站点中实习要求满3个月，律师站点的实习期则要求为12个月。第二阶段的培养更多聚焦在基础知识与实践工作的衔接与运用中，在完成第二阶段后才可以报名参加第二次"国家考试"。[2]两次考试都通过后才能成为一名法律工作者。

德国作为大陆法系国家的代表，理性主义是德国法律制度的精神支柱。传统上其法学教育注重通过教授理论来培养学生的逻辑思维能力，从整体上把握法学理念和法律规范，区别于英美国家的个案研习，但是这并不意味着德国不重视案例教学。德国法学教学理念是以理论教学为基础的实践教学。德国是成文法国家，法律工作者必须依照国家制定的法律进行司法审判活动。因此其法学教学极其重视法规及原理的学习即先进行理论知识学习，以扎实的法学理论为指导，然后进行实践性训练，培养学生的法律思维。德国在对后备法律人才的培养中，需要经过较长时间的学习与实践，使他们的心态、性格和思维都经

---

[1] 徐胜萍、田海鑫："21世纪初域外法学本科后教育改革的特点及启示——基于对日、韩、德、英四国的考察"，载《中国高教研究》2014年第2期，第49页。

[2] 赵海燕、刘晓霞：《法学实践性教学理论与实施》，法律出版社2015年版，第19~20页。

受反复而深刻的磨砺,以去除浮躁与冲动,而渐趋理性与沉稳。此种教学模式更为符合大陆法系法律抽象、体系强的特点。在有关实践的学习上,学生主要通过对案例的具体分析,分析当事人之间的法律关系并得出当事人应当享有何种权利,是否存在其他法律问题,最后得出结论。这种规范式的学习与分析方式,不仅要求学生对案件事实的把握,还要求学生对现行法规进行深刻的理解以精准地运用。此外,德国法学实践教育还很重视独立思考与创新理论。德国法学教育通过坚持"科研与教学相统一、教学与科研并重"的做法,从而培养学生独立思考的能力和创新精神以应对日益激烈的市场竞争以及社会对法律人才的需要。

3. 德国法学实践教学方法

(1) 专业见习

德国的专业见习培养模式不同于其他国家实践性教学模式,学生几乎不学习理论课程,更多接触的是有关职业训练的课程。在此阶段也被称为"候补文官"。专业见习期为2年,在必修站点和选择站点进行见习。见习者在监督之下严格工作,以熟悉业务、掌握工作方法。见习者还要参加一些由法官或其他人员主持的讲座,讲座内容主要分析实务工作中出现的棘手问题,帮助学生增长实践经验,从而达到理论与实际相结合的效果。不仅如此,见习者还可以通过向有实际经验的其他法律工作者学习,积累更多的工作经验。

(2) 模拟练习课

模拟练习课是学生模拟不同的司法角色,如律师、当事人、检察官、法官等。最为常见的形式就是"模拟法庭(仲裁庭)"。在"模拟法庭(仲裁庭)"中学生需要在庭审的场景下,代理当事人陈述意见,其他学生和教师扮演此模拟审判活动中的其他角色。在此课堂中,学生要跳脱出学生角色,深刻地代入所模拟的身份从而进行体验,以所扮演角色的立场进行法律问题的不同面位的分析,独立思考的过程中对已学法律法规进行运用。如此不仅对学生的思维进行培养,也锻炼了学生的检索能力、文字陈述能力、法律文书写作能力;在模拟法庭(仲裁庭)庭审过程中对学生的语言表达能力也有所促进,如要求学生进行法庭辩论,以支持被代理人的诉讼请求。同时法官也会对学生发问,使其不得不快速地思考和回答。尽管目前"模拟法庭(仲裁庭)"的场景仅限于"法庭庭审",但是"模拟法庭(仲裁庭)"练习锻炼的学生综合运用法律研究问题、起草文书以及其他处理当事人事务的能力却可以运用到法律工作的各个环节之中。

"模拟练习课"的模式不限于模拟法庭(仲裁庭),其展开方式多种多样。以坎贝尔大学法学院为例,其针对高年级学生开设的二审法院庭审的律师代理课程,就模拟了从接触案件到二审法院判决作出的整个过程。此课程主要针对的是法学院三年级的学生,对学生能力要求更为严格,在此学年开始就将学生安排为2人小组的律师团,每个律师团代表当事人出庭,学生律师要询问同样由学生扮演的当事人,调查案件事实,拟定出庭方案。

(3)法律援助中心

提高学生实践工作能力和法律人的社会责任感的另一可行模式是在法学院设立法律援助中心。与前一类型不同,学生不是在假想的案件纠纷中扮演律师的角色,而是代理真实的案件。因为学生毕竟不是真正的律师,所以这种形式的课程特别要求辅导老师观察和监督学生和当事人的整个互动过程。在这种形式中,辅导老师和学生的数量比例是一个极为重要的因素。只有在经验丰富的法律实务工作者的指导下,才可以有效地保证当事人的合法利益不受损害,同时又可以让学生提高法律素质和能力。法律援助中心为学生提供的经验是模拟练习课所无法涉及的,这种作为律师处理真实案件的切身经历是作为一个旁观者或者律师助理,或者在一个模拟的场景里的律师角色所无法体验到的,因而印象也会尤其深刻,在学生职业道德和价值观的培养方面所发挥的作用将更大,例如对正义的追求、权利的观念与法治国家观念的树立、正义感的培养等。[1]

(三) 日本法学实践教学

1. 日本法学实践教学起源与发展

日本的法律教育始于明治维新。明治维新是日本历史上划时代的改革,对日本经济的发展具有决定性作用,正是通过明治维新改革,日本一跃成为世界经济强国。除了经济上学习西方,日本的法律制度也在明治维新时期进行"西学",从而拉开了日本法治近代化的序幕。

与此同时,日本从明治维新开始就高度重视教育。日本前首相吉田茂曾在其所著的《激动的百年史》中说:"维新大业不能只靠领导人自己,而必须借助于多数受教育的国民之手推进,……要使国家富强,必须增进一般民众的知识,……因此,在全国兴办学校,普及教育,从根本上改变日本的面貌。"另一位日本前首相福田赳夫也说:"人才是日本的财富,教育是国政的根本。……一般来说,振兴国家、肩负国家的是人,民族繁荣与衰退也是这样。资源小国的我国,经历诸多考验,得以在短时期内建成今日之日本,其原因在于国民教育水平和教育普

---

[1] 贺栩栩:"路过德国 3 年——我眼中的德国法学和法学院",载《研究生法学》2011 年第 1 期。

及的高度。"[1]

日本的法学教育以2004年作为划分,2004年法学教育改革之前日本的法学教育主要由本科教育和研究生教育两部分组成。本科(法学部)期间,主要实施素养教育,又称通识教育,以培养具有一定法律素养(Legal mind)的人才为目标。本科阶段的绝大多数课程采用讲授式的传统教学法来开展,这些课程被称为"大教室讲义"。一般认为,"大教室讲义"在知识传授方面具有鲜明的优势。但在培养法律思维和法律技能方面存在短板。为此,多数大学的法学部在高年级阶段设置了研讨课(serllinar),作为"大教室讲义"的补充。[2]传统研究生院(法学研究科)主要实施学术教育,以培养研究者为目标。传统研究生院多以小班模式进行开展,授课方式以研讨式教学为主。改革前的法学教育模式有着强烈的"继受"特征,许多课程设置上都与德国法学教育类似。改革前日本法学教育的最大问题在于其与司法考试——法律人才选拔机制完全"脱节"。主要体现为司法考试不以学生具有法律背景为要求和司法考试与法学教育的关联性低,从而无法承担司法的重任,饱受学者的批评。2004年68家法科大学院开始进行招生授课,开启了日本法学教育的新时代。其中,20世纪末日本法学教育改革中的"3F"司法宗旨,即:易于亲近、易于了解的司法(Familiar);值得信赖、公正的司法(Fair);易于利用、迅速有效的司法(Fast)[3]得以保留。至此,日本的法学教育呈现出双轨制形式:一方面,大

---

[1] 朱奇武:"日本的法律教育",载《法学杂志》1983年第3期,第30页。

[2] 夏静宜:"日本法学教育中的研讨课制度及其对我国的启示",载《法学教育研究》2020年第1期,第317~328页。

[3] 徐胜萍、田海鑫:"21世纪初域外法学本科后教育改革的特点及启示——基于对日、韩、德、英四国的考察",载《中国高教研究》2014年第2期,第47页。

学本科阶段的以培养学生的法律思维和讲授法学理论为基础的法学教学得到了保留；另一方面，研究生阶段的教学增加了精通法律实务操作技能训练的内容，以培养法律职业者应该具备的必要的学识和能力为目的。

2. 日本法学实践教学特点

日本法律教育主张建立研究生院，使之成为连接理论与实务之间的纽带。研究生院以法学理论为教学核心，以实务教学为辅，在教授学生法学基础理论的同时，又教授学生一些基本的法务实践技能。培养目标的不同决定着教学内容与教学方式上的差别。日本传统的大学法律教育并不是以培养法律职业人为目标的，或者说至少不是其唯一目标。从历史上来看，成立于1877年的日本第一个大学法学院——东京大学法学部，其目标旨在培养具有法律知识的官僚。[1]东京大学这一做法后来也为一些其他日本国立大学所效仿。而在一个多世纪之后，日本法律教育的培养目标并未有多少改变。与美国、英国以及德国相比较，日本的法学实践性教学模式较为落后和单一，未形成体系化。此种情况不仅与国家的实际情况有关，也与日本法学教学历史有关系，日本法学教育的发展本来落后，自明治维新以来，主要借鉴德国的经验，第二次世界大战的爆发，使得日本的改革受到阻断，没有继续推行改革，进而造成了断裂和单一的表现。

3. 日本法学实践教学方法

日本的实践性教学方法比较单一，主要是本科研讨课（seIlinar），又称为"演习"，采用讨论式、启发式、参与式的课堂教学方法，先由学生就某一课题进行报告或者某一案例进行分

---

〔1〕 王华胜："从法学部到法科大学院——新世纪日本法律教育的转型"，载《法学教育研究》2012年第2期，第163~185、357页。

析后，再由教师引导学生通过提问与答疑就该课题或案例展开深入探索和研究。可见，教师从课程的讲授者转变为学习的引导者、推动者、配合者以及研究主题的设计者、研究方向的把握者，学生从课程内容的被动接受者转变为主动学习者乃至研究者，从而实现以教为中心到以学为中心的转变。在本科高年级阶段开设的小班研讨性课程，开设初衷是培养学生的学术研究能力。[1]本科研讨课，主要有以下两个特点：一为与强调大而全的"大教室讲义"不同，研讨课注重于某个知识点的探讨；二是教学规模采用小班教学的方式，每个班人数控制在25人左右。除本科研讨课外，司法研修也是实践教学模式之一，不过其更多注重的是对即将上岗的司法人员进行上岗前的实践技能培训，与本书所探讨的法学教育模式有些许偏差。大学法律系毕业并不当然可以充当司法工作人员，还需要通过国家司法考试加以选拔。日本司法工作人员经考试被选拔之后，还必须进入司法研修所进行专门业务教育2年，才能正式工作。司法研修所是专门培养司法工作人员的学校。其隶属于最高裁判所，设所长1人，教务长1人，教官50人，其中法官20人，检察官10人，律师20人。教官都是有实际工作经验的、从事各种司法业务10年到15年的法官、检察官和律师。另外，还有助理教官5人。考试及格的50名司法修习生进校后分为10个班，每个班50人，由5个专职教官培育，学习的科目是民事裁判、刑事裁判、检察业务、民事辩护和刑事辩护。修习生入学后先学4个月的业务课，然后要用12个月到全国37个点进行业务实习，这就是法院实习4个月、检察厅实习4个月、律师事务所实习4个月，最后回到研修所再学业务4个月，经过考试毕业，分配到

---

[1] 参见［日］潮木守一：《帝国大学④》，讲谈社1997年版，第95页。

业务部门当法官、检察官或律师。司法研修所的专业教育是理论联系实际的业务训练，所以，它的教学环节着重讲述业务要求、办案手续、书状规格、判决理由以及讨论程序法上和实体法上的问题等。

(四) 英国法学实践教学

1. 英国法学实践教学起源与发展

伴随着英国普通法和衡平法发展起来的，还有英国特有的法律教育模式，英国的法学教育起步早，历史悠久，在经历百余年的不断改革后，英国法学教育在世界法学教育中更加瑰丽。在英国早期的法学教育中，以"学徒制"为培养模式的律师学院占据主导地位。早期的英国未成立专门的法学院，加之判例法的模式，想要从事法律职业门槛较高，因此诞生了以拜开业律师为师的模式，即"学徒制"。作为学徒，可以在律师的带领下从事某些事务性法律工作，如询问当事人、调查取证、准备诉讼材料、制作法律文书、提供法律咨询以及旁听法庭辩论等方式来学习法律基础知识。1世纪后期，各学徒为了相互进行深入的交流，逐渐形成了"法律学徒"的特殊社会集团。然后又出现了由大法官的书记员进行管理的初级法律学校（也被称为大法官学校）和由资深律师委员会负责管理的律师会馆。除了传授普通法，律师学院传授内容还涉及罗马法、教会法和理论法学，律师学院的课程内容主要是对案例进行讨论、学习诉讼程序和法律文书的撰写等，教学的方式有三种：参加法庭庭审、参与读书会与模拟法庭（仲裁庭）。[1]工业革命后带有浓厚中世纪色彩的学徒制教育不能适应时代的需要，高等教育机构借势而起，学徒制教育模式陷入危机，直至崩溃。

---

[1] 郑贤刚："英美法学教育实践性特征研究"，华中科技大学2008年硕士学位论文，第6页。

威廉·布莱克斯通被公认为是英国现代法律教育的先驱和旗手，布莱克斯通是英国历史上第一个把普通法教育搬上大学讲坛的实践者，他首创了一套系统、可行的公共法律教育方法。同时，布莱克斯通也是英国现代法律教育理论的奠基人，他提出了一套符合现代社会需要的科学的法律教育思想，其主要内容可概括为以下三点：一是发展公共法律教育是必要的；二是大学是进行法律教育的最佳场所；三是法律教育应当是系统的、历史的和开放式的。[1]他明确提出，法律教育应从基础知识入手，并和其他相关学科的教育结合进行，因为"科学是具有社会性的，只有在各相邻学科的联系中才能繁荣发展；除非从其他社会科学分支中汲取营养以改进自己，否则没有哪一种学科能兴旺发达"。[2]但布莱克斯通的思想在当时没有受到重视，英国的公共法律教育止步不前，直到产业革命之后，经济的巨大成功逐渐影响到政治领域，经济基础的变化要求变革上层建筑，传统的法律教育制度已经无法满足时代和社会发展所提出的新要求，英国传统法律教育制度亟待变革，加之欧美多国已经完成了法律教育的现代化转型，愈加凸显英国改变传统法律教育制度的迫切性。在这个背景下，英国的法律教育开始由早期的学徒制逐渐转型为学院制。但是学院制教育模式在英国并不如美国或德国的法学教育模式那样受到重视，不仅没有取得像美国式法学院在法律职业教育领域那样的地位，也没有获得德国法律学院那样在学术研究领域的尊荣。[3]法治的保障和司法权

---

[1] 程汉大："从学徒制到学院制——英国法律教育制度的历史演进"，载高洪钧主编：《清华法治论衡》（第4辑），清华大学出版社2004年版。

[2] W. S. Holdsoworth, *History of English Law*, vol. 12, London: Methuen&Co Ltd., 1938, p. 98, 166.

[3] 聂鑫："英国法律教育改革管窥"，载《华东政法大学学报》2011年第1期，第93~98页。

的正当行使离不开法律的正确实施,这就又要求对英国法律教育进行再一次变革。1767年英国政府法律教育委员会时任主席奥姆罗德(Mr. Justice Ormrod)主持的法学教育委员会成立,1971年法学教育委员会经过深入思考和调查研究公布了标志着英国法学教育第二次重大转型的法律教育报告——《奥姆罗德报告》。报告指出,大学和法律职业组织之间应该加强彼此间的沟通与合作,与此同时,还建议对两种不同的律师进行针对性的职业培训。[1]强调在法学教育中,应该舍弃"学问""理论"和"职业""实务"这种相对立的思维方式。《奥姆罗德报告》的发布标志着英国学院制法律教育的现代化,极大地促进了英国现代法律教育的发展从而逐步形成了在英国法律教育中,大学和法律职业组织相互支撑的局面。其中,高等法律教育侧重法律基础性的素质教育,律师会馆等法律职业组织着重实务性技能培训,二者相互促进、相互配合进而提高了法学教育的水平,适应了社会对复合型、专业化、高素质法律人才的需要。[2]

英国教育的发展也受到英国市场经济的影响,学校根据市场需求不断制定新的制度策略,始终致力培养卓越的法律人才,努力使每一位法律工作者都具有高素质以适应各种社会需求。这样,以市场需求为导向的培养模式,不仅节约了培养成本,还使得每一位法学生毕业都能找到与之匹配的工作。[3]

2. 英国法学实践教学方法

英国大学中法学的教学方法主要有判例教学法、诊所教学

---

[1] Legal Education in England and Wales, *the International and Comparative Law Quarterly*, Vol. 20, 1971.

[2] 程汉大、李培锋:《英国司法制度史》,清华大学出版社2007年版,第234页。

[3] 赵海燕、刘晓霞:《法学实践性教学理论与实施》,法律出版社2015年版,第19~20页。

法、苏格拉底教学法等,其根据社会需求不同而采用不同方式来培养人才。

(1)判例教学法

与大陆传统教学法不同,判例教学法摒弃传统教学法注重对法学的基本原理、概念的侧重,以案例贯彻课堂始终,整个教学围绕提高学生综合职业能力的目标。在英国,法官裁决案件主要依据以前的司法判例,然而,由于普通法具有灵活性,法官在裁决类似案件时,可能与先例有所不同,但是又要保证其不能完全发生冲突。司法判例是英国法律制度大厦的支柱之一,英国法学教育十分注重案例教学,这种案例教学的模式以让学生对真实司法案例研习的方式,达到让其了解其中所蕴含的法学理论和法律规范的目的。根据教学情况采取不同形式,主要有讲座、教师辅导和研究讨论课等。不管采取何种形式,案例的介绍和分析都是永远的主旋律。此模式不仅可以避免学生漫无目地记忆法律条文,而且能够达到熟练应用法律的效果。[1]学生也可以在分析过程中加深或者改变对法学和法律的理解和感悟,并找到正确的答案。教师在整个过程中主要起着引导或指示作用。同时,老师也可以通过学生的互动与反应了解学生的不足之处,从而及时调整教学方法。总体来讲,英国的判例教学模式是比较优越的,是适合于社会发展需求的。

(2)诊所教学法

诊所教学法是英国采取的另外一种教学模式,目的在于培养学生的法律实践能力,缩小知识教育与职业技能的差距,诊所教学法不仅在学校中出现,也被英国各个法院广泛采用。诊所教学法很好地弥补了由法院判例造成的法律实务与课堂之间

---

[1] 张艳:"英国法学教育方法透视与借鉴",载刘进田主编:《西北人文科学评论》(第7卷),陕西人民出版社2014年版,第255~260页。

的不协调状态。同美国的诊所教学模式相似，英国的诊所式教学还囊括了其他的教学模式，比如具有审判特征的模拟法庭（仲裁庭）诊所，还原司法审判真实的程序而进行教学，模拟法庭（仲裁庭）法律诊所所具有的无限还原真实审判的过程，使得学生还能学习除理论知识之外的经验知识。随着学生学习的深入，学校还会开展接见真正当事人的法律诊所，由学校法学专业老师组织，学生利用自己学习到的一些知识和技能，为这些案件当事人提供法律援助和法律咨询，并在此过程中积累实践技能。最后一种就是与实习无异的校外诊所，这种类型的教学方法有利于学生走出校园，独立担任案件当事人的诉讼代理人，为社会中的弱势群体提供各种法律援助。在校外诊所式教学模式下既可以提高学生利用其掌握的知识为社会服务、为弱者提供帮助的热情，令其感受到成为一名正直的法律人的使命感与价值感；还可以增强学生的交流技巧，提高学生的法律技能，强化学生的法律文书写作技巧等综合能力。

（3）苏格拉底教学法

苏格拉底教学法（Socratic method）是英国最为传统的教学方法，又称为案例教学法，在特定语境下与判例教学法可看作为同一教学方法。苏格拉底教学模式是通过运用老师与学生交流、教师提问学生、同学之间相互反问等手段进行教学。该教学模式的目的在于让学生去了解和掌握案例，培养学生深入思考的能力。老师会在课前布置案例，并且发给学生大量的学习资料，在课堂上老师会针对所发的资料进行提问，组织学生进行讨论，学生对于不同的问题会提出不同的看法和观点，然后互相辩论。苏格拉底教学法不仅培养了学生独立思考的能力，也让他们学会了质疑的精神，变得不再盲从权威。不仅如此，苏格拉底教学法还弥补了判例教学法的缺点，注重老师与学生之间的互动交流，促进了师生之间、同学之间的感情及团队精神。

（4）小组合作教学模式

小组合作教学模式是指学生以小组为单位进行学习，利用课余时间进行合作学习。合作小组以老师所布置的题目或任务为核心，学生们根据老师所布置的具体的任务，自发地进行结组，寻找团队成员。在受领任务和组队完成后，利用课余时间对任务进行讨论，经过不同的意见的发表，最后得出讨论结果并准备回答课堂老师的提问。在课堂上，教师会对学生们得出的结论进行进一步发问，此时一般由一名同学进行统一解答，其他成员补充解答。在小组合作教学模式中，极大地拉近了同学之间的关系，加强了"生生"之间的交流和合作，在进行专业研究的同时还培养了学生的团队意识和沟通能力，为他们在未来法律实践中的团队合作夯实了基础。

二、国外法学实践教学启示

（一）美国法学实践教学

1. 公共利益价值的培养

美国的法学教育注重社会公共利益，培养的学生也更关注公共利益。美国著名的政治家、思想家、科学家和教育家托马斯·杰斐逊在18世纪就提出一套关于律师和教育的理念。他认为，新成立的美国需要将公共利益凌驾于个人利益之上，特别是法学教育，法学教育应当承担起培养学生的公共利益优先的意识，因为律师在国家政治活动中具有特殊的地位，在社会活动中扮演着重要的角色，有着广泛的社会影响力。因此，杰斐逊主张法学教育不仅仅要教授法律的原理和辩护的技巧，还应该包含对政治理论、当代和古代历史及道德哲学的传授。杰斐逊的法学教育理念在 18 世纪 80 年代早期 William Mary 学院中得到实践,并取得了极大的反响。[1]美国对法律职业人的职业伦理教育不仅有课程上的强制要求,采取必修课的形式实施,而且有获得律师资格的前置性要求,也就是说,要获得律师资格,必须先通过法律职业道德考试。实践证明,这种强制性法律职业道德教育是有效的,美国执业律师违背职业道德的案例数量不多就是很好的证明。

我国的法学教育也应当注重对公共利益价值维护的培养,公共利益在我国的话语体系中可以被社会主义核心价值观所涵括,因此我国在法学实践教育中应当以社会主义核心价值观为切入点,在法律实践中培养意识形态,培养新时代具有爱国主义情怀的高素质法律人才。社会主义核心价值观的培养和养成,应当落到实处,对于法科生教育而言应当重视多种平台的开设,引导其价值观的养成。例如,组织在校大学生开展各种专业活动,如大学生法律援助、乡村普法宣传活动等。把社会主义核心价值观体系融入法学教育的全过程,丰富实践活动,从而帮助法科生树立正确的价值观。

2. 实务导向的教学手段多样化

美国法学教育以务实为方向,培养解决实际问题的律师,是美国法学教育的直接目标和基本理念。因此,美国大学的法学教育注重职业训练、技能训练和案例学习。法学院的任务在于为法科生提供分析和解决法律实务方面的各种技能训练,培养他们像职业法律者那样进行思考,希望法学院的学生能够通过教学像律师一样运用、驾驭法律。为此美国法学院围绕这一目标在理论课程设置的同时开设了大量的实用性课程。一般来

---

[1] 赵建蕊:"美国法学教育的理念和方法研究——以华盛顿大学为例",载《兰州教育学院学报》2012 年第 8 期,第 138 页。

说，法学院根据国家与社会发展以及学院本身的资源的挖掘，提供数量较大的选修课程，学生可根据自己的爱好、自身实际情况以及未来所准备从事的职业的需要进行自由选择；又或者是，美国法学院主动承担起对学生实践兴趣的引导，积极开设一些实践性的课程，让学生们在真实或模拟的案件中进行实践能力的训练。这些课程都是以职业训练为目的的。在美国的法学课堂中，学生的学习不是消极的"听、记、背"模式，美国法学院以培养能够精准把握法律条文、理解立法者意图的法律从业者为追求，确立的是以实践教育促进法学教育的模式。

我国高等院校法学课堂应当更多地引入实务课程，要把课程开设出来让同学们参与到实务课程中，而非目前教学大纲中仅有的几门课程。在实务课程的设置中，要对师生互动提出明确的要求，实务课程的互动性是其核心，教师应当给予每个同学更多的关注，学生亦应当给予教师积极的反馈，达致互相尊重、教学相长，激发学生在实务课程中更多的热情。

3. 以学生为中心的教学模式

美国的实践教学模式种类较多，既可以适用不同的阶段，又可以适用不同的条件，各种教学方式都以学生培养为核心，因材施教。在我国传统教育中，教师是课堂中绝对的主导，这一模式下很容易导致老师传授的与学生接收的知识信息的割裂。因此，构建我国的法学实践教学时，应当注重学生的主体性，教师在课堂中只需发放学习材料和对案例的分析及对学生发言的点评。教师不用过多关注学生具体需要做什么，进而反向促进学生间的学习小组的成立，小组成员自主划分学习任务量和对争议焦点进行小组内部思想的碰撞，实现"生生、师生"的互动。

（二）德国法学实践教学启示

1. 完全法律人：理论基础夯实

德国的法学教育以法官培养为目的，一元化的法学教育是德国在世界法学界形成职业共同体的重要原因。在这种教育目标的设置下，德国法学教育强调法律思维的培养，法律思维的训练依靠严谨的学术研究、案例研习和实践课程来完成。德国法学教育主张先进行扎实的理论学习，只有以理论学习为基础，才能做到理论联系实际，才能通过实践检验理论的正确与否。德国注重理论教学一方面来源于其法学教育人才培养的目标；另一方面则是因为德国作为大陆法系国家的代表，有着源远流长的理论教学土壤，因此以理论教学为基础就顺理成章了。尽管德国比较重视法学理论基础教学，但这并不意味着德国法学教育忽视实践性教学，教育者始终保持着清醒的头脑，始终将实践性教学作为终极目标。

2. 完全法律人：实务技能并重

德国法学教育界似乎这样认为，即法律是比较严谨、逻辑性比较强的，不论是法学原理还是法律规范抑或法律实务工作都应经过长期的学习和训练，只有经过充分的学习和训练，才能在未来实际工作中胜任所担任的角色，成为一名合格的法律工作者。因此，德国法学实践教学具有周期长的特点。一般认为，这种培养模式并不适合我国的发展，首先，法律职业者的就业是既存的问题，再进行长时间的学习，不但成本过高，学生正式从事法律工作的年龄也会比较大，并不符合现实需求。因此，应当有所侧重，即因材施教。擅长学习理论、研究理论的就培养其进行更多更深的法学理论学习，喜欢实务技能的就培养其法律实务技能。例如，对于擅长理论研究的学生，可以对其开展"模拟练习课"，提升学生的检索、整理、大量阅读的能力，从而进行法理学理论知识的构建，期间练习课中所需要的案例鉴定报告的写作、课前的小组讨论、课堂上的师生互动讨论，也会令学生的口头和书面表达等输出能力增强。值得注意的是，德国的法学教育过于注重培养法官，缺少了培养人才的模式之间的协调和统筹。我国法学教育应当培养"多边形"的法律人才，要以培养德才兼备的卓越法治人才为目的，而非单纯培养优秀的法官。法律是适用于全社会的，特别是对于法治国家来讲更显得尤为重要。培养精英化的法官是一个法治国家所必需的，国家的目的在于追求更为合法公正的司法活动，但这并不意味着国家可以偏废其他，律师、公证员和其他法律工作者也是法治国家必不可少的，培养优秀的其他法律工作者也将会推动法治国家的实现。

(三) 日本法学实践教学启示

几乎在日本的本科教育阶段见不到法学实践方面的教学模式，反而在他们的研究生阶段有实践性教学。从日本的整个教育界来看，日本所追求的是精英化的教育，即培养数量少而质量优的人才。法学教学也不例外，在日本，法学教学呈现出低成本、高质量的特点，他们始终以培养研究者为核心，而不是培养实践者，高度专门职业人才培养显示出极为落后的面貌。日本是市场经济国家，一切以市场为导向，面对复杂多变的经济，其社会关系也变得错综复杂，这就需要相应的法律事务工作者。僵化地坚持以理论教学为核心已不再能满足国家和社会的需求。及时借鉴他国经验对日本法学教学实践具有现实意义，尽可能地完善实践性教学模式，就可以以较快的速度缩小与世界的差距，协调与社会的矛盾，改变单一的法学实践教学模式，积极探索出更为先进的教学模式。

日本的法学实践性教学的现状也提示我国本科法学教学必

须走理论与实践相结合的道路,要坚持改革,不改革就无法满足社会主义市场经济对法律实践性人才的需要。尽管我国许多高等院校已经开始了法学实践性教学的探索,但从总体来看,教学质量还不够高,效果还不够好,受益学生人数有限。因此,我们还需要进一步转变观念,加快改革步伐,使法学教育负担起国家法治建设的重任。

（四）英国法学实践教学启示

1. 案例为核心的课堂模式

英国的教学模式始终围绕的核心是案例,可以说案例是英国法学教育的材料,没有案例就没有一个平台供学生进行接近实践的训练。英国的教育者认为案例是最好的教材,案例不仅包含了法学理论和法学规范,而且有审判者的审判技巧和智慧。因此,后来人只有通过案例进行实践性教学,才能揣测经典案例审判者的想法,才能学到和感受到审判者的智慧,从模仿学习到融会贯通、学以致用,从而完成向法律人才的转变。案例教学是英国法学院培养具有全面素质的法律工作者的重要方法。在我国的法学实践教学中,目前也逐渐重视案例的作用。

2. 以学生为主体的实践教学多元贯彻

实践性是英国法学教学的另一个必须坚持的原则,以市场经济为导向的法律人才培养,对实践性教学有着强烈的需求。英国法学教育已被深深地烙上了"只有把实践性当作培养人才的核心目标才会为社会所接受"的思想。因此,英国法学教育注重职业训练,注重技巧训练与案例学习。英国法学教育中以学生为主、教师为辅的教学理念使得学生在整个教学活动中占据主动地位,其所倡导的探讨、质疑、辩论是应该被推崇的,不论是老师的提问还是同学的质疑,抑或当事人的咨询,都没有绝对正确的答案,都只不过是为了鼓励和激发学生自己学会主动思考、独立思考。另外，还需要学生利用课余时间对材料进行大量研读，为课堂的顺利开展进行准备。我国在法学教学中也应借鉴这种做法，将学生置于教学的核心，把未来工作岗位的要求当成培养人才的风向标，通过指导和启发，让学生具备更多的实践经验。但是，笔者认为在倡导实践性教学的过程中，不应忽视对理论课程的教学，理论与实践是相互统一的关系，而不是彼此割裂的关系，实践会增强学生对法律予以正确理解，扎实的法学理论知识也会增强学生在实践中对法律的正确应用的能力。所以，我国的法学教育应该树立理论实践并重的理念，避免照搬"西化"，只重实践从而走上弯路，应在实践的同时不放松对理论的学习，用理论去指导实践，用实践去验证理论。英国的某些做法，只进行单一的实践教学，并未注意到理论与实践之间的联系，我们要引以为鉴。

第三章 CHAPTER 3
国内法学实践教学演变

一、国内法学实践教学发展历程

改革开放以来,我国法学教育经历了恢复发展、改革发展以及全面发展三个阶段。但从传统意义来说,中国的法学教育主体内容对应的是"理论知识",与之相对应的实践教学并未随着理论知识体系的完善而同时发展。在法学教育的发展与改革过程中,实践能力培养的缺乏被广为诟病。为了补齐法学教育的短板,法学教育学术领域以及实务领域首先保证了法律实践教学在形式上得到重视和探讨,随后从实质的角度积极开展了众多有意义的尝试。

20世纪90年代开始,我国法学教育的观念有所转变,由只重视理论知识的纸面教学理念,向既重视理论知识又注重实践能力转化的立体教学思路转变。与此相对应的,开始了对传统教学方式的改革,案例教学法、模拟法庭、法律援助、法律诊所等教学形式开始出现。20世纪90年代,由于我国管理类教育蓬勃兴起,以哈佛大学为代表的欧美商学院对中国管理教育市场进行了开发和培育,由域外商学院所带来的案例教学在中国开始备受关注。[1]国内法学教育界人士在学习和熟悉国外案例

---

[1] 杨丽华、邓德胜:"案例教学法在管理学类课程中的运用",Proceedings of the 2011 Second International Conference on Education and sports Education(ESE 2011 V3),2011:151~154.

教学方法的基础上,结合中国国情,积极开展案例(教程)编写工作,对案例教学方法进行了有益的改进。[1]除了高等院校,政府部门和许多管理教育机构也纷纷将案例教学模式放在法学教育语境下探讨。2000年,美国的福特基金会确定北京大学、清华大学等七所高等院校资助其试行诊所式法律教育(Clinical Legal Education)。2002年,在中国法学会法学教育研究会之下设立了诊所法律教育专业委员会(CCCLE),以期进一步规范和推广以培养实践能力为目标的诊所式教学方法。此后,诊所法律教育迅速推广,目前我国已有200多所高等院校参加了这一项目。[2]在教学方式发生变化的同时,教育模式也进行了相应的变革。1996年,仿效美国的J.D.(Juris Doctor)教育模式设立了以培养高层次的应用型、复合型法律人才为目标的法律硕士(J.M)教育制度,并于2009年创立法律硕士,并行培养专门型与复合型的职业法律人才。发展至今,根据教育部、中央政法委《关于实施卓越法律人才教育培养计划的若干意见》(教高[2011]10号)、教育部办公厅、中央政法委办公室《关于公布首批卓越法律人才教育培养基地名单的通知》(教高厅函[2012]47号)、教育部高等教育司《关于申报2012年卓越法律人才教育培养基地的通知》(教高司函[2012]82号),首次卓越法律人才教育培养基地的申报、评审工作于2012年5月启动,经中央部委隶属高等院校直接申报、省级教育行政部门推荐申报,教育部高教司组织专家通讯评审和会议评审应用型、复合型法律职业人才教育培养基地,22所高等院校为涉外法律人才评审、差

---

[1] 钟曼丽等:"案例教学的发展历程及存在的问题",载《中国管理信息化》2010年第23期,第67页。

[2] 参见http://www.cliniclaw.cn/hylm.asp,数据截至2022年10月24日。

额投票产生的,并经网上公示后正式确定。[1] 批准58所高等院校为教育培养基地,12所高等院校为西部基层法律人才教育培养基地,从2012年12月开始,建设期为5年。

比如,自1996年我国开办和实施法律硕士教育以来,截至2014年,国务院学位委员会办公室11次授权审批工作设置法律硕士专业学位授权点共计186个。此后,教育部实施学位授权制度改革,对学位授权点进行动态调整和合格评估。2015年首次开展专业学位专项评估,撤销1个法律专业学位授权点;经学位授权点动态调整,增列法律硕士专业学位授权点2个;2016年,经学位授权点动态调整,增列法律硕士专业学位点14个。2017年,授权审核增列法律硕士专业学位授权点41个,经学位授权点动态调整,增列法律硕士专业学位授权点2个,撤销1个;[2] 2018年,经学位授权点动态调整增列法律硕士专业学位授权点5个,撤销1个;[3] 2020年,经授权审核增列法律硕士专业学位授权点38个,经学位授权点动态调整增列法律硕士专业学位授权点2个,撤销1个;2020年,经学位授权点专项合格评估撤销2个;[4] 2021年,法学学科增列了3个一级学科博士点、1个知识产权交叉学科博士点、1个国际法律事务硕士专业学位授权点以及2个一级学科硕士点,无撤销情况;[5]

---

[1] 余涛:"卓越法律人才培养与理想的专业法学教育——以法律职业为视角",载《西部法学评论》2013年第4期,第29~38页。

[2] 参见全国法律专业学位研究生教育指导委员会网站:http://www.china-jm.org/,最后访问日期:2019年12月25日。

[3] 国务院学位委员会《关于下达2018年动态调整撤销和增列的学位授权点名单的通知》(学位〔2019〕8号)。

[4] 国务院学位委员会《关于下达2020年学位授权自主审核单位撤销和增列的学位授权点名单的通知》(学位〔2021〕16号)。

[5] 国务院学位委员会《关于下达2021年学位授权自主审核单位撤销和增列的学位授权点名单的通知》(学位〔2022〕12号)。

截至2022年，全国共有法律硕士专业学位授权点288个，这意味着，"复合型、专门型、应用型"的法律人才培养日渐扩大，法学教育也向着实践化、精细化发展。法学教育分为三个层次：知识教育、技能教育与德性教育。与之对应，法学教学的目标从培养学生知法懂法转变为活学活用再转变为德法兼修；教学的重心也经历了从训练学生的法律思维到"learning by doing"再到课程思政的移转。总的来说，现如今的法学教育以培养法学生的实践能力、实践素养作为重要导向，不断进行实践教学方式的引进、革新，以形成具有中国特色的、符合高等院校实际情况的实践教育模式。

二、国内法学实践教学现状及经验总结

（一）典型法学实践教学模式介绍

尽管法学实践教学的重要性日益在法学界形成共识，但是目前我国的法学实践教学并没有统一的模式。法学实践教学的各种形态主要是同具体法学院的办学条件和特色相结合，培养模式由各高等院校在国家方针、政策的指导下自主建立，并纳入其具体培养方案。由于我国高等院校数量多、分布广、类型各异，且笔者时间、精力有限，特根据院校类型、分布地区等因素选取部分高等院校作为样本进行分析，[1]同时，也考虑到部分院校的法学实践教育具有试点、先行的作用，本书将其作为重点讨论对象。

1. 中国人民大学[2]

中国人民大学法学院（以下简称"人大法学院"）坚持旨

---

〔1〕 分析所用信息主要为2018年实地调研及对官网和公众号进行整理，在中篇各教学模式的介绍讨论时亦用到本章未详述的高等院校有益做法，如西南财经政法大学、武汉大学、中山大学、北京航空航天大学等。

〔2〕 参见中国人民大学网站：http://www.law.ruc.edu.cn/home/，最后访问日期：2022年10月24日。

在培养德、智、体、美全面发展的立法、行政、司法、法律服务等高素质法律实务人才，要求学生政治素质过硬、理论基础扎实、实践能力突出。为培养本科法学生的实务能力，人大法学院设置了实践教育和发展指导两个重要培养环节，并开设相关实践课程，从培养环节和课程设置方面加强法学实践教育。其中，除课程外的实践教育方式主要包括司法实践教育、立法实践教育、诊所式法律教育和海外实习实践教育，全方位、多角度地培养学生实践能力。此外，为建立系统化的实践教学体系，人大法学院在机构、组织层面设立了极具特色的整体性实验实践教学平台——法学实验实践教学中心（以下简称"中心"），将实践教学诸环节整体纳入其中，将实践教学诸多形式运用其中专门从事本科法学生实践教学工作。

（1）法学实验实践教学中心[1]

中心整合各类实验实践教学资源，充分利用社会资源、现代信息技术，帮助学生全面了解和熟悉司法实践的相关程序、专业技术和法律适用。中心由实验实践教学管理人员、实验实践教师（含专、兼职）及实验实践技术人员组成。中心设有教学管理部，负责组织协调法学院法学实验实践教育。中心下设证据学实验教学部、法律诊所教学部、模拟法庭（仲裁庭）教学部、立法实验教学部、司法实验教学部以及法律实践教学部等多个教学部门，采用实训、实验、模拟、仿真、见习等多种实验实践技术、教学方法，训练学生从事法律实务操作、求证法律事实以及综合表达和创新思维的能力。中心实验实践教学平台建设具有系统性，追求实践教学组织结构制度化、完备化，各项硬件设施相互补充、高效运作，其效果使师资队伍实践教

---

[1] 参见中国人民大学法学院网站：http://www.law.ruc.edu.cn/lab/，最后访问日期：2022年10月24日。

学能力不断提升，实践教学课程质量持续优化，较好地满足了法科学生接受实验实践教育的需要。

（2）法学实验实践教育形式[1]

人大法学院的实践教育形式丰富多样，主要包括以下四种：其一，司法实践教育，主要针对刑事诉讼、民事诉讼、证据调查、物证技术等业务，安排学生到公检法机关和律师事务所，围绕着司法实务运行的环节进行，关注司法实务热点、难点问题训练，注重培养学生在各个司法环节的动手能力和科学素养。其二，立法实践教育，着重突出基础性法律的立法实践，安排学生到地方人大常委会、法制局和国家部委政策法规司，观摩或者是模拟立法流程，在这个过程中培养学生的立法技术和立法思维。其三，诊所式法律教育则是通过实践指导教师与学生之间的多回合交流，综合采用苏格拉底式教学法、对谈式教学法和个案分析教学法等方法，培养学生的法律实践思维和技巧。其四，海外实习实践教育通过选派优秀学生到国际司法机构、国际组织等进行专项实习，丰富学生的国际法律实践经历，提高学生的国际法律能力。

（3）法学实验实践教学特色

第一，强调培养学生的综合能力。人大法学院对于学生的在校培养及就业导向均采取开放性的模式，法律专业技能训练和职业意识培育不仅面向公安、检察、审判、仲裁和律师实务等司法活动，还面向行政机关法律事务、工商企业法律顾问等其他与法律相关的职业，强调培养学生全面的法律执业能力、实践能力和创新精神。除此之外，重点发展"法学-工商管理""法学-新闻学"跨学科实验实践教学平台，培养诸如"法学-

---

[1] 参见 http://www.moe.edu.c，2019年12月25日访问。

工商管理""法学-新闻学"交叉型的卓越法律人才,[1]并在全国产生良好的辐射力。

第二,强调培养学生的人文意识。"人民、人本、人文"是中国人民大学的核心办学特色。在法学实验实践教学的具体实施过程中,特别强调培养学生的法律职业道德,增强学生的主体意识和责任意识,努力构建学生以人文素养为基础的核心价值体系。具体而言,该中心不仅要求学生学习并掌握必要的相关专业知识和技能,更注重培养他们的职业使命感、社会责任感等优秀品质,从而着眼于更高层次的人文关怀的养成和人文价值的追寻,[2]实现科学主义和人文主义精神的结合与统一。

第三,强调培养法科学生的国际意识。多年来,人大法学院始终与欧美、东亚等国家的著名大学法学院保持经常性沟通,充分借鉴其在实验教学、诊所教学、辩论技巧培训、司法考试培训、专利申请注册、模拟法庭、模拟立法听证等教学方式上的先进经验,促进国际合作,突出人才培养国际化特色。借助人大法学院与多家外国法学院签署的校际合作培养协议,在校法学学生都有公平的机会被纳入出国选拔培养体系。此外,还有许多在国际著名律师事务所任职的律师在中心担任兼职指导教师,多位在国外取得法学博(硕)士学位的教授在教学一线上课,各种国际学术交流和实务经验报告会也经常召开,[3]这些均对培养法科学生的国际化意识起到了促进作用。

第四,强调培养学生的服务意识。中心特别强调面向社会、

---

[1] 参见中国人民大学法学实验实践教学中心网站:http://www.law.ruc.edu.cn/lab/,2022年10月24日访问。

[2] 屠莉娅:"课程改革政策过程:概念化、审议、实施与评价——国际经验与本土案例",华东师范大学2009年硕士学位论文。

[3] 参见http://www.slschoo.com,最后访问日期:2019年12月25日。

走向社会和辐射社会，着力培养学生自觉、主动服务社会的意识和习惯。通过组织学生开展法律援助活动、参与残疾人权益保障法律研究工作，长年无偿地为弱势群体提供法律服务，提升学生的职业使命感、社会责任感。此外，由专业律师和专业鉴定人员组成的地石律师事务所、物证技术鉴定中心面向社会提供法律服务，受到了社会的广泛好评。学生在提供法律服务的过程中，不断将基础理论知识与实践相结合，促进了理论和实践的双重进步，与此同时，在法律服务中有助于自身职业道德和素养的提升，为其未来走向法律职业和服务社会提供了过渡性平台。

2. 北京大学

相较于中国人民大学法学院法学实验实践教育的相对链条化、环节化，北京大学法学院的法学实践教育更具模块化，可以看作是一个局部分明但同时极具融合性的有机整体。北京大学法学院围绕学生法律实践能力培养和素养培育开展实践教学工作，并划分了六个相互独立的板块，每个板块拥有自己独立的价值功能定位、工作方式方法、工作人员队伍以及工作条件、制度和内容安排，关注不同法律职业视角下对同一法律问题切入角度和分析方法的微妙差异，从而与传统法学教育侧重理论的视角相区隔，为学生提供最直观的实操知识和执业技能。[1]

（1）案例研习与法律实务教学板块

案例研习与法律实务教学板块从形式上来看，更类似于传统的理论教学方式，但却能够产生提升学生法学实践能力的实质效果。北京大学的本科生与研究生的实践课并没有做严格的区分，原因是很多年前课程改革的时候，把整个课程进行了梳

---

[1] "清华大学、北京大学、中国人民大学法学院教育实践可供借鉴的举措"，载微信公众号"学术之路"，2019年9月6日访问。

理并分为以下四类：基础类、实务类、国际类、专题类，并且在此基础上逐年增加实务类的课程，包括自己教师开设、教师主持并邀请外界法律职业人员参加、请律师事务所专门开设案例研习课（民法、民事诉讼法、刑事诉讼法）。该板块一方面以学院教师和实务部门专家讲授为主，将法律实务经验、技能和道德准则作为主要交流内容，目标在于预先增强学生的实务经验感受，以对法学实践形成初步认识；另一方面，将案例教学引入课堂，需要学生沉浸于真实法律案例，运用理论知识去思考、分析并解决问题。

（2）学生社会实践板块

学生社会实践板块，顾名思义，需要学生跳脱出校园、课堂的环境，进入社会生活各领域，从一般性而非绝对专业性的角度培养学生的实务心理、意识和素养，提升学生的社会调查能力、社会经验和社会实务问题的敏感度。

（3）学生法律职业发展和就业指导板块

学生法律职业发展和就业指导板块以专业化的个人职业规划、工作能力和发展能力为主要培养内容，目标在于引导学生进行正确、合理的职业选择。主要活动包括：法律职业发展训练营、职业素质系列培训、就业形势分析和政策解析、求职技巧培训和求职心理咨询等。

（4）学生实习板块

相较于社会实践板块的一般性，学生实习板块具有较高的专业性。该板块将学生置于全真的职场情景中，进行实际的专业工作，为学生在正式进入职场前提供技能演练以及经验增长的机会。北京大学法学院在100多家律师事务所、法院、检察院、公司企业等单位建立了实习基地。毕业实习实行分散实习，在实习基地名录内的实习单位学生自由选择后经办公室确认。

毕业实习一般是大三寒假持续到大四春季这个阶段实习，8周可不连续，只要达到总时间即可，这样设置对学生其他方面学习的影响较小，学生可以自主安排时间，但是寒暑假持续不少于一个月。必须在与法律相关的部门实习。但是在律师事务所可以接触到各种类型、不同程序的案件。时长为本科生8周，法律硕士4个月，学院与大量法律实务部门建立了实习、实践基地，学校给实习单位出具实习介绍信，学生每周填写一次实习鉴定表、实习单位导师每周出具评价意见和签字，实习结束学生要提交实习报告，校内实习导师给出评语、评价和成绩。

（5）模拟法庭训练板块

模拟法庭训练板块以训练学生的纠纷解决能力、体验基本司法工作方式为内容，让学生置身于真实的法庭、仲裁庭等实务空间，也包括学校模拟性的课堂。一方面，北京大学开展一系列模拟法庭类比赛，例如："Jessup"国际法模拟法庭辩论赛、"贸仲杯"国际商事仲裁模拟仲裁庭辩论赛、"理律杯"模拟法庭比赛以及法学院模拟法庭比赛等，力争形成以赛代练的法律实务能力训练平台；另一方面，学院设置了专门的选修课——模拟法庭，总计4学分。先讲授模拟法庭理论课程，该部分为2学分，然后上模拟法庭基础课程，主要是参加模拟法庭比赛。一般教师认为有必要时会组织去法院观摩或者请专家模拟法庭学生观摩。开设了刑事辩护实务、演讲辩论课程，未开设社会调查课程和学年论文环节，单设有论文写作课程及毕业论文。

（6）法律诊所教学板块

本版块以真实的司法案件、立法活动以及社会法律发展和建设活动的实践、操作为主要内容，目标在于培养学生的实务操作能力、增加学生的职业经验、培养学生的职业理想、职业道德和社会公益精神，工作空间既包括真实社会法律运行的各种职业场所，也包括学院课堂的讲授、交流和训练，工作人员由学院教师和各种相关领域的实务专家共同组成。学院内部开展法律诊所课程，教学内容视情况确定。学生选课后由教师再对选课的学生进行面试。法律诊所投入很大，一方面要以课题的形式申请经费并建立实习基地，另一方面学校也会给予一定支持，并建立了法学实习实验基地。课时（学分）3学分理论课结束后再进行分课，并且分成多组同时进行。主要在法律援助协会，由学生协助做大量的咨询工作。诊所实践教学每年均开课，除上课外，学生大部分参与咨询、办理案件。法律诊所课程，采取诊所滚动方式开展，春季、秋季学期都开，原则上针对的是大三、大四的学生。

3. 清华大学

相对于前两所院校而言，清华大学的法学实践教育模式较为简单，实践课程、校外实习占较大比重，法律诊所和模拟法庭等形式仍在发展中。同时，清华大学更加注重法学实践教育的国际化，积极搭建国际实践平台，支持学生国际交流，以更好地实现实践教学目的。

（1）法学实践教育课程设置

清华大学法学院的实践课程主要分为两部分，第一部分是与实践相关的课程（学校内部），第二部分是校外实践。

本科生一年级的暑假有个自选题，如土地并购问题。报一个方案，经过团委审查形成一个支队，去调研之后形成报告。大二和大三的暑期是可以选择的，必须与所学专业相关。专业性实践的一个过程，有一些定点的实践基地，一般为公检法，在2018年有34个实践基地。实习期最短是2周，一般是1个月以上。大二和大三是可以选择，大三去律师事务所的比较多，但是律师事务所不做过多的推荐。实践课程的开展，学院一般会举行有关实务性的系列的讲座,如最高人民法院的法官曾做过讲座。

清华大学建设有34个实习基地,都是公安局及其派出机构、检察院、法院,并且是试运营3年到5年后挂牌,在律师事务所未建立实习基地,但是有学生自主去律师事务所实习。对毕业实习过程管理主要在实习结束时实习单位会有反馈,但不是系统的,实习单位会写实习鉴定,学院实习考核评定基本以实习单位鉴定为准。因为实习人数多,学校老师会根据自己的情况去实习基地了解学生的实习情况,但是不会覆盖到每位同学。学校团委有一个专门的小组,每一组都选定高年级的支队长,支队长负责整个支队的事务,并且保研学生也有义务负责了解实习学生的情况。为了保障学生的安全,学校给每个实习的学生都购买了意外保险。

法律诊所的种类没有做详细的分类,因为划分得越具体对师资的要求会越高。因为与法院合作关系,所以接到的案件以法律援助的案件为主,案件性质以民事纠纷为主。法律诊所课程设置了3学分,在大二和大三都有开课。

对于模拟法庭这个模块,学院在刑法方向设置了一门选修课。

(2) 法学实践教学的国际化战略方向[1]

清华法学院将培养国际型法律人才作为自己的战略发展方向,致力于探索一条国际型法律人才培养的新模式,并取得了一定成果。近年来,法学院开展了一系列旨在培养国际化法律人才的法学教育改革,包括双语课程和全英文课程建设、LL.M中国法项目(招收外国留学生,全英文授课)、开办"国际班"

---

[1] 参见人民法院报网站:http://rmfyb.chinaco,最后访问日期:2019年12月25日。

（从优秀本科生选拔学生，强化国际法律事务学习）、模拟法庭、法律诊所、社会实践基地、国际交流等，均投入较大力量培养和训练学生处理国际法律事务的能力。为建立与国际型法律人才培养计划相适应的实践基地，清华大学法学院已与世界银行签署了推荐学生实习的备忘录，也与WTO上诉机构积极商谈派遣学生实习。

4. 中国政法大学

近年来，中国政法大学实践教学改革以落实2017年习近平总书记考察高等院校重要讲话精神和十九大报告为中心，全面贯彻2018年全国教育大会、新时代全国高等院校本科教育工作会议精神，不断完善并创新法学实践教育课程体系，独创"同步实践教学"模式并对之进行不断更新，积极搭建双师型师资队伍平台，承办六年制法学实验班，以"全方位、高素质、应用型"的人才培养方略，探索法学人才培养的特色模式。[1]

（1）法学实践教育课程设置

目前，中国政法大学在包括法学专业在内的全部专业建立起讲授课、研讨课和案例课相结合，理论教学与实践教学相结合的课程体系，全面推广启发式、探究式、讨论式、参与式教学方法。此外，中国政法大学还设有专门的法律实务技能课程，具体包括：法庭论辩技巧、律师实务、法律实践基本技能、法律写作、司法文书、替代纠纷解决方式（ADR）、非诉讼律师实务等，[2]这些实务技能课程均需修满36学时，全部课时应由课

---

〔1〕 孙竞："中国政法大学：六年制法学实验班的探索之路"，载中国政法大学法学院官网：http://fxy.cupl.edu.cn/info/1087/10416.htm，2020年8月4日访问。

〔2〕 苏博琳："中国政法大学法学院法律实务技能课程研究"，载微信公众号"法律实务技能课程LPC"，2021年12月4日访问。

堂讨论、课堂模拟实务操作以及校外实践等填满。

除传统的基础课程、进阶的实践课程，中国政法大学还开设了极具特色的"法律诊所课程""国际模拟法庭双语教学课程"等实践类课程，并首创"法庭庭审直播""真实法律案卷阅读""法庭论辩技巧"等课程。新型课程极大地调动了学生们的积极性，新型教学方法也提升了学生们的自主性，这为提升学生的实践能力和水平奠定了良好的基础。

（2）同步实践教学模式

中国政法大学从2009年成立法学院实践教学科研室这一专门机构到如今"同步实践教学"的2.0模式，深刻体现了其在法学实践教学方面的探索，并积累了许多有益的经验。法大的"同步实践教学"模式以高等院校和法律实务部门的深度"协同融合"为基础，以司法实践前沿的动态"即时同步"为平台，实现培养过程中的全程"学训一体"。学校建成了"同步实践教学平台"，包括墙幕式多功能视频教室、审判案例卷宗副本阅览室、检察案例卷宗副本阅览室、公益法律援助卷宗副本阅览室、庭审录像资料库、司法案例卷宗电子阅览室、模拟法庭（模拟仲裁庭）等，这些都是为了培养学生的实践能力。以这个模式为核心的实践教学成果《创建"即时共享协同融合学训一体"同步实践教学模式培养卓越法律人才》，也获得了2014年国家教学成果一等奖。

（3）双师型师资队伍平台

建立同步实践教学模式，与打造"双师型"的师资队伍平台密不可分。一方面，学校批量化地引入讲授实务课程的高层次专家，聘任一线具有长期丰富实践经验的检察、审判业务专家任兼职教师，在全国率先落实"双千计划"。另一方面，学校与实务部门联合，积极安排中青年教师在实务部门挂职，丰富教师的法律实践经验。

(4) 六年制法学实验班

2008年，教育部批准中国政法大学进行法学教育模式改革试点，开始实施"六年制法学人才培养模式"。2011年，中国政法大学法学院开始承办六年制法学实验班。六年制法学实验班的实践教育模式坚持把思想政治教育摆在创新法治人才培养的首位，注重德法兼修。同时，在整个培养过程中兼顾专业能力培养和实践水平提升，引导学生将书本知识投入现实，运用所学解决实际问题。更具特色的是，引入法学公益教学，以培养学生的社会责任感；培养涉外法治人才，增进对国内外法律领域的全面认知。

5. 内蒙古大学

内蒙古大学法学院（原法律系）于1990年正式招收法学（蒙古语授课）专业本科生，同时逐步开设法学专业蒙古语授课课程，使法学（蒙古语授课）本科教育成为全国最具有民族特色和地方特色的法学教育。以培养应用型、复合型法律职业人才为着力点。实践课程内容主要有大学生创新训练、辩论课（2学分）、综合实训（2学分）、毕业实习（2学分）、毕业论文（4学分）、第二课堂（4学分）。实务类课程1学分，案例讨论课（刑事开设）2学分，在第一学年开设。实践课程没有专门实践课教师，由校内理论课教师（一般为兼职律师）上课，或是请校外公检法人员开讲座。科研训练与综合性实践教学环节14学分，占总学分的8.7%。实践教学环节44学分，占总学分的27.5%。在实践课师资力量配置上以前采用"双师型"模式，后因律师时间分配问题而停止。

对于毕业实习模块，毕业实习在第七学期，实习时长是8周。主要是集中学习的方式，实习基地主要是学校与相关机构签订协议。对毕业实习生通过电话形式和去实习单位回访进行管理。校内没有指导老师，主要由实习单位老师进行指导。学生实习单位是学校提供，一般是公、检、法机关。学校为学生购买（70元）意外保险。学校对学生实习期间没有补贴，实习单位会根据自身情况进行补贴。在对于实习的评价机制方面主要根据实习报告和回访评价。

法律诊所主要提供法律咨询服务。法律诊所设在司法厅，校内有法律援助中心，学生分组去司法厅和法律援助中心值班。法律诊所学分为2学分，32课时，主要在第四学年的第二学期开设。单体课程师生比是20人到30人，配备3个教师。学生一般没有代理真实案件。

没有模拟法庭专门的课程，但是把模拟法庭嵌入各学科的课程当中，教师根据实践课程比例进行开展。一般会在学完理论课后开展。模拟法庭观摩主要由任课教师负责。对于教学案例，大多来源于教师提供的案卷，还有学院提供的真实案例。模拟法庭班容量30人为限，配备3名教师。

6. 呼和浩特民族学院

（1）基本情况

呼和浩特民族学院本科法学专业实践课程有《法律诊所》《法律职业技能训练》《法制宣传》《社会调查》《社会实践》《毕业实习》《毕业论文》等，传统的法学专业教学过程中更重视理论知识的讲授，忽视了实践能力的锻炼与培养，这无疑会影响学生参加工作后的实绩和在单位的成长速度。因此，呼和浩特民族学院法学院为培养德法兼修的高素质应用型人才，对实践课程体系、考核评价方式进行了有益的探索性改革（具体详见下篇第一章、第二章）。

呼和浩特民族学院一直以来充分调动一切力量、利用一切资源，积极主动地寻求能够承担校外实习、实训基地的单位及团体。截至 2021 年，共有区内外 21 家（其中包括甘肃省肃北县公、检、法、司及政法委）校外实习、实训基地与呼和浩特民族学院正式签订了《呼和浩特民族学院实践教学基地协议书》，其中律师事务所约占总数的 30%、司法行政部门约占总数的 23%、人民法院约占总数的 14%、公安机关约占总数的 14%、人民检察院约占总数的 9%、政法委等机关约占总数的 11%。

（2）法律诊所[1]

要求任课教师在对选修《法律诊所》课程的学生进行考核评价时，所依据的考核方法和评价标准要凸显《法律诊所》的实践性，且针对法律诊所教学方式的多样性和教学场所的非固定性，在侧重实践性的基础上构建起多元化的考核标准和评价方法。

《法律诊所》课程面向法学本科专业的三、四年级学生，参加本课程的学生应已经修完且熟练掌握《宪法学》《法理学》《民法学》《刑法学》《民事诉讼法学》《刑事诉讼法学》《证据法学》等基础主干课程，为在诊所实践中能够有效运用法律知识处理司法实践案件奠定基础。学生应当在任课教师的指导下，分成小组（5 人至 8 人一组），亲自参加有关的法律咨询接待和法律服务工作，如按照诊所值班要求，到诊所对外法律服务办公室值班，接待来访，提供法律咨询意见，并接受案件代理（以公司员工名义），向需要获得法律服务的个人或公司提供高质量法律服务；同时做好来访登记、接待记录；无论是课堂讨论还是办理真实案件，学生都要充分自主学习和发挥主观能动

---

[1] 参照中国法学会法学教育研究会诊所法律教育专业委员会《法律诊所课程基本规范（指南）》（2010 年 6 月）设计。

性，在老师指导下，通过讨论，提出自己对争议法律关系（案件）的分析意见和解决方案；每个学生都应当参与办理一个诉讼或者非诉案件（咨询解答、诉讼代理等），并按照诊所办案程序和要求，写出结案报告。《法律诊所》课程属于实践课，实践课既涉及理论知识，又涉及实践技巧，理论知识方面会涉及多个法学科目的知识，实践技巧包括经验性技巧和探索性技巧，所以需要学生在完成理论专题学习后再进行实践专题训练。此外，学生外出办理案件，所代理的案件要选择双方当事人矛盾不是特别对立，至少不会发生暴力冲突的案件。还要嘱咐学生注意外出实践时的人身、财产等安全问题。

通过《法律诊所》课程的教授，帮助学生提高分析和解决法律实践问题乃至难题的能力，使学生能够将法学理论学习与司法实践能力、法律执业能力相结合，做到理论联系实际。如此学生不仅能系统地掌握处理民商事等法律关系纠纷的法律知识及实践技巧，而且能够亲身参与司法实践，深入了解我国司法实践现状以及法治发展的趋势。同时在任课教师的指导下，能够接触并实际处理真实的案件，为案件当事人提供高质量的法律服务，并从法律执业和司法实践中学习并掌握法律执业者应当具备的基本法律实践能力、方法和技巧等基本法律执业技能和素质，为将来毕业后能直接上手实践业务奠定基础。在办理实际案件过程中体会并培养法律职业人的良好法律职业道德、事业心、公益心和使命感；培养团队协作精神，学会与当事人、法官、同事和各种诉讼参与人沟通或合作的能力。《法律诊所》课程一方面在于推动法律实务教学和研究，为学生法律实践提供平台，提高法律教育质量，培养既有法学理论知识又有法律实践经验的复合型高级法律人才；另一方面是向社会提供法律援助、宣传法律。[1]

《法律诊所》课程体系共十章；由于其性质为法学类专业选修课，理论讲授为16学时，实践指导为20学时，共计36学时，具体的课程内容及体系为：走进诊所（2学时）、民商事法律纠纷（案件）的诉讼及非诉解决程序（4学时）、同当事人及司法机关的沟通技巧（2学时）、民商事法律纠纷（案件）的收案及处理方案（4学时）、法律要点的确定、分析与法律适用（4学时）、实践常用法律文书制作（2学时）、法律职业道德的具体运用（2学时）、模拟法庭演练（4学时）、案件代理（10学时）、撰写实践报告（2学时）。与模拟法庭相同，实行"平时成绩30%、期中成绩20%、期末成绩50%"的考核标准与评价方法。

（3）模拟法庭

《模拟法庭》课程现属专科学生必修课程，本科生设置的《法律职业技能训练》包含专科生开设的《模拟法庭》内容。通过教学，进行刑事诉讼控辩与审判、民事诉讼代理与审判、行政诉讼代理与审判的演练，有机地将法学理论与司法实践结合起来，有助于学生对法学理论的理解和对法律条文的把握，有助于培养学生的思辨能力、口头表达能力、写作能力，增强学生的证据意识、程序意识，最终达到全方位的培养和训练学生的法律职业素养和职业技能的目的，[2]使学生具备庭审实操能力。《模拟法庭》课程的学生评价方法和考核标准为学校现行适用的平时成绩30%（出勤、提问、讨论等），期中成绩20%

---

[1] 张莉："中国诊所法律教育十年断想"，载《中国法学教育研究》2012年第1期，第7页。

[2] 张炜："法律实践教学的'太原师范学院'样本"，载《山西青年报》2019年12月18日。

（文书、案卷等），期末成绩50%的考核及评价模式。

(4) 毕业实习

呼和浩特民族学院根据学生实习的总体安排和要求并结合呼和浩特民族学院法学院人才培养方案，法学专业学生实习预期目标要求学生在系统掌握法学知识的基础上，在行政机关、企事业单位和社会团体、特别是在检察机关、审判机关、仲裁机构以及律师事务所等实习单位，学习和适应各种司法实践工作，具有执法、司法和法律服务的基本实务能力以及运用法学知识去认识问题、解决问题的能力，为走向社会奠定一定基础，并且能够顺利过渡。

为达到毕业实习的预期目标、收获良好的实习效果，呼和浩特民族学院将学生实习时间确定在第七学期的第11周至第16周进行，为期6周。这样安排主要是基于如下考虑：其一，在三年的理论知识学习结束后，学生对基本知识的掌握已经达到实习基础，接下来需要进一步理论联系实际，将所学的知识应用于现实，故设置毕业实习。其二，时间上避开了国家统一法律职业资格考试、硕士研究生初试考试，使学生能够认真参加毕业实习。其三，避免在12月上旬人民法院、检察院清理积案，停止受理案件时，学生的实习流于形式。第四，在学生实习结束后，还剩余一年的在校时间里，可以根据实习中的切身体会查漏补缺，弥补自己的不足之处。

(二) 国内法学实践教学的经验总结

国内的各大高等院校在逐步认识到传统法学实践教育模式存在的弊端后，不仅在总体上抓住了实践导向的教育、教学方针，从横向上提高实践教学的专业覆盖率，更注重在纵向上对不同专业实践教学的精细化，这在法学领域尤其突出。法学实践教学属于高等教育实践教学中的一个板块，在遵循实践教学的总体规律的同时,其必然具备法学专业教育、教学的鲜明特色。整体而言,我国法学实践教学不断在合理借鉴的基础上革新,目前基本具备专业化、特色化、层次化的正确发展方向,并在基地、机构、人员、规则标准、成果等多个角度进行全方位变革。

1. 法学实践教学日益专业化

(1) 教学机构专业化

中国人民大学设有独立的法学实践教学中心,北京大学设有包括六个板块的法学教育实践基地,专门负责法学实践教学工作。虽然上述学校的法学实践教学中心、基地在规模、机构设置、专职教师配备和发展特色等方面存在差异,但其基本职能均为提供法律实验实践平台、组织管理法学实践教学活动、管理法学实践科研活动等。事实证明,专业化的法学实践教学机构对于法学实践教学的专业化发展十分有利。

(2) 教学人员专业化

以人大法学实验实践教学中心为例,中心由实验实践教师、实验实践教学管理人员及实验实践技术人员三部分组成。其中,教学管理和技术人员全部为专职,从事法学实验实践教学和科研活动的教师中只有40%为兼职教师。这些实验实践专职教师通过对实验实践教学大纲、教学方式手段、教学组织形式等专业内容开展深层次的交流探讨,定期集体备课和交叉听课,既有利于各实验实践教师相互借鉴、取长补短,又有利于实验实践教学更好地与理论教学相衔接,确保了实验实践教学的质量。[1]

---

〔1〕参见中国人民大学法学院网站:http://law.ruc.edu.c,2019年12月25日访问。

(3) 教学成果专业化

有专业教学机构对法学实践教学和科研活动进行管理，有专业教学人员从事法学实践教学活动，产出高质量的专业法学实践教学科研成果是顺理成章的事情。此外，设立法学实验、实践教学中心以及基地的高等院校基本建立了完备的教学典型案例库，出版高质量的法学实践教学教材以及逐步建成法学实践教学精品课程。

2. 法学实践教学呈现不同特色

由于各所法学院校的情况不同，各所高等院校在法学实践教学方面也逐渐孕育出自身的特色。例如，人大法学院本科生数量少、生源质量高，这些法学本科生毕业后出国深造的比例相当高，因此人大法学院在课程设置时有大量的英、美、法课程供学生选择，法学实践教学活动也相当注重国际交流，这使得人大的法学实践教学带有国际化特色；呼和浩特民族学院法学实践教学依托本校法学专业办学定位，着重培养德才兼备应用型法治人才，坚定地发展"参与式教与学"特色实践教学。这些实例给各高等院校的启示是：法学实践教学改革的方向，应当充分考虑学校自身的特色、学生的个性化学习需求以及社会对于法学本科毕业生的实际需求。

3. 法学实践教学注重层次化培养

法学实践教学专业化、特色化的成果之一，就是法学实践教学的系统化、层次化。一方面，进行实践教学改革的高等院校法学院逐步建立起了从实践课程到模拟实务实践再到实战实习实践的链条式实践教学模式。在法学实践课程设置方面，各高等院校法学院注重分层次系统开设选修实验课程，与法学本科主要专业课程相互衔接，对学生进行系统法律实务训练；在模拟实务实践活动方面，各法学院大多建立起了实验实践教学中心等专门机构，并有完整的管理机构、管理体制和规章制度，能够让法学实践教学活动科学运作并取得成果；在实习活动方面，各院校有重点、有层次地建设法学教育实践基地群，既具备院校特色，又有多专业复合，为学生提供了充分的实践平台和就业机会。从课程到实习，实践能力的培养贯穿始终，学生能够接受一站式的实践教育，从而最大程度地将理论知识转化为实践能力。另一方面，不同的法学实践教学形式下均区分具体方向。以中国政法大学的法律诊所为例，该校从2004年至今，先后成立了环境法律诊所、行政法律诊所、劳动法律诊所、知识产权法律诊所、少年越轨法律诊所、刑事法与刑事科学法律诊所等不同二级学科法律诊所，基本做到了对学生实践能力培养的"全"和"专"。

现阶段的法学实践教学，在保持"小而精"的特点和优势的同时，逐渐向全面化发展。各高等院校在明确自身学科建设情况的前提下，保持并突出院校特色，在做到专业化并具备针对性的基础上，不断创新法学实践教学形式、扩充实践教学内容，努力形成各自完整的法学实践教学模式和体系。

第四章 CHAPTER 4
法学实践教学改革理论基础和实践价值

法学是一门具有高度实践性的学科,霍姆斯曾经说过:"法律不是逻辑的结果,而是经验的积累。"在法学教育领域,需要回应"从我国对法律人才的需求情况看,在相当长的时间内,我国将需要大量法律人才,这些人才当中绝大部分将会从事法律实务,从事法学研究的只是极少一部分"[1]的观点,与时俱进创新教学模式,不断提升法治人才的质量培养。

一、理论基础

(一)建构主义学习理论

1. 建构主义基本概念

建构主义是认知理论的分支,被广泛应用于哲学、教育学、心理学和语言学等学科。一般意义上,学界将建构主义的词源追溯到美国学者彼德·伯尔格和托马斯·鲁克曼的《现实的社会建构:论知识社会学》,作为认知领域的专家,建构主义基于其研究的儿童心理领域,提出了发生认识论,围绕内因和外因的相互作用,认为儿童的成长与发展是对外部的反应从而对自身认识结构进行完善与调整。在发生认识论的语境下,新的经验以诞生于以前的经验,但是又会促进旧有经验的调整,促进

---

[1] 章程:"'五位一体'实践性教学法初探——对法学教学改革的思考",载《清华大学教育研究》2000年第4期,第139~142页。

旧的经验的升级。因此，学习的实质就是主客观互相建构的过程。在这一理论的基础上科尔伯格在认知结构的性质与认知结构的发展条件等方面作了进一步的研究；斯腾伯格和卡茨等人则强调了个体的主动性在建构认知结构过程中的关键作用并对认知过程中如何发挥个体的主动性做了认真的探索。而维果斯基则提出了"文化历史发展理论"强调认知过程中学习者所处的社会文化历史背景的作用并提出了"最近发展区"的理论。[1]根据维果斯基的观点，个人的学习是在社会文化、历史的条件下进行的，社会在促进个人发展的过程中起着至关重要的支撑作用。维果斯基区分了个体发展的两种水平：现实的发展水平和潜在的发展水平。现实的发展水平即个体独立活动所能达到的水平，而潜在的发展水平则是指个体在成人或比他成熟的个体的帮助下所能达到的活动水平这两种水平之间的区域即"最近发展区"。最近发展区理论揭示了学习的本质特征不在于"训练、强化"已形成的心理机能而在于激发、形成尚未成熟的心理机能。[2]这些研究充实和健全了建构主义理论，为将其实际应用于教学过程提供了条件

2. 建构主义主要观点

建构主义学习理论在对以往认知主义进行批判和否定的基础上，提出教学要坚持以学生为中心，为学生提供学习资源和场所，在实际情境中发挥学生的主体意识，从而达到有效学习的目的。

（1）建构主义知识观

建构主义理论认为，每个人按各自的理解方式建构对客体

---

〔1〕 陈威："建构主义学习理论综述"，载《学术交流》2007年第3期，第175~177页。

〔2〕 [美] 莱斯利·P. 斯特弗等编：《教育中的建构主义》，高文等译，华东师范大学出版2002年版。

的认识,知识是个体化、情境化的产物,不是简单的对纯粹的客观事实的反应,会随着学习者的生活经验的丰富和社会的发展,从而不断地对自我进行革新与升华。建构主义强调,知识不是绝对精准地对概念上的把握,而是根据自己的知识背景和认知方式,对信息进行主动选择和加工,在教师的协助下,形成自己的信息加工过程,完成属于自己的"意义建构"。因此,不同的学者对知识会产生不同的构建。

建构主义提倡学习者不迷信权威,深刻认识到知识是个人主体感受的过程,避免盲从权威,即没有绝对的真理。不同时代的经济、社会、文化都会影响个人对知识的掌握,需要个人对现实社会进行深刻的理解,树立回应时代特征的知识的框架。质言之,建构主义强调的是相对的真理。

(2) 建构主义学习观

建构主义认为知识的构建是个人主体探索世界的结果,是主体自我的知识架构的过程,知识的获取具有强烈的主体性。所以,建构主义认为教师在传授知识的过程中不应当是单纯的灌输式传授,而应当是通过学生自己的体验与感受进行知识的汲取。教师作为知识构建的辅助者,更多的是充当提供学习材料和提供在学习中遇到困难时必要的帮助的功能。建构主义秉持学习是"破与立"并存的,个人主体在学习新的知识所产生的对旧知识的冲击并以此构建崭新的知识体系,"破与立"是相互作用的过程,强调学习者与身处环境的互动。

建构主义中环境由四种要素构成。一是特殊情景的设置。知识并不是对现实的准确表征,而是一种解释和假设,知识具有情境性、不确定性和复杂性等特点,有利于学习的场景能够促进学生对所学的内容进行重组;二是协作能力的培养,学习过程中并非个人主体单方面地对材料与知识进行收集、整理、领悟，更是强调与学习成员之间进行互动交流，有思维层面的思考与碰撞；三是展开必要的对话，学习成员之间的思维交流依托于个人的表达，对所学知识的感悟需要通过对话的方式进行输出，从而传达经过个人消化和理解的知识成果的分享；四是整体的意义构建。这是整个学习过程的最终目标。在这个过程中，所谓建构意义，是指主体对所学内容的性质、规律以及与之相关的内在、外在联系达到较深刻的理解。[1]因此，知识的获取取决于个人的经验水平和对知识的解构能力。

（3）建构主义教学观

建构主义认为知识的传授以学生经验为基础，基于视域融合理论，学习是两个视界的融合，因而个人理解必然受到前理解结构影响，个人主体承担的是信息加工的角色，即意义的主动建构者。教学活动要从学生个体出发，真正把学生主体能动性的发挥放在中心地位。与激发学生能动性相对应的是形成教师指导下以学习主体为中心的教学，教师在整个教学过程中起着组织者、指导者的作用，教师的角色就相应地从灌输者转变为促进者、帮助者。以学生为中心的意义建构理论，对教师能力的要求更高，教师在教学过程中起作用的方式和方法与传统教师存在较大差异。为了促进学生对知识意义的建构，教师课下所做的工作更多：教师不仅要精通课程内容，更要熟悉学生，掌握学生的认知规律，掌握现代化的教育技术，还要充分利用学习资源，设计开发有效的教学资源，设计教学环境，能够对学生的学习给予宏观引导与具体帮助。[2]

---

［1］沈晶："建构主义学习理论与教学革新"，载《湖北第二师范学院学报》2005年第2期。

［2］薛国凤、王亚晖："当代西方建构主义教学理论评析"，载《高等教育研究》2003年第1期，第95~99页。

3. 建构主义教学模式

为了让教师更好地引导学生构建知识体系，建构主义学习理论描述了其独特的教学模式，主要包括支架式教学、抛锚式教学以及随机进入式教学三种模式。

(1) 支架式教学模式

学界一般将支架式教学定义为："为学习者建构对知识的理解提供一种概念框架。"[1]支架原本是指建筑行业使用的脚手架在建构主义教学的模式中，"支架"被理解为教师所提供的，在学习者对知识大厦的建造中所必须具备的，起到支撑和基础作用的"脚手架"。"脚手架"支持个人不断构建自己，不断生产新的能力。

支架式教学模式的理论来源是维果斯基的"最邻近发展区理论"。维果斯基认为，在学生智力活动中，学生自身能力可能并不能达到解决问题的需要，学生在自力解决问题时所展现的能力是其实际发展水平，而在教师指导下解决问题时的能力会产生大幅提升，所展现的是其潜在发展水平间，二者之间的差距就是维果斯基所谓的"最邻近发展区"。当然，教学绝不应消极地适应学生智力发展的已有水平，可以在最邻近发展区有所作为，应当不断地把学生的智力从一个水平引导到更高的水平。

支架式教学程序：①围绕当前学习主题，按"最近发展区"的要求找到学生的潜在发展水平，并依此建立主题学习的教学目标，包括概念、理论等框架；②进入情境：设置问题情境，将学习者引入该情境内；③独立探索：充分发挥学生自主性，分析、解决问题，独立探索。独立探索的内容包括确定概念属性、思考知识理论内在逻辑。该阶段应当先由教师启发思路、引

---

[1] 刘然、张玲、陈晓艳："支架式教学的优势和挑战——'教师主导学生主体'关系新探"，载《陕西教育（高教版）》2008年第11期，第84页。

导学习路径并作必要的提示，再让学生独立分析、探索；④协作学习：组织学生结成小组，并进行讨论、合作。讨论的目的是捋顺概念、明晰理论，因此讨论能够缓和对概念和理论的矛盾与对抗，使复杂局面逐渐明朗起来；⑤效果评价：学习效果可以通过个人、他人两方面综合评价，即自我评价和小组成员评价。关于学习效果评价的内容包括自主学习能力、集体贡献、学习目标完成度等方面。[1]

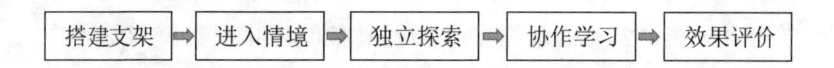

搭建支架 ➡ 进入情境 ➡ 独立探索 ➡ 协作学习 ➡ 效果评价

（2）抛锚式教学模式

建构主义学习理论认为，学习者要实现对所学知识的意义建构，主体要能够对所学内容的性质、规律以及与之相关的内在、外在联系达到较深刻的理解。最佳途径是设身处地地到真实环境中体验和历练，获取学习的直接经验，而不是仅仅通过他人的间接经验传导。

抛锚式教学模式将教学建立在有感染力的真实事件或真实问题的基础上，抛锚式教学模式要求学生在真实的、有感染力的现实情景中进行互动和交流，让学生在主动学习和亲身体验的过程中完成教学目标。抛锚式教学模式的关键是确定运用于教学的事件或问题的真实性，这里的"确定"被形象地比喻为"抛锚"，"锚"抛出去，关于教学目的的整个内容和进度也就被确定了（像轮船被锚固定一样）。可见，抛锚式教学要以真实事例或问题为基础，所以，其有时也被称为"实例式教学"或"基于问题的教学"。较之于传统教学模式，抛锚式教学给学习

---

[1] 何克抗："建构主义的教学模式、教学方法与教学设计"，载《北京师范大学学报（社会科学版）》1997年第5期，第74~81页。

者提供了一个生动活泼、主动发展的教学环境，给学习者充分的自由发展空间。在抛锚式教学中，教师的主导作用减弱，其身份由"知识传授者"转变为学习者的"学习伙伴"，要求教师站在学生的立场上体验课程，了解学生可能遇到的学习问题，恰到好处地为学生提供援助。在抛锚式教学环境中，学习者的学习过程就是积极主动地建构自己知识的过程，从而开发学习者的学习潜能，加强学习者的创新意识，促进学习者的全面发展。

抛锚式教学程序[1]：①创设情境：创设的情境的首要条件是保证情境与现实情况的大致相当；②确定问题：在上述情境下，选择与主题学习密切相关的真实性事件或问题，即"锚"，并围绕之展开学习；③自主学习：该阶段要尤其注意学生的主观能动性，教师不得进行直接指导，但可提供解决问题的有关线索；④协作学习：学生间的讨论、交流、交锋、补充、修正是以反复思考和论证为基础的，该阶段主要在于加深学生的理解；⑤效果评价：抛锚式教学的学习过程就是解决问题的过程，该过程对学习效果的反应是直接性的，评价只需随时观察并记录表现情况即可，无须诉诸其他考核方式。

创设情境 ➡ 确定问题 ➡ 自主学习 ➡ 协作学习 ➡ 效果评价

（3）随机进入式教学模式

建构主义学习理论凭依"弹性认知理论"，将教学的主要目的定位为提高学生的理解能力和知识迁移能力。该理论认为，由于实务的复杂性和多样性，很难做到准确地认识事物并把握

---

[1] 何克抗："建构主义的教学模式、教学方法与教学设计"，载《北京师范大学学报（社会科学版）》1997年第5期，第74~81页。

事物本质及事物之间的内在联系,即全面地进行意义建构是困难的。为破解获取知识存在困难的弊端,以"弹性认知理论"为理论基础,强调教学的随机性,对同一教学内容在不同的时间、不同的情境中采用不同的方式进行展示。也即,学习者对教学学习内容的获取不局限于一种方式或途径,可以从多种方式或途径获取对同一事物或问题的认知与理解,这就是所谓的"随机进入式教学"。

随机进入式教学强调对同一知识的"多次"进入,是由于社会生活中的一切都是多面性的,对一个事物的掌握不可能一次完成。因此,所谓"多次"进入绝非简单地对同一知识的重复,而是随着所确定的问题的不同而产生不同的探究目的,使学习者获得对事物全貌的理解,达成认识上的飞跃。

因此,该模式必然对教师提出更高的要求,教师必须根据具体教学内容、学习者的学习特点及学习情况,及时引导学生开展多维度、多途径的学习,有效处理学习者在学习过程中出现的个体差异性问题,激发学生的创新思维能力,令学习者达到同一知识的多层次理解的学习效果。

随机进入式教学程序[1]:①呈现基本情景:向学习者强调为学习者提供完整的、真实的问题背景;②随机进入学习:这是随机进入式学习的主体阶段,学习者通过各种主体、途径、方法进入学习情景中;③思维发展训练:教师应当注重发展学生的思维能力的培养;④小组合作学习:小组合作学习给予学习者交流与发表意见的机会,阐述自己的观点和思想,通过认同和驳斥对方的意见锻炼自己的思维,形成对事对人的整体认知;⑤学习效果评价:包括自我评价与小组评价,评价内容与

---

[1] 何克抗:"建构主义的教学模式、教学方法与教学设计",载《北京师范大学学报(社会科学版)》1997年第5期,第74~81页。

支架式教学中的相同。

4. 建构主义贯穿于法学实践教学过程

建构主义学习理论认为,学习总是与社会上一定的政治、思想、文化背景,即"情景"相联系的。真实情景中的真实问题可以让学习者利用已有的经验积累和知识基础去"同化"问题中涉及的新知识,从而产生对问题的新的认识。然而,如果原有经验和知识不能"同化"新知识,就要引起"顺应"新知识的过程,即对原有的认识进行改造。如此,通过"同化"与"顺应",学习者才能达到对新知识的"意义建构"和对原有认识结构的完善。

由于真实的"情景"具有复杂性、丰富性和生动性,传统课堂讲授不能给学习者提供更好的"意义建构"条件。建构主义学习理论认为,学习环境是学习者进行自主学习、探索的场所,学习者可以充分利用学习环境中的各种信息和工具实现自己的学习目标。在这一过程中,学生与教师、学生与学生之间的关系都发生了变化,学生不仅能得到教师的帮助与支持,而且学生之间也可以相互协作、相互支持。在建构主义学习理论指导下的教学设计,强调针对学习情境的设计,利用各种真实或信息模拟的资源来支持学习者进行主动探索并完成意义建构。

我国法学实践教学过程,通过实践知识教学、实践观摩教学、实践模拟教学和实践参与教学来完成。法学实践知识教学主要是对学生基础知识的教学,重点在于法律运行理论与实践的答疑解惑;实践观摩教学就是带领学生去法院旁听审判,获取司法现场的感性认知;模拟教学阶段是对有关真实情景模拟,让学生参与其中,体会法律程序和法律智慧;实践参与教学阶段是安排学生进入法律实务部门,协助法官、律师或检察官等办理真实的案件。整个过程呈现出四个逐层递进关系的实践教学阶段，建构主义学习理论一直贯穿其中，要求学生张扬个性、充分发挥学习的主体性意识，完成"意义建构"。学习者学习的过程中，学习者原有知识结构在学习环境中与客体相互作用，不断进行"意义建构"。

5. 建构主义理论应用于法学实践教学价值

(1) 建构主义理论促进法学实践教学理念转变

在传统法学教育中，教师过多注重对知识的讲解与分析，缺少对学生的关注，学生缺乏主动性。而建构主义则强调学生的主体地位，注重对学生思维的训练。建构主义学习理论认为，通过"同化"与"顺应"，学习者才能达到对新知识的"意义建构"，意义建构的关键表现在两个方面：一是解构旧知识，即对原有的知识结构进行整理分析的过程；二是建构新知识，学习者在具体的学习情境中，根据原有的知识结构基础，通过个人加工，将新的知识与原有知识进行分化、整合，形成新的认识。即，对教学内容的把握需要通过"解构"与"建构"来完成，必须打破原有封闭结构，将原有系统瓦解后的各因素与外在因素重新自由结合，形成一种具有开放扩展特征的知识增长系统。[1]因此，建构主义的教学模式符合大学生身心发展的特点，基于学生主体自身的认知，通过教师的引导构建新的知识。建构主义教学可以扭转法学教育中重理论、轻实践的传统教授课堂现象，从学生被动接受法学知识的注入转向通过实践主动积极获取法学知识，适应了时代的发展需求，对大学生法学课程的教育有着重要的意义。

(2) 建构主义理论促进法学实践教学方法多样

由于真实的"情景"具有复杂性、丰富性和生动性，传统

---

[1] 凌萍萍主编：《法学实践综合教程》，气象出版社2016年版，第154页。

课堂讲授不能给学习者提供更好的"意义建构"条件。因此需要创新法学课程的教学方法，在建构主义的指引下，法学课堂发展为基本实践知识教学、实践观摩教学、实践模拟教学和实践参与教学等形式。法学实践知识教学主要是对学生基础知识的教学，重点在于法律运行理论与实践的答疑解惑；实践观摩教学就是带领学生去法院旁听审判，获取司法现场的感性认知；模拟教学阶段是对有关真实情景模拟，让学生参与其中，体会法律程序和法律智慧；实践参与教学阶段是安排学生进入法律实务部门，协助法官、律师或检察官等办理真实的案件。

在法学专业实践教学期间，学生根据指导教师的要求，依托社会实践基地、模拟法庭、法律诊所等实践教学平台，通过对具体法律事务的参与，让学生在潜移默化之中将所学知识在实践中进行检验、扬弃和重组，锻炼和提升自身适应社会现实的法学素养和能力。法学实践教学方法的运用，实质就是以建构主义理论为基础展开的，即学习者个体直接参与而不是被动接受，在实践中学习、积累、推论、反思，根据自己的经验、思维逐渐建构知识，教师只是观察者、协助者、启发者和促进者。以实践、体验促进学生法学技能和素养的培养，采用互动体验式教学、合作学习、支架式教学、随机进入式教学等多元化的教学方式和方法，从而激发学生的学习兴趣和动机，引导学生对知识进行意义建构，促进教学效果的提升。

（二）隐性知识理论

1. 隐性知识基本概念

把隐性知识作为专门的认识论主题进行系统研究，并形成完整思想体系的是英国著名物理化学家、社会学家、哲学家迈克尔·波兰尼（Michael Polanvi）。1958 年，他在《人的研究》（*Study of Man*）一书中最早提出了"隐性知识"（Tacit Knowledge）的概念，并最早将人类的知识分为显性知识和隐性知识两种。这种分类方法之后被知识管理的理论和实践领域广泛接受，成为最有影响的知识分类方式之一。波兰尼认为："人类的知识有两种。通常被描述为知识的，即以书面文字、图表和数学公式加以表述的，只是一种类型的知识。而未被表述的知识，像我们在做某事的行动中所拥有的知识，是另一种知识。"他把前者称为显性知识，而将后者称为隐性知识，按照波兰尼的理解，显性知识是能够被人类以一定符码系统（最典型的是语言，也包括数学公式、各类图表、盲文、手势语、旗语等诸种符号形式）加以完整表述的知识。[1]隐性知识和显性知识相对，可理解为缄默知识，是指那种我们知道但难以言述的知识。隐性司法知识是司法人员通过对具体案件的感知、理解而沉淀在自己头脑中的尚未通过逻辑思维明确化的知识，是司法人员一种主观的基于长期积累的实践智慧，与司法者的工作经历、个人修养、知识基础、创新意识等抽象的内在因素密切相关。法律学者通常所描述的司法经验、司法直觉、个人智慧实际上已经触及了隐性司法知识的实质。隐性司法知识虽然存在于司法人员的内心世界，但对司法过程却起着主导性和决定性的作用。

2. 隐性知识的分类

根据隐性知识能否向显性知识转化以及转化的程度，可以把隐性知识分为三类。一是应然性知识。应然性知识是思想家、科学家和社会活动家等从事知识生产的社会成员，对社会现象进行思考和探索，形成感性认识，将所形成的感性认识进一步整理归纳，将其转化为显性知识向社会传播。二是或然性知识。或然性知识主要代指那些既有可能显性化，也可能不会显性化

---

[1] 孙春福："骨干教师如何突破专业成长'高原期'——兼谈基础教育教研与科研的融合"，载《江苏教育研究》2022年第25期，第36页。

的知识。大多数社会公众不是自觉的知识生产主体，也不会意识到把自身自发形成的隐性知识转化为显性知识的重要性，因而使得这些隐性知识迟迟不能向显性知识转化，抑或是部分隐性知识根本无法凭借自身的力量完成转化，需要外部力量的推动才能显性化。三是否然性知识。否然性知识是指完全不能转化成显性知识的隐性知识。例如，一些属于只适合于意会性的知识，如人与人之间的感情、爱慕等心理体验，通过表情、眼神、动作等信息表达出来，并且部分特殊的符号只能由双方当事人理解，这种隐性知识很难用语言显性化，即便显性化出来也显得苍白无力。

3. 隐性知识特点

一是默会性。默会性是隐性知识最本质的特征。不能通过语言、文字、图表或符号明确表述；隐性知识一般很难进行明确表述与逻辑说明，它是人类非语言智力活动的成果。二是个体性。隐性知识是存在于个人头脑中的，主要载体是个人，它不能通过正规的形式（例如，学校教育、大众媒体等形式）进行传递，因为隐性知识的拥有者和使用者都很难清晰表达。但是这并不意味着隐性知识不能传递，隐性知识的传递方式较为特殊，例如通过"师传徒授"的方式进行。另外，需要区别"个体性"与"主观性"。波兰尼认为"和主观心理状态之局限于一己的、私人的感受不同，个体知识是认识者以高度的责任心（resposibility），带着普遍的意图（universal intent），在接触外部实在（external reality）的基础上获得的认识成果"。可见，个体的不同于主观的，关键区分在于是否包含普遍的、外在的维度。三是非理性。显性知识是通过人们的"逻辑推理"过程获得的，因此它能够理性地进行反思，而隐性知识不是经过逻辑推理获得，是通过人们的身体的感官或者直觉、领悟而产生的。隐性知识所具有的非理性特征，人们不能对它进行理性地批判。四是情境性。隐性知识总是与特定的情境紧密相连的，是依托特定情境中存在的，需要对特定的任务和情境进行整体把握。这也是隐性知识的很重要的特征。五是文化性。隐性知识比显性知识具有更强烈的文化特征，与一定文化传统中人们所分析的概念、符号、知识体系分不开，或者说，处于不同文化传统中的人们会不自觉地、毫无意识地分享不同的隐性知识"体系"，其中包括隐性的自然知识"体系"，也包括隐性的社会和人文知识"体系"。六是偶然性与随意性。隐性知识难以捕捉，具有比较偶然、比较随意的特点。七是相对性。这里的相对性有两层含义：一是隐性知识与显性知识可以相互转化；另一是人们对知识的感知是不同的，隐性知识与显性知识没有绝对的划分，如 A 对某知识的获取呈现隐性获取，但是 B 对该知识的获取则是通过显性的方式获取。八是稳定性。与显性知识相比，隐性知识不易受外部环境的影响，这一点类似于观念、信仰。隐性知识的获取意味着个体一旦拥有就难以对其进行改造，从另一方面而言隐性知识的建构需要在潜移默化中进行。九是整体性。隐性知识在外观上看似乎缺乏逻辑结构，但是在个体内部它却是完整的，隐性知识是个体内部认知整合的结果，属于个体人格的组成部分，是完整、和谐、统一的，对个体在环境中的行为起着主要的决定作用。[1]

4. 隐性司法知识特点

（1）隐性司法知识的依附性

一是隐性司法知识对特定的司法环境和司法背景的依附性。隐性司法知识的获得总是与具体案件联系在一起，是对案件中

---

[1] 贺红星、汤慧琍："论波兰尼的隐性知识概念"，载《中国电化教育》2012年第8期，第26~29页。

及案件外各种因素的综合把握后产生的"直觉"。隐性司法知识产生场域的特定性决定了其一旦脱离特定的司法环境和司法背景，就会失去赖以存在的基础。二是隐性司法知识对司法者的依附性。首先，隐性司法知识是具有高度个性化的与司法者个体高度融合的知识，主要存在于司法者的心智之中。换言之，隐性司法知识指的是司法者个人的隐性司法知识，不具有普遍性的隐性司法知识。其次，隐性司法知识的存续也以司法者的承载为主，以法学著作的文字记录为辅。传递渠道的特殊性令隐性司法知识很难通过正规的形式进行传递，只有通过个体的领会和感悟进行获取和学习。

（2）隐性司法知识传承的无意识性

从技能和认识角度，可以将隐性司法知识分为两种类型：一类是技能方面的隐性司法知识，包括非正式的、难以表达的处理案件的技能技巧、司法经验和办案诀窍等；另一类是认识方面的隐性司法知识，包括对案件及当事人的洞察力、司法理念、直觉、感悟、心智模式和习俗习惯等。无论何种类型的隐性司法知识，在被司法者使用时都是不自觉的、无意识的。此种特征对传授者和学习者之间要有充分的联系与互动。一方面传授者与学习者之间要有充裕的"面对面"实践，另一方面要求学习者也要具备扎实的理论基础，否则会出现学习者无法及时捕捉被传授者无意识使用的隐性知识。

（3）隐性司法知识的稳定性

隐性司法知识是建立在司法者个人长期经验积累、教训总结的基础上并高度个性化的意会知识。隐性司法知识一旦形成，便会在相当长时期内存在于司法者的头脑之中，特别是司法理念、司法经验等隐性司法知识，很难遗忘，更难被改造，即使对其进行改造，也需要较高的成本。隐性司法知识稳定性决定了在法律人才培养和教学过程中，不是隐性知识的接收的困难，而是传授者如何对隐性司法知识进行外显和共享。

（4）隐性知识的难以流动性

法律信仰、司法经验、处理疑难案件的技能技巧等隐性司法知识难以用系统的、编码的语言、图表和数据清晰地表达出来，即只可意会不可言传。这就限制了社会对隐性司法知识大规模地积累、传播和学习。

5. 隐性知识理论下的教学模式

（1）隐性知识理论之于实践教学意义

"教学无定法"这句老话就从一个侧面反映出教育教学领域中存在着大量的有效方法，存在着大量的尚未规范和显性化的知识。[1]隐性知识理论常被应用于教育教学领域，从隐性知识的角度来审视教育审视课堂教学，并与具体学科相结合。教师和学生的成长一方面都有共同的规律；另一方面，每个教师和学生又都是独特的，有自己独特的能力倾向、认知风格、成长节奏，以及由这些要素经过独特组合而形成的心理和认知结构。[2]不论是学生还是老师，都希望可以实现教学质量最大化的目标，这就要求教学模式必须基于学生能够观察、模仿和亲身实践的机会，在这一过程中通过学生自身的体悟实现同步增长其显性知识和隐性知识的目标，使得学生在学习过程中达到事半功倍的效果，而实践教学模式可以满足这一要求。

（2）隐性知识理论在法学实践教学中的具体应用

就法学专业来说，隐性司法知识既包括与当事人沟通的技

---

[1] 鲍艳："中学教师信息素养的培养及评价研究"，华中师范大学2005年硕士学位论文。
[2] 邵长生、孟庆炜："隐性知识理论对学校体育教学的作用与启示"，载《吉林体育学院学报》2004年第4期，第64页。

巧，也包括案件处理中的技巧，还包括如何搜集证据等贯穿于司法过程的一系列技能。法学实践教学的内容应该围绕整个案件处理过程，将少量的学生分配给教师，由教师带领学生在实践教学场所中办理法律事务，既可以由教师主导、学生观摩，在这一过程中，学生要避免泛泛的"走马观花"，应当主动探究教师行为背后的原因；教师则应当积极主动地与学生保持密切交流；也可以在教师的指导下让学生自行完成；还可以由学生亲自去尝试做一些简单的事务。值得提示的是，后两者的方式对于学生的领悟能力也有较高的要求，应当放在法学教育中后期进行。受隐性知识本身难以表述、个体性、情境性、交互性、文化性等特征以及法学本身实践性属性的限制，能够更好地创造更好的师生交流互动空间和情境，从而有利于法学隐性知识传承的网络技术，在法学实践教学中应该得到我们更多的重视。

(三) 有效教学理论

1. 有效教学理论概念

有效教学是指在师生双方的教学活动中，通过运用适当的教学策略，使学生的基础性学习能力、发展性学习能力和创造性学习能力得到很好的发展，其核心是教学的效益，是指学生通过自主学习、自主探究等培养创新意识和创新思维，改进学习方法，不断提高学习效率和学习能力。[1]教学的有效性包括如下三重意蕴：一是有效果。"效果"一般为教学活动对预设教学目标的完成度高低的反映；二是有效率。从经济学角度分析，"效率"价值的实现是指以少量的投入换得较多的回报，从教学的角度分析，教学效率＝有效教学时间/实际教学时间；三是有效益。所谓"效益"既包括教学活动的收益，也包括教学活动

---

[1] 洪亮、余结根、徐文根："法医专业刑事科学技术虚拟仿真实验教学建设与探索"，载《信息与电脑（理论版）》2019年第11期，第249~250页。

价值的实现，具体是指教学目标与特定社会和个人的教育需求是否吻合及吻合的程度。

有效教学理论是教育学的一个重要分支。它既是一门理论科学，也是一门应用科学；它既要研究教学的现象、问题，揭示教学的一般规律，也要研究利用和遵循规律解决教学实际问题的方法策略和技术。它既是描述性的理论，也是一种处方性和规范性的理论。

有效教学理论发展经历了四个阶段：一是"明了"（clearness，也译作"清楚"）阶段。在此阶段，学生在自主性的支配下，对新知识进行不断深入的学习，其主要的任务是"明了"新知识。教师可以有限地、适当地采用清晰简明的讲解和直观示范等的叙述教学法，使学生集中精力、兴趣盎然地接纳新知识，并产生对新知识体系的热情。二是"联合"（association，也译作"联想"）阶段。学生通过自主学习获得了许多主观上孤立的，但具有某种联系的概念，并和原有的知识基础共同构成概念群。在这之后"必然地要向上发展，进入普遍的领域"，就需要学生产生观念的"联合"。此时，教学的主要任务是通过深入理论知识来搭建新旧观念之间的桥梁。在这一阶段，学生由于具有一定经验和想法，主观上呈现出对表达的期待，教学方式应当更加轻松、愉快，加速学生新旧观念的融通。三是"系统"（system）阶段。经过前述阶段，学生已经形成了各种新旧观念的集群，只有新旧观念产生结合、构成体系时，才能真正上升到"普遍领域"。这一阶段教学的任务是引导学生在新旧观念结合的基础上，获得结论性的新知识，并形成体系。这时学生的思维活动更加活跃，因此教师应重点采取综合教学法，达到"系统化"的教学目的。四是"方法"（method）阶段。本阶段学生的观念处于动态的理解时期，主要在于通过实践活动，运用已经系统化的新知识，促进观念体系的充实和完善。教师的主要教学任务在于融会贯通、知识体系重组、锻炼实践能力上。学生在这个阶段的主要目的是"去行动"，因此教师要充分发挥其主观能动性，有意识地减弱自身作用发挥。

2. 有效教学理论特点

有效教学是为了提高教师的工作效益、强化过程评价和目标管理的一种现代教学理念。学生只要取得了自己应有的"进步和发展"，就应当认定是"有效教学"的体现。其特点有六个方面：一是关注全体学生。每位教师要树立"双全"意识，既要确立"为了学生发展"的思想，又要树立"全人"的理念。学生的发展是全人的发展，而不是某一方面或某一学科的发展，所以教师不要过高地估计自己所教学科的价值，要把学科价值定位在培养一个完整的人的全面发展上。习近平在全国高校思想政治工作会议上提出"三全育人"理念，[1]将实现全员育人、全程育人、全方位育人作为我国高等教育事业发展的新目标，亦是对"双全"意识的进一步阐释。二是关注教学效益。教学效益不同于生产效益，它不取决于教师用最少的时间教最多的内容，而取决于在单位时间内学生的学习结果与学习过程是否取得进展。有效教学旗帜鲜明地反对缺乏效益的"奉献"，缺乏效益的"奉献"某种意义上阻碍了学生的进步与发展。三是关注测性量化。教师对于每节课的教学目标要尽可能明确与具体。在目标确立的课堂中，教师的教学方案与措施才会更加具有针对性和指向性，也能直观衡量教师本堂课程的教学任务是否完成和教学质量是否达标，以检验教学效果和目标的完成度。有效教学强调全面地评价教师的教学效果与学生的学习成

---

[1] 熊晓梅："坚持立德树人 实现'三全育人'"，载 http://theory.people.com.cn/n1/2019/0214/c40531-30670807.html，2019 年 2 月 14 日访问。

果，兼顾定量与定性、过程与结果。四是实施反思教学。有效教学理论落实与否在很大程度上与教师的自我反思和自我评价有直接关系，教师应当做到堂堂反思，不断地追问关于自己课堂教学的有效与否，以及不断地探寻更有效的教学方法。五是有效教学核心。学生参与包括行为参与、认知参与和情感参与三个方面。学生的情感参与和认知参与成正比。学生应当积极培养自己对课堂的参与情感，以自身为落脚点，产生参与和融入课堂教学的内生驱动力，获取新知识从而优化知识结构，培养对课堂的参与情感，从而实现终身学习。六是有效教学策略。有效教学需要教师掌握具体问题具体分析的多元化策略性知识，以便在不同场景教学中可供选择。

3. 布鲁姆有效教学系列理论

布鲁姆有效教学系列理论由教育目标分类学、完全掌握理论和教学评价理论构成，最初其提出的是教育目标分类学理论。布鲁姆在芝加哥大学进行教学改革期间，极其重视教学目标的设定，他认为无论将改革场合设定在教学还是考核，远不如一个确定的教学目标重要。教学需要预设教学目标，而评价的作用又在于了解学生达到教学目标的程度。1956年他出版了在教育界有着巨大影响的《教育目标分类学·认知领域》一书，提出了"教育目标分类学"的概念，揭示了有效的教学始于准确地知道希望达到的目标是什么。该书创新了一种教育学的新的理论工具，并随之开辟了新的教育学视野。当然，其意义还在于打破了以往课程设计中只强调认知领域中低级心理过程的观念，提出认知领域中的高级心理过程以及情感感知、技术技能等形成的一整套教育目标体系，使教育目标分类更加健全。

接着，布鲁姆提出了完全掌握理论，其在20世纪60年代末开始，对改进教学过程与方法发挥学生的学习主动性和学习能力，全面提高教学质量，进行了深入研究，提出了一套完整的"掌握学习"理论。"掌握学习"理论认为：足够的材料和有效的教学配合起来，绝大多数学生都能达到特定的教学目的。当然，在该过程中，也需要教师的指导以及学习时间的充足两个条件的保障。这种教学策略的思想核心为：学习成绩的好坏，不在于智力上的差异，而在于是否选对了学习方法。

为了促进掌握学习，布鲁姆又提出评价的新概念，即"诊断性评价""形成性评价""终结性评价"，其目的在于给予学生全面的、多元的评价，充分开发学生的发展潜力，使所有学生都能达到教学目标，该理论被称为教学评价理论。在布鲁姆看来，教学评价和教学目标是密切联系的概念，教学评价给教学目标的完成度提供了评价手段，教学目标给教学评价提供了评价维度。教学评价理论有利于学生达成教学目标，于是成了"掌握学习"的理论依据。布鲁姆的有效教学理论告知我们法学实践教学改革要遵循以教学目标为基准，科学评价，以考查学生对知识的掌握情况。

(四) 认知结构学习理论

1. 认知结构学习理论概述

认知结构学习理论最早起源于德国的格式塔心理学派所提出的学习的完形说，完形说认为学习并不是桑代克所说的刺激与反应间的联结 (S—R)，而是学习主体通过顿悟，能动地构造完形的过程。布鲁纳后来用明确清晰的"认知结构"取代了抽象、含糊的"完形"概念，形成了认知结构学习理论。布鲁纳的认知结构学习理论以发展学习者的智力为宗旨，以知识结构论为核心，以发现式学习为主要学习方法，在此过程中伴随着对学习者情感态度的培养。

认知结构学习理论认为，每个人的学习都是以他原有的认知结构为基础的。关于什么是"认知结构"(cognitivestructure),概括地说,布鲁纳认为认知结构指由个体过去对外界事物进行感知、归类的一般方式或经验所组成的观念结构,它可以给经验中的规律以意义与组织并形成一个模式,它的主要成分是"一套感知的类别"。在布鲁纳的观点中,学生学习和把握学科的态度即基本方法是把握学科基本结构的有机组成。教学过程中不仅要强调"教",还要重视"学"的因素,即学习者如何学习,知识结构始终是获取新知识的基础,也是思维活动的基础。认知结构学习理论的核心内容主要有以下三点:一是学习的结果是发展知识结构。布鲁纳认为,学习是人的主动的认知过程,从而形成了各学科的知识结构。学习者掌握所研习学科的基本结构,就能够构建起关于学科的认知结构,进而掌握所学学科的具体内容,增强学习中对知识的理解,促进学习的迁移,达到举一反三、触类旁通的效果。二是学习过程是类目化过程。布鲁纳认为,思维的任务之一就在于对世界上的事物进行分类,如此才能获得条理化的认识。学习过程中,学习者对所学习的内容进行信息加工就是一项类目化活动。三是发现学习是学习知识的最佳方式。布鲁纳认为,所谓"发现"包含了运用逻辑推理、思维活动获得知识的一种形式。发现学习是指以培养探究思维方法为目标,学生使用既存条件以及配合制度的保障,进行独立思考,由此发现知识、掌握原理和规律的学习方式。发现学习主要强调学生的知识结构和学习方法。[1]

2. 认知结构学习理论对法学实践教学改革启示

布鲁纳的认知结构主义理论一经产生就受到高度的关注,即使其产生距现在已有半个多世纪的历史,但结构主义理论在

---

[1] 王娜:"布鲁纳的认知结构学习理论对成人学习的启示",载《广州广播电视大学学报》2011年第1期,第22页。

第四章 法学实践教学改革理论基础和实践价值

教育界的影响也是显著的。它彻底改变了当时的行为主义理论通过对动物行为的研究来解释人的活动,把学校的教育重点转移到培养儿童的智力和能力上来,这对民族和国家的长远发展具有重大的意义。时代的发展需要学生从社会中进行深度学习。我们所处的时代是一个"知识时代",也就是"学习化时代"。学习是无处不在、无时不在的,并不仅限于学校里的学习。即使是学校里的学生,他的大部分时间也是在学校之外度过的。因此,从社会生活中的学习和发生在学校里的学习同样重要。但二者的学习方式完全不同,学校里的学习比较系统化,专业化,有老师的讲解、督促与帮助。社会生活中的学习,也可称为校外学习,是依靠学习者自身内在的驱动,是一种自觉的、主动的、创造的学习。在这种完全依靠自己,没有教师引导与监督的学习环境下,就需要学习者具有发现的技巧。如何让校外学习的效果更突出,更能满足学习者自身成长的需要以及适应社会时代的发展的需要。其中最为关键的是要让学习者拥有良好的学习方法和策略,也就是通俗所讲的"如何学习"。校外学习,与学校学习相对,发现学习的方法不仅适用于学校的学习,更适用于来自社会生活的学习。发现学习的方法令学生以自我为中心,将学生所面临的新事物组合起来从而产生崭新的认知结构。

布鲁纳认知结构学习理论为法学实践教学改革提供了重要的切入点,认知结构学习理论,注重法科生认知结构的发展,是以学生为主体的理论,受认知结构学习理论启发提出对法学实践教学改革的建议。一是教学内容上侧重发展法科生的认知结构。本科法学教育的知识结构的构架注重理论学习,部分本科学生在进行四年大学课程研修后就直接进入法律实践工作,然后由于对实践知识接受的匮乏,理论知识不具有迁移性,其所学的理论知识不足以支撑实务工作的需要。因此,增强实践学习，提升法科生的认知技能是法科生的必修课。法学院应用策略性知识，促进有效学习，结合学生的学习特点，将学生的天性与学习过程结合起来，采取相适应的教育措施，进而取得较好的教育效果。教师还需转变教学方式，培养学生的主动精神和探究能力，运用合理的教学评价体系，摆脱应试教育的束缚，注重发挥学生的主观能动性，提高学生的学习兴趣。二是教学方式上重视类目化的学习构建。布鲁纳认为，思维的任务之一就在于对世界上的事物进行分类，如此才能获得条理化的认识。教师将学生置于不同场景所进行知识的传授比单纯的文本传授的知识更为牢固。法学作为严谨的学科，利用类目化学习有利于学生的记忆力的强化，对知识点的理解也更加深刻。在实施法学实践教学的过程中，学生本身应当树立起类目化学习的意识，对于不同场景展现的法学知识进行刻意的收集，从而在头脑中形成基本且普遍的认知形式。另外，教师作为知识的传授者，在类目化传授知识的过程中，应对知识的传授设置级别和分类，如自低类别到高类别，知识内容自具体至抽象，自特殊至普遍。由浅入深，通过知识的类目化，提高学生的理解力与记忆力。三是教学理念上注重发现学习引导。"发现学习是指学习者通过独立思考和自我探索不断发现新的知识和价值体系，以获取知识并培养探究思维的一种学习方法"，[1]教师对学生的自发性学习引导对学生的终身学习的能力培养是关键性的。教师在学生学习过程中，应使学生循序渐进地参与直至主导学的逻辑进路，借助实习实训基地实务工作者的力量和真案资源，增加学生的学习兴趣和提高学生的认知能力，为学生之后的发展提供原动力。

---

〔1〕毛志新："布鲁纳认知—发现学习理论对成人教育学科建设的启示"，载《中国成人教育》2016年第20期，第4页。

二、实践价值

(一) 就业需要

因为传统教学方法落后，教学内容枯燥，学生的学习缺乏积极性、主动性和创造性。传统的理论课内容充足但是个别法律讲解不甚深入，实践课又严重不足，学生得不到有效的实践操作训练。[1]《2020年中国法科毕业生就业状况调查报告》显示，2020年法科毕业生就业困难的局面仍未改善，西南政法大学、吉林大学法学院就业率均低于全校平均水平，武汉大学法学院就业率则更为惨淡，以63.87%的就业率在全校垫底。[2]根据麦可思研究院发布的《2022年中国大学生就业报告（就业蓝皮书）》，法学虽属报考"热门"专业，但该专业的就业率却连续多年爆冷。[3]以上数据均显示了法学学生的就业形势与其"热门"程度的反差，本科法学毕业生就业形势异常严峻。

大学的安逸易令部分大学生逐渐麻木，现实中浮躁的情绪也很容易充斥头脑。法科生若有背溜书本上或教师课堂上讲授的理论知识而考卷上"游刃有余"地拿高分，便自觉能在实践性强的法学训练中获取傲人的成绩的想法是谬误的。一个优秀的法律人不仅要有良好的法律基本功、坚定的法律信仰、强烈的敬业精神与高度的社会责任感，还要具备综合的法学实践能力，包括敏锐的洞察能力、缜密的逻辑思维能力、较强的分析归纳能力、善辩的口头表达能力、敏捷的临场应变能力、熟练

---

[1] 杨蕾等："美国创新创业型人才培养：趋势、亮点、典型模式及经验借鉴"，载《河北农业大学学报（农林教育版）》2017年第1期，第8页。

[2] "法学院就业率全校垫底？该反思什么"，载https://mp.weixin.qq.com/s/lxqeRngSq1ihL04M23yLMg，2022年10月27日访问。

[3] 参见360文库：https://wenku.so.com/d/dfa852dfca6d2ee0ddd5137b3e09a818，2022年10月24日访问。

的文字表达能力以及娴熟的解决问题的能力等。高等院校法科生实践能力的培养任重道远，法学实践教学是一个循序渐进的不断积累与挑战的过程。因为将静态的理论或法律条文与具体案件相结合并且加以动态地适用，远远比诵记理论或法律条文本身，要复杂得多。正如古人有云：纸上得来终觉浅，绝知此事要躬行。为了满足时代对法官、检察官和律师为主的法律职业共同体的人才需求，我们仍需不断完善发展法学实践教学，最终实现厚积薄发。

（二）职业道德需要

近年来，律师因执业过错而受到当事人投诉的案件呈增加的趋势，被巨额索赔的案件亦时有发生。司法责任制的建立也体现了法官的执业过程中存在主观错误的情况并不鲜见，当前在我国从事法律工作的人员包括法官、检察官、律师和企业法务等，法律人才队伍庞大，但良莠不齐，其中不乏部分人员仅仅只是接受过短期的法学教育，并没有取得法律执业资格证书，更有甚者没有接受过相应的法学专业教育，仅依靠在该领域较长时间的工作经历和较强的关系网络来处理一些法律方面的事务，培养法律从业者的职业道德已经势在必行。

现实难题是法律职业伦理内化的过程是十分复杂的，要经过了解和认知法律职业——感受法律职业的地位和价值——反复体验和感悟法律职业伦理对于法律职业的意义等一系列过程，才能够把法律职业的伦理要求融化为法律职业者个人意识和品格的一部分。[1]法律职业伦理内化重要的一个环节就是实践，学生只有在实践中才能切实感受到法律的地位与作用，通过接触不同的当事人、了解不同人的生活，在对社会生活有了具体

---

〔1〕李本森主编：《法律职业伦理》，北京大学出版社2005年版。

的感受的基础上,发现社会生活中存在的法律问题,运用自己的所学解决这些问题,找到法律职业的价值,也逐步形成个人对公平正义的理解。在这个过程中,可能遇到与自己内心公平正义相违背而无法处理的事件,这时候就需要品质优秀的教师予以及时引导,在遵守法律的前提下维护当事人的权益。

(三) 国际化需要

随着全球化的深入,中国法律人要与西方法律人平等对话,进行有效的竞争,为使中国法律人具有竞争力就应进行同质性专业训练。如若学生一味地脱离实际接受信息必将导致他们缺乏实际操作和对抗能力,也不利于树立我国法律人的形象,更无法有效保护当事人的合法权益。[1]

教育部《关于实施卓越法律人才教育培养计划的若干意见》提出卓越法律人才应实行分类培养,其中之一就是培养国际化卓越法治人才。国际化卓越法律人才的培养途径和模式取决于该类人才的功能定位。根据我国对外开放的宏观要求和当前社会发展的微观需求,国际化卓越法治人才是国际法律规则制定的参与者、国际法律理论变革的引领者、全球公共事务管理的决策者、全球公共事务管理的决策者和涉外法律服务的提供者,国际化卓越法治人才本质上仍然是一种融合职业素养价值观和理论素养价值观的应用型人才,[2]因此,我国应尽快确定以培养具有专业技能的法律人才为主的教育目标,及时回应现实社会对法治人才培养的需要,也是为有效培养这类人才的最佳实现途径——实践性教学方法的实施提供指引。

---

〔1〕 赵海燕:"我国实践性法学教学的困境与出路——教学目标与学制探讨",载《黑龙江教育(高教研究与评估)》2013年第4期,第25页。

〔2〕 毛俊响:"国际化卓越法律人才的功能定位",载《现代大学教育》2012年第3期,第92页。

(四) 创业需要

2015年5月,国务院办公厅颁布《关于深化高等学校创新创业教育改革的实施意见》,提出到2020年建立健全高等院校创新创业教育体系与普及创新创业教育的总体目标。2018年6月28日,教育部原党组书记、部长陈宝生在"新时代全国高等院校本科教育工作会议"中提出推动创新创业教育与专业教育、思想政治教育紧密结合、深化创新创业课程体系、教学方法、实践训练、队伍建设等关键领域改革。强化创新创业实践,搭建大学生创新创业与社会需求对接平台。持续深化创新创业教育改革,推动创新创业教育与专业教育紧密结合,全方位深层次融入人才培养全过程,造就源源不断、敢闯会创的青春力量。2018年9月18日,国务院下发《关于推动创新创业高质量发展打造"双创"升级版的意见》。

创新创业教育是21世纪的新教育理念和教育模式,也是提升大学生创业就业能力,驱动经济社会发展的重要战略。十八大提出了"实施创新驱动发展战略,把全社会智慧和力量凝聚到创新发展上来"战略目标。二十大报告首次将科技、教育、人才三大战略在报告的第五部分进行统筹部署,在优先发展教育的基础上坚持创新驱动,深化人才发展机制改革。实践教学是推进创新创业教育,提升大学生创新创业能力,推进应用型人才培养的重要教学环节。[1]法学专业具备应用性强的特点,在法学专业中抓住实践性教学是推动创新创业教育的关键。

创业教育与专业教育的融合是二者相互作用和促进的过程。一方面,创业教育依赖于专业教育,是专业教育的深入化和具体化,创业教育要面向全体学生,融入专业教育人才培养的全

---

[1] 尹珊珊、谭正航:"论地方高等院校法学专业创新创业教育实践教学体系建设",载《理论观察》2018年第9期,第131页。

过程;另一方面,专业教育的改革和发展趋势离不开创业教育的理念,专业教育要融入创业教育,加强教学内容的综合性和实践性,培养学生的综合素质。创业教育与专业教育是融合发展的,在融合过程中,高等院校既向学生传授知识,又培养学生的创新创业能力。[1]法学专业在创业教育方面具备独特优势。因为经过系统法学思维和法学实践的训练,法科生应当具备较强的语言表达能力、人际沟通能力、认识、分析、解决问题的能力以及协商谈判的技巧,再加上法科生天然的权利意识、风险意识、守法意识,可以为创业团队提供最直接、最有效的智力支持,对市场主体法治意识的提升和市场经营秩序的优化发挥独特的社会作用。因此,如何在法学教育中融入创新创业理念,构建适应我国创业教育的实践教学体系,就成为法学教育工作者亟待破解的重要课题。[2]

(五) 卓越人才培养要求

为使高等院校适应社会发展的需求,实现可持续发展,国家出台了《国家中长期教育改革和发展规划纲要(2010—2020年)》,"卓越人才培养计划"则是列入国家中长期教育改革和发展的重要内容,是国家对高等院校人才培养提出的教育改革计划,"卓越法律人才教育培养计划"正是在这一背景下提出的。卓越法律人才是指应用型、复合型法律职业人才。总体目标是经过10年左右的努力,形成科学先进、有中国特色的法学教育理念,建立健全开放多样、符合中国国情的法律人才培养体制,培养造就一批信念执着、品德优良、知识丰富、本领过

---

[1] 张宝生、张思明:"高等院校创业教育与专业教育的融合路径研究",载《黑龙江高教研究》2016年第5期,第115页。

[2] 李振华:"基于创业教育的法学专业实践教学研究",载《中国大学生就业》2012年第8期,第55页。

硬的高素质法治人才。2012年3月16日，教育部又下发了《关于全面提高高等教育质量的若干意见》（教高［2012］4号）。该文件第5条"创新人才培养模式"指出：实施卓越法律人才等教育培养计划，以提高实践能力为重点，探索与有关部门、科研院所、行业企业联合培养人才模式。正是有了这些文件的相继出台，法学专业综合改革试点正式启动并取得一定成效。"卓越人才培养计划2.0"提出经过5年的努力，建立起凸显时代特征、体现中国特色的法治人才培养体系。为了培养复合型、应用型、创新型法治人才，在借鉴美国、欧洲等国家做法的基础上，结合我国的国情和教育实际而建立"法律硕士专业学位"，是我国在法学专业学位上做出的一种大胆尝试。目前我国的法律硕士专业学位类似于美国的J.D（Juris Doctor），但两者在内涵和层次上又不同，美国的J.D主要是培养律师的，而且在层次上属于Doctor（博士）专业学位。

（六）建设法治国家的时代需要

第十三届全国人民代表大会第四次会议审议通过的"十四五"规划强调：要坚定不移走中国特色社会主义法治道路，坚持依法治国、依法执政、依法行政共同推进，一体建设法治国家、法治政府、法治社会，实施法治中国建设规划。[1]目前中国仍处于重要战略机遇期，法学研究作为中国特色社会主义法治道路建设的关键环节，其发展方向需顺应中国社会发展趋势的需要。[2]建设社会主义法治国家需要大量高素质的法科生，

---

〔1〕 "习近平在中共中央政治局第三十五次集体学习时强调：坚定不移走中国特色社会主义法治道路 更好推进中国特色社会主义法治体系建设"，载 http://www.zytzb.gov.cn/szyw/364160.jhtml，2022年10月28日访问。

〔2〕 龙卫球、初殿清、吉冠浩："北航新法学实践教学的基础与体系——基于新型工业化法学实践需求的线性复合模式的形成和展开"，载《北京航空航天大学学报（社会科学版）》2021年第4期，第51页。

法学教育应当重视并提倡实践教学，重视学生能力的发展，使学生掌握用法学理论知识处理实际法律问题的技巧与方法，具备同当事人以及司法机关沟通的能力，更加主动地适应社会主义法治社会建设要求。

第五章 CHAPTER 5
法学实践教学改革检视

在如何培养分析和解决实务问题的德法兼修的卓越法治人才方面，本书提出的具体解决策略为，以增设新课等完善实践课程体系和发掘真实案件资源的方式，解决传统实践课程（环节）单一和动手实践多为"情景模拟"问题；以提出的"参与式教与学"模式替代传统的"理论课方式开展实践课""体验式"教学模式，解决学生作为主角但不够主动和不能主导的问题；同时在课程（环节）建设和教学模式中运用"三全育人"理念，解决教学内容上重实务知识传授、轻育人的问题。基于执教实践，笔者认为目前法学实践教学中存在诸多问题亟待解决。本书需解决的关键问题是法学实践课程供给不足和教学模式创新不够，与学生对独立自主地获取和更新本专业相关知识的学习能力和将所学的专业理论与知识融会贯通并灵活地综合应用于专业实务之中的基本技能需求的矛盾问题，具体展开如下：

一、教学目标不清晰

法学教育目标是由法学学科特质决定的，法学学科既具有较强的理论性，又具备极强的实践性，因此，法学教育目标应分为：培养学者型人才和培养实践型人才。当前法学教育在一定程度上忽视了对实践人才的培养，存在培养目标与实施路径不匹配的现象。法律职业资格考试制度和法律硕士研究生教育本以培养实践型人才为目标，但在实际中，理论教学的比重居高不下，实践教学环节缺失或者流于形式，导致实践型人才培养目标落空。这也证实了，我国目前仍然未能摆脱传统以通识性教育、研究型教育为目标的法学教育模式，人才培养出现了"偏科"的现象。

此外，目前的本科法学教育仅仅将目标定位在通识教育上，不能满足对人才的区分性的要求。现代社会的飞速发展使人才的层次性区分也越来越明显，对于本科法学教育而言，应当以培养具备专业的法律素养、卓越的法律技能以及全球性的法律思维和法律视野为目标。[1]而本科法学教育培养目标在实践落实中模糊不清，导致培养标准的含混不清，社会需求与法学人才不能精准对接。

二、课程建设不合理

近年来我国法学高等教育的实践课程形式得到较大的丰富，但新型课程的组合安排和具体开展仍不尽合理，实质性效果不佳。总体而言，实践性课程的地位、内容、教学计划安排、教材建设、教学评估、教师培养等方面都存在明显不足。

（一）无独立系统的课程体系

我国实践课程建设基本还处在理论探讨之中，实践课程依然附属于理论教学，实践教学的设置是为了完善理论教学，而没有独立成为与理论教学并驾齐驱的课程体系。或许部分院校已经意识到实践课程的重要性，但其设置比例小，没有形成相应的规模。如某法学院根据学院新方向的设置及卓越背景下法律职业人才培养的需要，增加了民事案例分析、商事案例分析、

---

[1] 杨建广、郭天武主编：《法学教学改革与卓越法律人才培养》，中国法制出版社2016年版，第45~46页。

刑事案例分析、经济案例分析、法律文书写作、模拟审判、法律诊所等实践类课程。在教学安排上的设置不等于课程真正的开设和成功举办，在实践课程的落实上存在着"未着陆"的现象。此种流于形式的法学实践性教学无法承担起培养和提高学生实践操作技能的重任。

（二）现有课程供给不足

现在已经开设实践性课程自身不够成熟和完善。其一，开展不充分。现行实践性教学方法首推诊所式，其次为模拟式、辩论式、讨论式等。诊所式法律课程之所以得到国内法学院的推崇主要是因为其是一种以培养法学生法律技能、法律执业道德、法律职业责任为核心的实践性法律教学模式，具有法学实践教学与法律援助方式相结合、法律实务能力和法律执业技能教育相结合的创新型实践课诊所式的课程对现实生活中的法律案件纠纷处理进行高度还原，最为接近实战，诊所式教学甚至可以看作校外实习的"预演"。但是我国目前法学院校此类实践教育的开展囿于实践型教师缺乏、适合案件少、学生时间精力有限等原因，只能在极少数学生中展开。诊所式教学和法庭模拟教学由于平台搭建复杂、准备周期长，一般很难作为常规开设的法律课程。辩论、讨论式虽然形式灵活，但由于模式较难完整建立且体系性不强、较为零散，难以成为课堂主流。其二，开展效果差。实践教学课程中的模拟法庭（仲裁庭），常常从事实、证据到裁判的结果都是事先安排好的脚本，对争议焦点的定夺、对证据的收集和举证质证等庭审精华环节的呈现变为空洞无味的表演，丧失了模拟法庭（仲裁庭）本应有的锻炼和提升学生法律思维能力、法律表达和分析能力的功能和作用，收效甚微。

（三）教学安排不合理

虽然实践性课程具有十分积极的作用和意义，但在学分安排上所占比例普遍偏低，教学安排不充分。主要表现在以下方面：其一，课程过于集中。现在比较固定的实践性教学课程主要是专业（毕业）实习和毕业论文撰写，这些教学内容一般都安排在了本科教学的最后一学年甚至最后一学期且设置的培养周期有减少之势，从多年之前的4个月到现在的1个月左右，期间还存在着一些突发性的全球卫生事件等因素影响，更加难以保证集中实习。由于硬件和软件两方面原因，前置的实践性教学课程要么空白，要么开展不充分。实践性训练的缺失和虚化导致法学毕业学生实践能力不高，本科阶段需要完成的基本技能、法律意识和法律思维培养等没有完成。其二，课程设置脱离学生发展需求。大学四年级算是大学生涯中压力最为沉重的一年，部分学生选择继续深造从而需要准备考研，部分学生选择进入社会忙于求职面试。处于焦虑状态的学生们，对参加实习训练和论文撰写更多是为了完成任务，而少有出于个人兴趣和发展进行的学习与研究。不仅如此，鉴于部分学校教学任务、科研任务重，教师对学生在专业上的指导和实践的帮助也是甚少。如，本该由教师指导下的集中实习变为个别实习，部分学生的实习结果更是通常找个单位写个评语应付了事，实践课程训练未能起到应有的作用。

（四）课程教法单一

当前实践课程的教学方法仍然以案例分析法为主，主要靠讲授完成，学生们对单一的教学方法容易产生疲劳，并且对知识的把握由于未深入探究而常常停留在表面，教学效果不显著。虽然一些院校也采用了模拟实训等方式，但仍然缺乏创新，如果教师在教学设计上缺乏新意，没有以提高法学知识的应用能力为目标而设计出具有提升学生实践能力的教学方案，而是呆板地布置实训任务，令学生将实训作为一项任务完成。加之实训课程没有更好地与"互联网+"相结合,在其他课程都在进行改革和创新的大背景下,实践课程难免显得黯淡无光,难以吸引学生,激发学生兴趣。

三、教材建设匮乏

目前法学教材编写的侧重点几乎都落在理论教学上,实践课程教材非常缺乏。传统法学教材多是对理论知识的系统阐述,较多适用于传统的教师主导型教育模式或者新型教学模式中的理论讲授部分。而教材作为师生共同完成学习任务的工具,应当及时根据时代变化发展进行更新、补充,编排并出版与实践教育相匹配的教材。法学实践教育想要繁荣发展,应该以传统教材为基础,构建新型实践教材体系。

(一)缺乏体系化的配套教材

新兴的实践性教学课程的开设的确对提高学科发展和法治人才培养有很大的促进,但没有系统配套的教材使这些课程和环节无法普遍化、常态化、主导化。虽然在法学实践教学中,教师的实务经验起到了极为重要的作用,但是仅凭经验教学而脱离教材甚至无教材可依,可能会造成授课的随意性,导致实践教学的规范性被削弱。此外,不同教师的授课内容差异也会变大,不利于学生的整体培养,也会减损实践教学的有效性。因此,体系化的配套教学教材必不可少,可以让实践教学做到"有所依"。

(二)沿袭传统的教材编写模式

仅仅有实践性课程教材并不足够推动实践教育的改革,一些已经出版的实践性课程教材在内容上仍沿袭了传统教材的编写模式,整合了大量的理论知识,对案例进行堆砌似的展示没有给学生提供思考的思路和方法,可操作性不强,缺乏应用性。

也有的教材虽然提供了大量实践的案例，但未给出处理案例的方案和结果，无论给教师的教学还是学生的学习都带来了很多困难。此外，随着网络技术的运用，其他学科领域的教材已经吸纳了视频、音频等载体作为知识拓展材料，但实践性教学课程的教材却还停留在纸质的课本，趣味性较差，对学生的吸引力不强。

四、师资力量不足

实践教学队伍长期存在重理论轻实践的观念，且部分教师实践能力不足、教师队伍结构不合理等因素制约了我国法学实践教学的发展，进而影响了法学教学的整体质量。

（一）人事制度缺乏科学性，教师结构配置失衡

法学院教师队伍的实践能力不足主要体现在两方面。一方面，教师本身缺乏丰富的实践经验，实践经历较少、实践能力不强。在传统教育教学观念和方式的影响下，现在身在教师队伍的老师们在其学生时代接受的基本也是传统的理论教育，加之其成为高校教师后科研任务繁重，以及学校的兼职管理制度的束缚，教师本身的实践能力难以拓展，实践教学能力并不突出。另一方面，具备一定实践经验的兼职外聘教师往往较少甚至从未从事过高校教育工作，虽然实践能力突出，但是教学的经验不足、技巧不够，这将影响实践教学的规范性和专业度，进而减损学生的学习效果。

（二）实践制度和条件保障不充分，教师能力发展受限

首先，各高等院校及其法学院对实践教学的重视不足，这一点实际是受到了政策的影响。有的学校认为教师兼职行为会分散教师在教学、科研等方面的精力，从而对其实践兼职行为有较为严格的约束和限制，导致教师无法发展其实践教学能力。

其次，各院校尚未建立起实践教学的制度、规则，这使得各教师对于提升实践教学水平没有概念、缺乏行为依据甚至不受约束。只有当相关规则正式建立并不断适时修改，教师们才会有方向、有重点地提升自身实践能力并带领学生展开实践学习。其中，实践教师专业技能培训制度尤为重要，但目前来看，其处于"缺位"的状态。最后，实践教学的物质条件缺乏。目前来看，高等院校对于实践教学的投入过低，院校内缺乏专业的实践场所、设备和技术，实践教学的基础环境没有形成，教师开展实践教学也无所适从，如此一来，其提升实践教学能力的积极性便会大打折扣。

（三）评价体系和考评机制不完善，教师内生动力不足

资源分配主要取决于科研成果和水平，这导致高校教师往往更重理论研究，而缺乏提升实践教学能力的动力，即使应用型院校、应用型学位的导师也受此影响。只有从政策和制度层面，将开展实践教学的情况和水平，作为资源分配的参考要素，教师们才有更大的动力在法学实践教育教学上下功夫。

（四）教师队伍实践能力不足

法学师资队伍实践能力不足主要表现为教师的实践阅历浅、处理实务的技能不足、实践教学的技能和专业理论水平不等。一方面，虽然相关法律规定高等院校法学专业的教师可以申请成为兼职律师，从事法学实践工作，但是受传统观念的影响、学校管理制度的制约、教学科研的压力等多方面因素的影响，具备律师执业资格的教师从事案件代理且做得较为出色的数量极少，教师队伍更多的是持有执业资格证但缺乏案件代理锻炼经历的教师，教师队伍的短板之一就是处理实务的能力不足。另一方面，虽然有一部分教师具备了一定或者丰富的实践阅历和处理实务的能力。如校内的双师型教师和聘请的校外实践指

导兼职教师,但该部分教师未能参与专业的机构进行教学技能和实践技能培训,完全凭个人经验进行技能传授,存在大量隐性知识无法通过专业的授课技巧予以展示和传授的问题。

五、法律职业伦理教育有待加强

孙晓楼先生在《法律教育》一书中认为,法律人应当具有三种素质:一为法律道德;二为法律知识;三为社会常识。然而,迄今为止,在我国的法学教育中还没有给予法律职业伦理教育以足够的重视。[1]而法律职业伦理教育以其特有的育人功能和社会功能,在法律人才培养中占据重要地位。[2]

法律职业伦理根据法学教育是终身教育的特点,法律职业教育大致可以分为职前教育和职后教育两个阶段。职前教育是指法科生在首次就业前所接受的各种教育的总称;[3]职后教育,主要是指法律人从事法律职业后,为提高工作能力、适应知识更新而进行的各类教育和培训的总称。[4]这两个阶段主要存在如下问题:

(一)培养目标的空泛性

培养目标是法律人才培养的基准,就目前来看,我国高等院校法学院的培养方案中对培养目标的描绘过于空泛,社会中对于法律执业人的要求也过于抽象,尤其是针对法律职业伦理

---

〔1〕 齐延平:"论现代法学教育中的法律伦理教育",载《法律科学(西北政法学院学报)》2002年第5期,第12~21页。

〔2〕 白云、苗正达、王英喆:"论法律职业伦理教育的功能",载《继续教育研究》2008年第10期,第93~95页。

〔3〕 本书如无特殊说明,职前限于高等院校的专业教育阶段,不同于"中共中央组织部、最高人民法院、最高人民检察院、司法部印发《关于建立法律职业人员统一职前培训制度的指导意见》"所称之职前。

〔4〕 刘晓霞:"法律人职业伦理培养的现状分析与进路探寻",载《西部法学评论》2014年第5期,第110页。

培养部分,极具模糊性,甚至并未作出进一步解释。在理论界,对于法律职业伦理的培养目标,有两种观点:一是认为法律职业伦理培养的目的在于造就有道德的法律职业者;二是认为法律职业伦理培养的目标是帮助法律职业者更好地认识职业上的善,进而为造就职业上的道德人创造必要条件。[1]这两种目标的设定都缺乏可操作性,难以作为实践依据。

(二)培养方法的单一性

大多数法学院对于法律职业伦理的教育教学均采取简单、粗暴、直接的"灌输式",即在课堂上或者讲座中照本宣科。这种直接灌输的教育方式过于生硬,学生对职业伦理道德仅停留在文字层面,几乎不可能内化于心。此外,模拟法庭、公开观摩庭审、专家讲座、社会实践等环节,本是生动地传授职业伦理的途径,但许多实践教师往往仅利用其培养学生的专业知识和技能,而忽略了德育。而就职后教育来看,工作单位对于法律人的职业伦理道德培养往往采用会议等形式,这与院校中的课堂形式别无二致,通常依靠个人自觉。

(三)评价标准的片面性

现实中,我国法律职业伦理培养的评价方式方法过于形式化、结果化,仅以考题或者报告作为评判依据,而对学生、法律人本身的思想、行为状况的关注较少。

六、评价体系不科学

法学实践教学评价体系是依据实践教学目标对参与实践教学活动的各个主体及其表现依据科学的评价标准进行客观评价的"方程式",具体应当包括评价标准、评价主体、评价内容

---

[1] 刘晓霞:"法律人职业伦理培养的现状分析与进路探寻",载《西部法学评论》2014年第5期,第110页。

等，是对实践教学的价值判断。实践教学评价是指以通过评价，了解学生掌握和运用法律知识的技能情况，不断总结经验改进不足，及时纠正和调整教学方法和教学活动，以提高实践性教学的质量。我国各高等院校实践性教学虽然已经全面展开，但是评价体系的建设还在摸索阶段，评价主体单一、评价内容重形式轻实质，难以为实践教学的开展保驾护航。

（一）评价主体单一

法学实践教学参与者是多元化的，所以其评价主体也应该是多元的，主要包括学生、教师、领导者、其他专家等。但目前高等院校仍常常以教师的评价为主，缺少其他多元主体的评价，直接导致实践类课程与理论课程评价差别不大，实践应用能力得不到充分的评价与改进。其中，多元主体中对学生和实践单位的评价重视程度不够。学生是实践教学的对象，通过实践教学提高和训练学生的法律技能是目的，所以实践教学开展的效果如何，学生最有发言权，理应允许学生对实践教学的组织、实施和收获等进行实事求是的评价。实践单位的评价应当包括校外专家、同行、实践过程中的当事人等，他们在观察、检查或直接接受法律服务的过程中对学生实践技能运用和表现状况的评价也能一定程度从侧面反映出实践教学的开展情况。

（二）评价内容流于形式

评价的主体单一，实践教学缺乏相应的监督和考核机制且限制于法学专业实践教学资金投入和场所条件的不足，很多学生在法学专业实践中并不能真正接受法律职业教育的系统训练，再加上学生更多地把目光关注到就业、考证和升学等方面，在与实践教学相冲突的情况下，其结果大多是应付交差了事，[1]导致

---

〔1〕 夏锦文主编：《法学教育评论：新时代的高素质法治人才培养》（第3辑），法律出版社2019年版，第92~93页。

实践性教学的效果大打折扣。

除了评价的内容存在浮于表面的情况外，评价的宽度和深度也不够。对实践教学的场所设备等的基地建设情况的评价也不多，学生对该基地建设的评价更少。除此之外，对考试评价、效果评价、制度评价等都是评价内容欠缺的部分。例如，实践教学是否达到了培养训练的效果，学生的自我评价和对教师的评价内容包括：学习和工作态度、责任心和职业道德、团队合作精神、工作效率和能力等，教师的敬业精神和工作态度、教育理念、知识水平和业务能力、教学内容、方法和手段运用、教学效果等。

七、协同育人机制不完善

较为成熟的法学教学实践基地一般包括两个部分：一是校内实训基地；二是校外实习基地。尽管一些高等院校已经在校内实训和校外实习基地作出了有益探索，充分发挥了二者作用之一或者能两者兼备，但仍然存在以下问题。

（一）校内外实习实践基地设置不平衡

校内实训基地开展实践教学方便，灵活性强，仪式感强，但校内实践基地存在对教师的组织能力要求较高，应用性较差的特点。校外实习基地则体现出真实性强、实践性强、应用性强的特点，可以更好地锻炼学生的应用能力，但其不能随时开展，有着容错率低的弊端。因此，校内实训基地与校外实习基地的作用、应用场景以及实现的作用不同，应当互相配合，共同作用才能发挥实践基地的功能，因此应共同建设两基地。然而，一些高等院校目前尚存在没有建立专门的校内实训基地或校外实习基地，或者只注重其中之一的情况。只有校内、校外基地共同建设，相互补充才能将实践基地对实践教学的优势发挥出来。

（二）校内实训基地作用发挥不充分

在实践基地的利用上，尽管校内实训基地的建设在外观上可以完成1∶1的复制，但其利用率普遍比较低，单门课程使用的次数甚少，实践课程在总课程中的占比低，使得校内实践基地"形同虚设"，同时实践基地类型单一，一般仅有模拟法庭（模拟仲裁庭）、法律诊所室两处设施，形式的单一又会对校内实践基地的利用不充分造成影响，造成设施资源的浪费。

在内容的选取上，校内实训基地往往用以进行模拟庭审、模拟处置程序，通常开设的方式是模拟法庭、法律诊所等。但在实践中，许多校内实训基地只是客观地平移了一个场景，学生采用的是"表演"的方式对案例进行演绎，学生们的模拟甚至有其事先预设好的脚本、台词，以此来完成"演出"，对于案件的事实、处置的程序、裁判的过程、举证质证均没有自己的思考，缺乏法律思维、法律表达等方面的锻炼。

（三）校外实习效果难以最大化

在时间的安排上，一方面，校外实习在时间上往往安排在大学的后期，甚至是最后一学期，正好与学生找工作、考研、复习法律职业资格考试等重要学生自我规划事项相重合，使学生很难全身心投入，造成实习实训成了走过场，没有收到实际的效果。不仅如此，这样不受重视的实习还会影响校外实践基地对学生和学校的评价。另一方面，校外实习安排的时间一般是寒暑假的1个月或者是最后一学期的2个月，学生到实践基地单位后，从基本的业务入手，待其业务基本熟练可以跟随指导老师进行具体事务活动时，实习实训时间已所剩无几，往往无法完整地跟踪完一个大的案件，对实习实训效果有一定的影响。[1]

---

[1] 周世中主编：《走出法学象牙塔——应用型法律人才培养模式创新实验区建设的研究与实践》，广西师范大学出版社2011年版，第104页。

在学生的管理上，院校常采用开介绍信给实践基地，让学生自行前往报到的方式，最终通过"实习鉴定""实习日志"等方式管理学生在校外实践基地的学习实践，缺乏教师实时跟进，缺乏打通理论与实践的环节，缺乏对处理实务过程中师生"复盘"的互动。学生在校外实习基地的实务经验学习更像是接触的新课，无法与已经学过的理论知识联系并运用，导致实践效果较差，也恰恰因为如此，实践基地也不敢将更为专业的内容交给学生处理，最后学生只能做一些准备性的工作，距离接触真正的专业知识还有较远的距离，背离了在校外实践基地锻炼的初衷。

八、培养模式创新乏力

培养模式的创新不是直接照抄照搬域外做法，而是应该基于我国法科生现状进行的针对性借鉴和创新。教师和法学院作为培养模式直接创新推进的主体，应当承担起培养模式创新的主体责任。就目前而言，教师和法学院缺乏培养模式创新的原因体现在以下方面。

（一）教师层面

第一，教学理念滞后。教师的教学理念对教学方法有着决定性质的作用，我国比较传统、保守的教师一直奉行灌输式的教育，忽略学生在教学活动中的主体性，对法学知识是对社会的回应的培养理念不予重视。

第二，缺乏改革的勇气。不少教师其实是希望进行培养模式改革的，并且对现有的、陈旧的法学培养模式感到担忧，但是对开展新的法学培养模式又犹豫不决。主要原因有三：首先，担心实践教育的投入与产出不成正比，教育成果得不到肯定。在我国现有的教学框架下，大力开展实践教育必然意味着对科研时间投入的减少，在面对实践教育回报不确定甚至甚微的情况下，实践教育的低回报率动摇了教师改革的决心。其次，对法学实践教育的把握不准确。部分教师不愿意开展实践教育主要是因为没有更多的法律实务经验，从而担心开设的过程中出现教学"事故"，反而有损教师本人的教学形象。最后，实践教育的反响不确定。法学实践教育的课程质量的保障离不开教师对课程进行精心的设计，学生在面对实务时的困难等都需教师做预先估计与把握，如何在实践课程中"因材施教"离不开对每位学生的学习能力、学习情况的把握。因此，一堂法学实践课的开展，如果出现教师脱离学生实际情况而设置反而会引起学生的不满与抱怨。

（二）学院层面

各高等院校法学院作为实践教学的直接责任单位，如果缺乏对法学教育模式的创新，则法学实践培养模式的改革只能沦为空谈。法学院层面上教学模式创新力的缺乏存在以下方面：

第一，教学管理理念落后。各法学院在对学生的学习情况以及教师的教学水平进行评价时，往往以成绩、升学率、就业率为主要考量内容，因此在管理时则主要抓成绩、抓升学、抓就业，而不注重探索新教学方法、创建新教学模式。相应地，一些法学院的管理观念也比较传统，缺乏创新、大胆的突破精神，自然难以带领老师和同学取得新的教学成果。

第二，系统的实践性教学计划（培养方案）缺失。尽管目前许多高等院校极力倡导提升实践教学的地位，在法学教学过程中实施案例教学、案例分析、审判观摩、模拟审判、法律实习等教学方法，要求教师拟订教学实践活动的教学计划，但是整体来说较为零散化，难成系统性。应包括教学理念、教学方向、教学目标、课程划分、课时安排、负责人员、方式方法、实施细则等内容的教学计划并未完整建立。

第三，法学人才培养质量有效评价机制欠缺。我国不少法学院已经开始尝试法学实践培养模式改革，但是很多改革效果甚微，不具有创新性的一大根源在于对已经尝试的培养模式的应用缺乏评价反馈机制，从而不能根据实际情况作出调整与创新。如何实现培养模式的尝试与建立有效的评价反馈机制以实现法学培养模式有针对性的创新，是法学院需要解决的问题。

第六章 CHAPTER 6
实践教学改革方向

一、明确教学目标

(一) 培养目标的确定

根据王泽鉴先生的观点,法学教育的基本目标是培养法律人,而法律人应当具备三种能力:一是法律知识,即明了现行法制的体系、基本法律的内容、各种权利义务关系及救济程序;二是法律思维,即依循法律逻辑,以价值取向思考、合理的论证、解释适用法律;三是解决争议,即依法律规定,作合乎事理的规划,预防争议发生于先,处理已发生的争议于后,协助建立、维护一个公平和谐的社会秩序。根据法律人的能力要求,可设置明确的培养目标,明确教学目标对于实践教学的开展具有极强的引领作用,而制定培养目标时具体应当参考以下几个因素:

第一,社会需求。社会发展对人才的需求日益呈现出多样化、综合化的特征,不同的社会需求决定了不同的人才结构,对不同人才结构的要求决定了相应的培养目标。快速发展的经济社会要求人才应当将"知识""技能"与"素质"集于一身。因此,既掌握科学系统的理论知识,又具有丰富的经验技术,同时拥有应用知识和技术以解决实际问题、进行知识迁移创造的能力,具有良好的职业道德素养的人,是新时代所需要的应用型、复合型、创新型以及发展型的专业人才。

第二,法律专业特点。法律专业既具有较强的理论性,也具有极强的实践性,该专业特性决定了,法律人既要掌握法律理论、原则、制度、概念、语言等特有的知识内容,又要具备使用上述知识对社会事务作出判断、评价并解决相关领域问题的能力。因此,实践教学需要兼顾传授理论知识、增长实践经验、提升社会技能等培养目标。

第三,学生需求。首先,高等院校在制定实践教学培养目标、设计实践教学方案时,应当考虑到学生的学习阶段。从学历层次讲,划分为专科、本科、硕士研究生、博士研究生等,对应不同的年龄阶段及学历层次,培养目标不同。具体到本科阶段,在实践教学中应当注重启发学生的实践精神、开发学生的实践能力,对于学生学习和就业来讲,实践教学应当起到"承上启下"的作用。其次,在本科阶段,需要考虑到学生的知识学习进度,对于刚接触法学基础理论知识的大一、大二学生,对实践能力的要求不宜过高,对于相对系统、全面掌握基础知识的大三、大四学生,可以加强实践在教学中的比重,对实践能力的要求也更高、更全面。

(二) 树立知行合一的教学理念

"法律的生命在于经验而不是逻辑。"法律职业是典型的专业化程度较高的职业。因此,法学教育应坚持理论与实践的结合,做到知与行的统一,这就要求法学教育者的当务之急是改变传统已形成的根深蒂固的被动式"讲授法"的教学理念,树立先进的教学观念,即"突出学生主体地位,以学生为中心,以教师为引导的启发式"的教学方式。只有先树立起正确的教学理念,教师才会有意识地在教学实践中,针对法学热点或难点问题,综合运用讲授、讨论、辩论等多种教学方式来引导和启发学生思考与分析法律问题,不断培养学生的法律思维,从而最大限度地锻炼与提高学生的法律实践能力,培养学生的法律职业素养。

当然,此处的新的教学理念的定位,并不是完全取代传统的法学教育,不能因为强调法学教育的职业性而否定其学术性,因为对于一名法律人来说对法律制度与法律法规等理论知识的熟悉是基础性的,这就要求法律教育者在定位教学理念时,应妥善协调实务技能训练与我国的法学理论教学之间的关系问题,以实现实践教学与理论教学相互促进的有机结合关系,而不是彼此孤立的分离局面。[1]建立起科学合理的教学理念是开展实践教学的前提和基础,因此要定好方向,及时纠偏。

二、强化课程改革

(一) 完善课程体系

课程体系是经过排列、组合以实现最大教学效果的课程集合体。一个完整的课程体系需要包含不同类型、具有不同作用的课程,且这些课程的比例分配恰当。整个课程体系需要符合专业建设规格并有助于实现特定教学目标。目前本科法学开设的法学课程以教育部规定的核心课程为主,在此基础上额外增加了一些专业选修课和公共选修课。这一课程体系的设计虽然具有一定的合理性,但在笔者看来,仍需要从以下几个方面予以完善:一是增加实践课程种类。如增设模拟法庭、法律诊所、法律职业技能训练等未安排的课程,使学生有更多选择余地。二是增加对学生法律思维训练的课程。如逻辑学、法学方法论等。以通过专门的课程教学,集中讲授法学的研究方法和法律解释、适用的方法等来系统地培养学生的法律思维能力。三是

---

[1] 杨建广、郭天武主编:《法学教学改革与卓越法律人才培养》,中国法制出版社 2016 年版,第 37 页。

增加与法律相关的其他学科的课程，如经济学、社会学、心理学等，因为"法律现在公认是控制社会的工具，以致人必须对社会有所理解才能理解、批评，以及改善法律"。[1]增加这方面的课程，可以拓宽学生的知识面，增加学生人文学、社会学、经济学等方面的素养，以更好地认识法律、适用法律。四是增加法律职业伦理方面的课程。一个合格的法治人才不仅需要有知识、有能力，更要有理想、有职业道德。因为不具有司法伦理的法官、检察官和律师是很危险的。而一个人的伦理水平需要经过训练才能达到一定的要求。因此，在本科法学教育阶段加强对学生法律职业伦理道德的培养是必要的也是必须的。理想的专业教育就是将人文素养与智能技能合二为一的教育。[2]

（二）更新教学内容

法学类课程的教学内容应当注重三个层次：

第一，对法律理论的深刻阐释。众所周知，理论知识是实践的基础和导向，法学教育必须首先进行基础理论知识的传授，并且，理论知识学习得越深刻、越全面，在实践中就会更加得心应手。因此，法律理论的传授是法学教育中不可缺少的环节。

第二，对法律规范的分析与探讨。分析与探讨不仅包括法律规范的内容是什么、为什么如此规定，而且应当包括法律规范在实践中的运用及其评价，从而培养学生能够用中国的法律来解决中国的问题，而不是只会用外国的法律来批评中国的法律制度，过分追求西方法律制度。

第三，关注法的实践。一方面，教学内容应当密切结合司

---

[1] 青维富：《社会学视野下的法律价值与功能：作为社会控制的法律》，载《社会科学研究》2011年第4期，第63~68页。

[2] 郭广辉等：《卓越法律人才培养与法学教学改革》，中国检察出版社2014年版，第14~15页。

法实践，不能只是纸上谈兵；另一方面，教师应当引导学生多关注司法实践，多研读司法判例，逐渐培养学生从实践中发现问题、分析问题、解决问题的能力。[1]

（三）创新课程教学手段与方法

1. 改革课堂教学形式

课堂教学应当由以教师为中心转为以学生为中心。教师应当采取"启发式"的教学方法，围绕调动学生的学习积极性展开教学，要充分调动学生的积极性、主动性，激发学生积极思考，促使学生开动脑筋分析问题、解决问题，融会贯通地学习知识并发展智力。教师应当将课堂交给学生，充分挖掘学生分析问题和解决问题的能力，培养学生的法律思辨能力，达到学思结合的教学效果。

在具体的教学方法上，那种传统的填鸭式的讲授模式笔者是不赞成的，诸如问题式、讨论式、辩论式、案例分析等灵活的课堂教学方式，则值得肯定和推广。此外，课堂教学还应当增加学生与教师、学生与学生（含低年级与高年级）之间的互动，以打破传统课堂教学的局限。

2. 拓展实践教学形式

注重法学教育的实践工作，可以充分利用实践基地，采取增加学生的实习时间、诊所式教学以及邀请法院来校开庭、邀请实务部门的人士来校讲座等方式，以加强学生与实践的联系。如此能使学生在法庭实践操作中，加深对法学理论知识的理解，并提高自身分析和解决实际问题的能力。此外，还可以采取模拟法庭（仲裁庭）的教学方式。模拟法庭（仲裁庭）是介于理论教学与社会实践之间的一种重要的实践教学手段。即以实践

---

[1] 郭广辉等：《卓越法律人才培养与法学教学改革》，中国检察出版社2014年版，第15~16页。

中的真实案例为基本素材,在课堂上模拟相关情形,由学生在教师的指导下加以操作解决、分析,以提高学生的实践操作能力。但需要注意的是,实践教学的主要目的并非止于学生学习办案技巧,更多的在于增强学生对所学理论的理解和应用,尽量拓宽其思维领域,培养其自觉运用所学知识解决问题的意识和能力,教师要树立这方面的培养意识,从而对学生适当地予以引导。

3. 充分利用现代化教学手段

在现代社会,网络教学为法律专业课提供了新载体,拓展了新空间。其不仅丰富了法学教育的教学内容,加大了法学专业课的信息内容,便利了教与学联系的互动性,还提高了法学教育教学资源的利用率,充分激发了法律专业课教师的创新意识。因此,法学教育还要充分利用网络开展教学活动,为学生提供自主学习的空间,并加强教师与学生的互动;通过网络开展案例教学;通过参与网络庭审的方式进行实践教学等。

4. 重视学生课堂外的学习环节

课堂外的教学应当以自主探究式教学模式为核心。即将学生分成若干学习小组,通过课下小组阅读、案例讨论、专题讨论等活动,激发学生学习热情,促使学生积极主动地探究问题,以问促学。这种教学方法可以激发学生主动学习,使学生对法律问题理解得更深入,眼界更开阔。[1]

三、丰富教材建设

(一) 实践性教材编写原则

1. 坚持正确的理论导向

"实践"是马克思主义哲学的核心概念。在中国语境中,

---

〔1〕 郭广辉等:《卓越法律人才培养与法学教学改革》,中国检察出版社 2014 年版,第 17~18 页。

"实践是检验真理的唯一标准"。实践性教材应在关于实践的正确的思想理论的指引下编写,并且其内容应当深刻体现经世致用的马克思主义实践观,以及独具时代性的中国特色社会主义实践观。

2. 体现实践性

实践法学教材的编写应当具有专业性、应用性,能够适应培养卓越法治人才的需要。一般来说,除理论陈述和解析部分,教材应当加入实践中的争议焦点及处理方法等内容。实践性教材应该具有可操作性、提示性、程序性等特点,教材必须把学生如何操作、思考、推理等过程体现出来,便于教师的指导和学生的领会与操作。比如,案例课教材编写就应该指导学生如何分析案例,教会学生分析推理的过程而不仅仅是直接给出结论,只有通过周密推理得出的结论才具备说服力,学生在掌握这些推理技巧后,方能锻炼法律思维方式及正确适用法律的能力,从而提高实践能力。此外,法学实践教材应当坚持理论教学为法律职业实践能力训练服务的原则,体现教学方法的改革,突出对学生职业能力和实践技能的培养。[1]

(二)实践教学教材编写具体操作

1. 以统编为主自编为辅

目前的法学实践课程教材还少有纳入统编范畴的,主要是自编为主。统编教材是指有国家教育行政部门统一组织编辑而成的通用于全国各地学校的教材,也称为"通用教材""部编教材";自编教材是指根据各专业课程的要求,结合各地区或学校的特点与需要,学校或教师自行编写的教材及其辅助资料。教材是为学生服务的,首要考虑的就是是否适合学生、适合课堂

---

[1] 袁钢主编:《实践性法学教育论丛》(第4卷),知识产权出版社2015年版,第76~77页。

使用，又因为实践教学不同于理论教学，有其自己的特点，所以笔者认为案例课、模拟法庭课、司法文书、毕业论文指导等比较成熟的实践课堂应适用统编教材，一方面这类课程统编教材发展比较成熟，另一方面可以实现教育的均等化。但是，考虑到实践性教学不够普及，各学校的条件和师资差异也较大，加上有些实践性课程也不适宜编写统编教材，如法律诊所课程，它要求学生直接参与办理真实案件，案件内容无法统一，只能由实践教师自己按照学生的实际能力设置案例。故，诊所教学的案例更宜使用自编教材。

2. 内容上注重融合和全面

实践教材的融合性是由实践课程的综合性决定的，它打破了传统教材的部门法分类，强调整体的融合，因此在教材建设上也要尽量避免单一化。比如法律文书写作，可能会涉及刑事、民事、行政等诸多部门法，而其中的判决书、仲裁书、调解书、申请执行书等相关文书既有相同点，又有不同点。不同维度的知识相互交织碰撞，需要我们理出一个清晰的思路进行整合，既要讲清共同点，又要明确不同点。

3. 形式上追求特色和多样

实践教材要有自己的特色，形式也应该多样化。除了编写传统纸质教材，也应该尝试编写电子化教材，在网络日益普及的现代社会，学生可以通过各种电子产品的终端设备获取海量的信息。电子化教材可以让学生利用软件强大的搜索功能简化学生们获取信息的程序和时间，而且多媒体强大的视觉冲击力和真实感，将可能打破时空的界限，实现实践课程的远程教学等。所以，电子化教材的开发可实现资源共享，提高教学效率，高质量地开展好实践教学工作。

4. 与时俱进

法学教材最基本的要求就是与现行法律规定相一致。目前我国处于法治国家的建设时期，法律的更新速度较快，实践课程的内容比理论教材受社会发展、法律变化的影响更大，所以在教材编写时更要注重时效性，及时修订。

四、加强师资队伍建设

优良的师资队伍是培养应用型卓越法治人才的重要保障，应当建立并不断壮大"双师型"师资队伍。

(一) 加强法学教师职业素养建设

建设一支政治素质过硬、职业情怀深厚、专业知识扎实、教学能力突出的法学师资队伍，对于培养更多更好的高层次法学人才，具有重要的现实意义。

1. 思想政治素养

较高的思想政治素质是高校教师任职的基本条件，也是实现教育目标、完成教育任务的根本保证，这影响着教师专业教学能力的发挥。高等院校法学教师必须坚持党的领导，坚决走社会主义道路，以全面推进依法治国建设为指导，以党的二十大精神为依据，并将相关思想贯彻到日常教学活动中，对学生形成正确的精神引领；要认真学习和掌握马克思主义的世界观和方法论，并以此来指导自己的教学、科研活动。

2. 职业道德水准

加强法学教师职业道德建设符合全面推进依法治国的时代要求，同时也是提高法学教师队伍素质的要求，是为当前的法治环境培养优秀的法治人才的必经之路。高等院校的法学教师应该具备崇高的职业道德情操和民主、平等、公平、正义的精神。高校教师自身应当具备较高的职业道德感和社会责任感，并将这份信念通过教育、教学传递给学生，引导学生树立正确的观念，对法律专业、职业有更强的使命感。

3. 专业知识水平

第一，高校法学教师应掌握系统的法学专业理论知识。作为法律人，其应对各部门法基本的法律概念、规范、制度、原理掌握透彻。对于其主要研究的方向和领域，则不局限于表层的知识，而应积极探索深层的内涵，积极关注理论和实践的前沿热点，主动参与立法、司法、执法实践。此外，应当不断更新、优化自身的知识体系，与时俱进、经世致用。

第二，高校法学教师还应有广博的知识面。随着时代的发展，各部门法之间的交叉越发频繁，法学与其他学科之间的联系也同样越发紧密，学科发展呈现出纵向精细化、横向整合化的趋势。因此，高校教师除了要掌握法学专业知识，还应当不断拓展其知识面，以更好、更深入地剖析社会热点，并将知识全面、系统地传授给学生。

4. 教学能力素质

高等院校法学教师具有双重身份，一方面，其是法律人，另一方面，其也是人民教师。因此，其既要具备过硬的法学专业知识和技能，又要不断提升教学水平。

第一，高等院校法学教师要有系统的教育理论知识。高校法学教师是教授法律科学的教师，其应有先进的教育意识，了解基本的教育理念，并且积极积累并形成自身的教学经验。能教书、会教书是教好书的前提和条件，是一个合格的法律知识传授者的基础。

第二，高等院校法学教师应当掌握基本教学技能。这些能力主要表现为备课能力、传授能力和组织能力等。备课能力是指教师在把握教学目标的前提下，根据教学大纲制定教学计划，正确梳理理论和实践知识,将其呈现给学生的能力。传授能力则主要指教师将备课内容完整传递给学生的能力,具体体现在其语言表达能力、表现能力等。组织能力也是必不可少的教学能力之一,该能力主要关乎课堂基本秩序,是有序开展教学活动的必备能力。

第三,高等院校教师应具备实践能力和理论科研能力。只有具备较强的实践能力和理论科研能力,教师才能对教学内容产生更加全面、深刻的理解,最终将知识有效地传授给学生。

(二) 建设专门实务型教师队伍

法学是一门实践性和技术性很强的社会科学,法学教育中的实践教学环节在应用型、创新型人才培养中具有重要作用。我国法学教育应确立实践教学的主体地位,加强应用型人才的培养。这就要求构建适应实践教学的师资队伍。培养具有实务能力的人才必须具备适合于实务能力培养的教师队伍。

当前,高等院校中实务型教师缺乏,实务型教师队伍更是远未建立起来。没有一批能实际从事法律实践工作并始终追逐法律实践发展步伐的法学教师,法学院系的实践性教学效果必然会受到很大影响。

1. 增加法学教师实务经验积累

为了推进法学实践教育,高等院校法学院系应鼓励教师适当参与社会实践,这样不仅为开设实践性课程奠定了师资基础,而且在理论性课程中也有助于联系实际。[1]例如,法学教师可以通过代理真实案件来丰富自己的实践能力,这些案件也可作为案例教学等教学方式生动的素材;高等院校也可以选派教师到法律实务部门兼职、挂职。

---

[1] 雷鑫等:"论实践教学的主体地位——以法学教育为视角",载《教育与教学研究》2010年第4期,第73页。

2. 建立健全兼职教师制度

除了增强现有教师队伍中教师的实践水平，还可以从校外聘请兼职教师或客座教授，开展与校外法律实务部门和相关单位的合作，建立校外实训基地。安排兼职教师或客座教授定期或不定期地为法学院系的本科生和研究生进行法学讲座、专题学术报告，从而有利于学生获得来自实务部门的最新信息，也有利于促进学校建立与实务部门的长期、稳定的合作关系。[1]

第一，完善相关法律法规与政策。各级政府要制定相应的法规和政策，积极支持、鼓励和引导实务部门及其工作人员参与到高等院校法学实践教育中去。具体激励政策可包括：对积极支持本单位人才担任兼职教师且效果出色的人员给予经济或职务晋升等奖励，提高相关单位、个人的社会评价并对其授予荣誉称号等，提高其参与教学的积极性。

第二，相关部门要制定配套措施和运用科学运作模式建立兼职教师信息库。可由政府行政主管部门牵头，行业协会协助，实务部门参与，建立兼职教师的信息系统。高等院校可付费使用该信息系统，根据需要筛选并选择适合本校实践教学的兼职教师，并对该信息系统及相关教师进行评价、反馈。推行兼职教师资格认证制度。行业协会可对兼职教师候选人员进行教学方法和师德修养的培训和考试，向考察合格者颁发兼职教师资格证书，以保障兼职教师的教学水平基本过关，有效保证兼职教师工作质量。

第三，学校要建立和完善兼职教师管理模式。伴随着职业教育的发展，法学兼职教师聘用将走向常态化、规模化，成为法学院管理的重要模块。但由于兼职教师与学校、学院之间的

---

[1] 李仁玉、张龙："实践型法律人才的培养探索"，载《当代法学》2008年第3期，第156页。

依附关系较弱、隶属性质不强，校方在对兼职教师进行管理时，应当坚持保证规范性和激发自主性并存的理念。

一方面，学校应当对兼职教师严格管理。从建立机构、健全规章制度以及完善评价体系等角度出发，对兼职教师的教学行为进行严格规范。建立兼职教师的聘用、管理机构，根据教学目标和规划，本着公平合理的原则招聘足额兼职教师，招聘时注重对兼职教师法律职业水平、职业道德、工作业绩、教学能力等全方面考察；在日常管理中，对其进行从教学计划制定、实施到评价反馈的全程监督，尤其注重其师德表现。

另一方面，要做好兼职教师的各项保障工作，充分激发其教育教学的积极性、创造性。从资金支持、场所支持等方面保障其基本教学，并通过对其培训、邀请其担任职务、给予荣誉称号等方式，提升其在教育教学中的参与感、获得感以及被需要感，进一步激发其实践教学的热情和积极性。

(三) 强化法学教师培训

法律是动态的，是不断发展的，法学教师也应当不断学习、进步。因此，校方有必要对其进行相关培训，建立职前职后一体化、职后培训多元化与常态化的法学教师终身教育体系。法学教师培训作为在职法学教师继续教育的一种重要形式，已经做到大规模、全员、常态。首先，应加强对法学教师的思想教育，促进习近平法治思想进头脑、进课堂、进教学。其次，积极开展新法、新规的教育教学培训、研讨会，激励教师站在法学理论和实践的前沿，不断更新知识体系，提升教学的时代性。此外，还需要对教师进行教育理念、教育方法方面的培训，促进法学专业教师观念、能力、行为积极变化，及时适应教育改革的要求，也更贴合法律学生成长规律，促进其在课程设计、方案实施等方面不断优化，逐步符合法律专业化的基本要求。

五、系统化课程思政

为认真学习贯彻习近平总书记关于教育的重要论述和全国教育大会精神，落实立德树人根本任务，应狠抓组织领导、课程育人、示范引领、队伍建设、机制保障等工作重点，持续创新课程思政工作，促进课程思政与思政课程同向同行，努力构建思政育人工作新局面。[1]

（一）统一法律人职业伦理培养目标

职前教育（即校园教育）在整个法律人职业伦理培养体系中起到了奠基作用，但随着职后身份的转换，新的职业伦理挑战层出不穷。所以，除了依靠严格的监督，还必须进行终身的法律职业伦理教育。目前我国职前、职后教育互不相关，甚至职后教育也是由不同系统、不同单位各自进行，内容大多以业务为主，缺少对法律共同体法律信仰、职业伦理进行定期培训的机制。针对这种情况，笔者认为，应当统一职前、职后教育中法律人职业伦理培养的最终目标，重在关注法律制度的内在伦理，培养法律人的职业伦理问题意识、职业伦理推理能力以及职业伦理选择能力。

（二）完善法律人职业伦理培养的内容

法律人职业伦理培养的课程体系应一起研究并构建，使法律人职业伦理培养的各个阶段相互衔接，主要应包括以下三大模块：一是基础模块。基础板块侧重建立法科生对于法律人职业伦理的初步印象和感知，该模块的课程开设于职前教育的前期，以大学一二年级的学生为对象，主要是培养学生正确的世界观、人生观和价值观，让他们了解法学发展的历史，领略法

---

［1］"厦门大学打造五个'同心圆'为一体的课程思政体系"，载"厦门大学研究生教育"公众号，2021年12月8日访问。

学名家的风采，奠定身为一名准法律人的荣誉感和责任感。二是理论模块。该模块主要开始于职前教育的后期，以大学三四年级的学生为培养对象，主要是通过对理论的学习，构筑学生的基本伦理结构，培植其从业必不可少的伦理信仰。三是实务模块。该模块设置于职前教育的最后阶段以及职后初期教育阶段，以大学四年级的学生、研究生以及实务部门的从业人员为培养对象，主要以专题学习为主，包含法律人职业行为规范的学习，法律人职业伦理的典型案例、实务中法律人职业伦理的难题研讨等。

（三）改进法律人职业伦理培养方法

为确保课程思政工作落地见效，积极有效地培养法律人的职业伦理道德，应以培养方案修订为抓手，将思政教育要求体现在培养方案之中。此外，应建立起"以思想政治理论课为引领，以专业课程为核心，以通识课程、实践类课程为拓展"的课程思政教学体系，促进专业课程教学与思想政治教育紧密结合。当然，法律人职业伦理的培养不能仅靠课堂教学的形式进行，而应当根据法学教育和法学专业的特点，采取普及教育与体验教育相结合的方式。普及教育指的就是以课堂、讲座讲授的教育方式，体验教育则强调在法律实务实践中体会、学习职业伦理。例如，通过模拟法庭、法律诊所、法律援助等活动，受教育者能够体验到不同法律职业的责任与使命，并通过反思将其内化于心、外化于行。

（四）确立科学的法律人职业伦理评价标准体系

无论是职前还是职后教育，都要杜绝形式化、走过场式的职业伦理评价，而要注重实质判断。具体而言，就是要取消以答卷、报告为主的法律人职业伦理评价方式，减少唯结果论的评价方式。取而代之的是，关注法科生、法律职业人的平时表现的过程性考核和评价,以及具有实质检验性的评价标准。例如,通过面试、座谈会等方式对法科生、法律职业人进行考察,考察内容不以其某门功课、某项工作的结果为导向,而专注于听取其实践过程中的思想动态、具体行为行动。此外,考察组应当由法律人的同学或同事、理论导师或部门领导、实践导师与直属领导以及其本人组成,从不同角色视角对其进行全面评价。

六、科学考核评价

前章在检视法学实践教学改革中提到实践教学评价体系不科学,主要是对学生实践课程评价微观角度的检视,对于改进提升无外乎增加学生和其他教师(专兼职)、实习指导教师等评价主体,从结果性评价拓展至过程及结果并重的评价。本章论及的考核评价主要系从教师教学质量宏观层面展开。

(一)学生评价与教师评价相结合

高等院校法学教学质量评价是教学管理体系的重要组成部分,它不仅关系到法学教学活动的正常运行,而且对法学教学质量的提高起着至关重要的作用。教学质量评价主要包括对学校、学院的评价以及对教师的评价。由于教师和学生是教学活动的主要参与者,因此,应当由教师和学生共同对学校、学院的教学质量作出评价。在教师和学生的共同评价下,校方或院方可以听取主要教学参与者的建议,积极优化实践教学目标、计划、方案,同时也可能进行实践教学资源的优化配置。而学生作为教师教学的受众,应当作为教师教学质量评价的评价者。校方或院方应当积极引导学生对教师的教学质量作出公正、客观的评价,并鼓励其说出自己的学习需求、提出教学建议,以此促进教师教学水平和能力的提升。

(二) 校内评价与校外评价相结合

1. 内部评估系统

内部评估系统是高等院校自我完善和自我提高的内部教学质量评估系统,其目的是改进教学、加强管理。学校内部系统有纵向和横向两个维度。从纵向看,评估系统有三个层级,分别是校级、院(系)级、教研室级。校级评价侧重宏观层面,是对学校整体教学工作的总体评价,涵盖各个院系并能够涉及从培养目标到教学计划到计划实施再到实施效果等所有教学环节,通过综合性的评价及时调整学校教学工作,调整发展目标和方向、方式等。院(系)级评价则只关注本院系的教学情况,根据相关专业的学科建设和学科特色,加强教学基本建设,深化教学改革,提高管理水平。最后是教研室自评自测,这一层次的评估是微观层次的,往往仅涉及一个分支学科、几个任课教师的教学工作,主要作为调整课程体系、考试及考核方式等内容的依据。从横向上看,包括对教师教学工作的评价,以及对学生学习情况的考察。对教师的评价主要是对教师的教学过程即备课、课堂教学、试题评卷等是否达到教学目标要求作出判断,对实现教学目标的程度作出鉴定,对存在的问题作出诊断,从而激励教师提高教学质量。对学生的考察主要采取考试、社会实践、撰写论文等多种方式,对学生知识、能力、素质等诸多方面进行多层次、全方位评估,以树立良好的学风、培养良好的学习习惯等。

2. 外部评估系统

外部评估是政府、社会等外界力量对高等院校教育进行监督后作出的评价,其更为关注高等教育的外在目标,以期毕业生能较好地适应社会、市场的需求。本书主要介绍政府机构评估和中介机构评估。政府机构的评估以教育行政部门的评估为主。自 1996 年以来，教育部对高等院校进行了本科教学工作合格评估、优秀教学工作学校评估、随机性水平评估和教学工作水平评估，这标志着具有中国特色的高等教育评估体系框架已基本形成。通过评估，促使各级政府主管部门更加重视教学工作，主动加大教学经费的投入，敦促各高校积极进行教学建设，深化教育教学改革，提升办学质量和水平。目前而言，由中介机构对于高校教学质量进行评估并不多见，但是由于中介性评估机构具有独立性的特点，由其进行评估是值得推崇的。

3. 内外部评估相结合的教学质量评估体系

学校内部评估系统虽然有利于体现办学的理念和坚持学术标准，但同时也容易出现培养目标脱离社会需求的现象。外部评估系统能较好地体现市场的需求，但又容易出现利益化、功利化的倾向。因此，应将内部评估与外部评估有机结合，内外协同发力，保证教学质量的稳步提升。具体而言，应当建立起内部评估为主、外部评估为辅的教学质量评估体系。因为，内部评估是具有内生动力的，更具积极主动性，且能够较为迅速、精准地实施调整、整改。外部评估作为一种监督、约束的力量，虽然也十分重要，但缺少了内部评估所特有的积极性、直接性以及精准性。

（三）近期评价与长远评价相结合

近年来，本科阶段法学专业的培养目标是"深基础、宽专业、复合型"，言外之意，经过本科阶段系统法学教育的学生，应当具备长期、可持续的理论、实践能力。因此，近期评估虽然简单、省时、省力，但难以做到长远、全面，长期的追踪、回访也是十分必要的，这更能体现一个学校、学院的真正教学效果和质量。本科法学教育注重培养基本素质，但本科阶段的教育效果与学生今后的职业和执业都具有直接关系甚至起到决定性作用。因此，对毕业生的质量作跟踪评价，能够较好地反映学校本科法学教育的成效。一般可以对毕业生采取抽样问卷调查，并对相关数据进行整理和分析，从侧面体现学校对学生的教学质量水平。[1]

七、完善协同育人机制

协同育人机制需要校内外共同发力，方可做好。高等院校在做好校内实践教学的同时，还应保障必要的经费，并每年都有所增长，这样才能维护实践教学基地的正常运转。并且要充分利用学校的教学场所、会议中心、图书馆等资源，开展普法宣传、法律咨询、法律援助等活动，为实践基地单位提供帮助。这样才能赢得合作单位更好的合作，达到互利双赢的效果。[2]

（一）校内实训基地

1. 创新校内实训基地的形式

校内实训基地不应仅局限于模拟法庭，还可以探索建立资料室、实验室、法律援助中心等新模式。具体来讲，资料室以收集专业图书为基础，尽可能多地收集法学专业实践应用的资料，如历届学生提交的实习实训素材等，使学生可以通过更多的方式获得实践经验。实验室则以专业性研究为主，主要涉及证据科学技术，在动手参与各种实验的过程中，学生将对专业理论知识有更加深刻的理解和体会。同时，实验室还可以适当地对社会开放，如进行司法鉴定等，使师生有机会参与实战。[3]法律

---

[1] 汪威毅、万晓兰："高校教学质量评估体系科学化的思考"，载《福州大学学报（哲学社会科学版）》2001年第S1期，第186~189页。

[2] 郭广辉等：《卓越法律人才培养与法学教学改革》，中国检察出版社2014年版，第130~131页。

[3] 周世中主编：《走出法学象牙塔——应用型法律人才培养模式创新实验区建设的研究与实践》，广西师范大学出版社2011年版，第111~128页。

援助中心可以由教师牵头,以小组为单位完成一定法律援助任务,解决真问题。

2. 提升校内实训基地的利用效果

应当加强校内实训基地的利用率,在课程设置中明确对校内实训基地的使用,制定校内实训基地管理的相关制度,使校内实训基地的作用真正发挥。校内实训基地在使用时要本着提升能力的原则,切忌将校内实训变成"作秀",因此,要改变以往脚本式的演绎,对于模拟法庭,只能给学生基本案情,而不是将整个案件的处理过程均提供给学生,允许学生出现跟实践中不同的处理方式,只要有理有据即可。对于行政、刑事案件的处置也应尽力还原实践,根据所学知识进行灵活的处置,强调实践性。

(二)校外实习基地建设

1. 有针对性地选取建设单位

建设校外创新实践基地,主要目的是培养学生的实践能力、职业技能。因此,校外创新实践基地的选取和建设,必须紧密围绕实践能力培养这一中心,并以最大限度发挥实践教学效果为目标。在选取实习合作单位时,一方面,需要从校方自身专业建设出发,紧密贴合院校、院系的培养方案和教学计划,并且着重迎合自身特色;另一方面,需要兼顾学生的发展需求,为满足学生多样化的职业体验要求,校方应当积极与不同类型的实践单位取得联系并建立合作关系,例如法院、检察院这类司法机关,司法行政机关,法律援助中心,律师事务所乃至企业等。

此外,还需要考察建设单位是否具备对学生进行培养、教育、锻炼的条件,比如,场地是否具备、设施是否齐全、导师队伍是否健全以及案源是否充足等。

2. 与建设单位签署长期合作协议

在与目标建设单位达成合作意向后，应当及时签署合作协议。合作协议需要明确双方在实践基地搭建工作中的角色、职能以及责任，并且应当将具体运作方案涵盖其中，建立其实施保障机制等。对于考察充分、实力雄厚的合作单位，应当积极建立起较为长期、稳定的实践、科研教育教学合作关系，保证学生长期享受优质、稳定的实践学习资源。

3. 制定具体的管理制度

为了更好地开展实践教育教学活动，需要制定切实可行的管理制度，并严格按照该制度实施。校方和合作单位方可共同设立创新实践基地管理机构，双方均派出代表担任己方负责人，并分别设置财务、人事、活动规划、导师分配等各方面的日常管理岗位，[1]为实践基地的建设和运行提供保障。此外，需要制定评价与考核制度，评价和考核的对象包括校方工作人员、单位方工作人员以及学生等各个主体，内容主要侧重于实践活动的规划与安排的合理性、开展情况、实际效果等，可鼓励各方主体互评，以促进各方完成相应任务、扮演好各自角色。

八、创新培养模式

作为理论与实践结合紧密的专业，法学教育模式应实现理论涵养实践，实践反哺理论的二元交互，推进二者之间的融合。为实现互融，培养应用型、复合型、创新型法学人才，法学教育不能走单一化人才培养的传统道路。法学教育作为连接大学理论教学和法律实务部门的桥梁，各高等院校法学院系应充分认识法学教育的重要性，打造理论与实务相结合的开放、立体

---

[1] 郭广辉等:《卓越法律人才培养与法学教学改革》，中国检察出版社2014年版，第102~103页。

的教学模式。虽然在我国高等院校法学教育中实践类课程设置和实习机制已普遍化，但还有很多高校的法学实践教育都"陈旧落后""照抄照搬"，缺乏创新，不能有效促进学生的发展。

(一) 注重多元实践培养模式的开展

传统法学教育存在重理论轻实践、实践教学以理论形式进行、实践教学形式和方式单一，不能满足应用型卓越法治人才的培养需求。院校与教师应根据课程需求安排学生理论联系实践的环节，根据课程内容开展丰富的法学实践教学活动。多数高等院校设置了毕业（专业）实习实践环节，理论课中的实践环节也多以案例分析等模式进行，本章以法律文书课、模拟法庭（仲裁庭）课和法律诊所课为例进行说明。

1. 法律文书课程

理论学习到实践应用的过程中，对学生有（法律）文书撰写能力要求，该能力的培养既体现在理论课程的作业等训练，更要有专门的实践训练，即设置法律文书课程。训练内容包含司法行政部门和各单位法制（律）部门常用各类文书、涉及案件的法律文书、选用即将进行的模拟法庭使用的案例中的文书等。法律文书课程的考核评价以平时各类（次）文书撰写成绩为主进行综合评价。

2. 模拟法庭（仲裁庭）课程

模拟法庭（仲裁庭）环节或课程开展形式主要以真实案例为素材，以理论课实践环节、模拟法庭课、法律职业技能训练课、法律诊所课等为平台，先由各实务部门一线工作人员组成模拟团队开展模拟庭审，学生观摩。再由学生用同一案例模拟相关角色参与其中，揣摩、领会案件法律关系、法律事实、法律适用。专门模拟法庭（仲裁庭）课程的学生在经过系统训练后在毕业实习实战阶段往往表现更优异。

3. 法律诊所课程

法律诊所课程在任课教师的指导下,学生能够接触并实际处理真实的案件,为案件当事人提供高质量的法律服务;并从实践中掌握法律职业应当具备的基本能力、方法、技巧和素质,为将来毕业后直接上手实践业务奠定基础。

(二) 扩大实践教学授课主体范围

实践教学旨在培养具备实务操作能力的人才,因此实践教学的授课主体必然是深入、高度参与法律实务的主体,唯有此其才能为学生介绍、讲解实务问题以及教导实务技能。对此,在选取实践教学授课主体时不应当局限于校内教师这一主体,可以根据不同的教学内容邀请公检法工作人员、律师、仲裁员、法务等诸多不同领域的法律职业人进行有针对性的授课。授课主体的多样性不仅可以减轻教师的教学负担,同时有利于学生掌握不同法律职业的知识和技能,某种程度上还有利于学生形成对自己职业设想的预判。

(三) 继承和创新实践教学活动形式

目前我国法学实践教学已有几种主要的形式,但这些实践教学形式或多或少在课程设置、课程内容、实践效果上存在一些不足。不可否认的是,这些实践教学模式在各大高等院校的教学实践中亦取得不错的成绩,实践是检验真理的唯一标准,可见,这些实践教育方式并非完全不可取,只是需要进行调整以更好地应对实践教学的需求。教学活动和任何一项社会活动一样要进步就需要不断进行创新,创新是保持活力之源。在继承传统实践教学形式之外,还应当根据当前法学教育资源供给的不足以及法律实务活动的需求等现实因素,对实践教学活动形式进行创新,实现培养建设法治中国后备力量的教学目标。

(四) 增进不同实践教学活动之间联系

当前法学实践教学活动不仅在课程时间上设置零散,实践教学活动的形式设置也缺乏体系性，不同阶段的实践教学活动保持较强的独立性，联系不足。事实上，不仅不同的法学理论学科学习中存在交叉关系，实践中不同法律主体之间的实务活动也呈现交叉关系，甚至形成环环相扣的结构形式。因此，实践教学活动如果保持过分的独立性不仅脱离实际，同时也会加剧学生学习和实践难度。故，在设置实践教学时应当注重把握各项学习内容的性质，根据各项教学内容的关联性和难易程度将其安排于不同的实践教学活动中，科学构建实践教学体系。

中篇
典型法学实践教学模式讨论

第七章 CHAPTER 7
法学实践课程概述

法学实践教学模式需要依赖于实践课程（环节）开展，本章着重介绍法学实践课程[1]内涵及其功能与目标，虽然实践课程（环节）与实践教学模式对于卓越法治人才培养均不可或缺，但为突出本书研究重点，本篇其余章节将以教学模式为主线展开分析。

一、法学实践教学课程概述

（一）法学实践课程内涵

对于法学实践课程这样一个新概念，需要结合法学教学实践的特征进行界定。有学者认为课程是为达成训练儿童和青年在集体中思维和行动而建立的一系列经验的总结，有学者认为课程是学生在学校指导下获得的全部经验。纵观国内外相关文献，对课程的定义多达上百种，其中较有影响的定义为以下两种：一是认为课程是一种学习方案。这是中国较为普遍的对课程的理解。把教学计划作为课程的总规划，把教学大纲作为具体知识材料来叙述。二是认为课程是一个具体学科的内容。课程是有计划的学习经验，这是西方最为流行与最有影响力的关于课程的定义，其认为课程是学生在学校教师领导下所获得的

---

[1] 理论课中的实践环节不单独进行讨论。

全部经验。而相对于课程概念的多元化,实践的含义则较为统一,主要有四个方面的要素:一种活动;改造自然和社会的活动;客观的活动;与理论相对的活动。结合实践的概念,并考虑到法学教学的实际,法学实践课程的定义可以概括为:指贯穿法学学科运行整个过程的活动、与法学理论课程相对、注重学生的参与体验与反思,通过个性化体验来完成的课程。从定义中可知,法学实践课程是蕴含了丰富的建构主义理论、隐性知识理论、有效教学理论和认知结构学习理论的教学模式。

我国理论界对课程往往作广义和狭义两种解释。广义的课程即为实现学校教育目标而选择的教育内容的总和,包括学校所教各门学科及与学科知识相关的课外活动;狭义的课程即一门具体的科目。实践是指人们改造自然和社会的有意识的活动,它与理论相对应。结合课程和实践的概念,法学实践性课程是指与法学理论课程相对,有规范的教学大纲,纳入法学教学计划计算学分的,以学生为主体所进行的一种法学教学实践。[1] 法学实践教学课程是广义的课程,不能把它仅理解成科目、教学内容,甚至是教材。它除了包括上述含义还指有计划的学习过程,对法学实践教学课程而言需要突出对学生法律技能的训练过程,具体通过学校的教学计划、教学大纲、教材、教学模式、课程考核以及教师的讲义、教学方法、成绩评定等一系列教学要素有目的、有计划、有组织地展开。它应该是与现行法学理论教学活动并行的教学活动,前者以学生为中心,后者以教师为中心。

(二)法学实践课程特点

第一,实践性。法学学科本身的实践性决定了法学实践课

---

[1] 郜洁:"论法学专业实践教学体系的构建",载《新乡学院学报》2014年第5期,第74页。

程更加要具有鲜明的实践性特征。在建构主义学习理论的指导下，法学实践课程往往采取一定的方式和形式将实践性贯穿于法学教育过程的各个环节，法律诊所教学、模拟法庭（仲裁庭）教学、法学实验教学、法学情景教学、法学案例教学、见习、实习、课堂案例讨论等都是法学实践课程摸索出来的有效形式。这些教学方式可以更加生动形象地强化学生对于理论知识的理解和掌握，引导学生学习解决实际问题。法学教育特别是法学本科教育的基本目标是培养从事法律工作的专门人才，这就要求法学教育的一个核心是开展学生的法学实践教育工作。[1]

第二，亲身参与性。相较于传统的教学方式，法学实践课程通过多种教学形式，提供给学生一个较为完善的感知学习环境，让学生亲身参与到纠纷解决当中，身临其境地体会每一位当事人、法官、检察官以及律师的感受，通过丰富的感知体验加固记忆中所要处理的信息。亲身参与能够给大脑提供额外的信息量，激发学生的自我学习动力，达到有效认知结构学习的效果，进而给学生提供更多的有效资源来帮助学生理解信息、掌握信息。

第三，机动性。"人们在学校里真正应该学习的是搜索、加工、利用、建构那些能解决现实问题的知识的思维和能力，而不是具体知识本身。"[2]法学实践课程的机动性体现在教师和学生有权根据具体情况，灵活选择教学方案、学习方案，能够快速应对社会需求的变化，应对突发事件的发生。法学实践课程

---

[1] 李舒："论法学实践教学形式的完善和更新"，载《亚太教育》2015年第35期，第250页。

[2] 参见 https://www.sohu.com/a/386221182_372421，2022年10月26日访问。

注重激发学生的潜力和创造力,以学生为主导,学生可以选择其想要学习的法学实践课程类型,也可以选择其在实践课程中扮演的角色。

(三) 法学实践课程设置意义

教学目标的实现应当根据不同学科的不同要求来确定,法学教学目标的双重性决定了实践教学的必要性。实践教学既能提高学生分析问题和解决问题的能力,又能激发学生问题意识的培养,引导学生的逻辑思维,强化学生自我学习能力,全面提高学生的专业素质和能力。具体体现在以下五个方面:其一,有助于推动法学课程体系改革,提高法学教育的实践性。加强法学实践教学这一方法能给法科生带来大量接触真实案件的机会,通过学生与法律实务工作者的互动能有效地提高法科生的实践能力。其二,有助于培养基础扎实、职业能力好、适应力强的应用型法治人才。实践课程的设置有利于学生综合能力的培养,对学生的法律思维、法律职业素养、法律工作能力等方面都有着良好的训练效果。其三,有助于探索"高等院校——实务部门联合培养"机制,创新法学教育培养模式。引入校外单位的专业人员担任"双师"制导师,有助于加强法学院与律师事务所、法院等的合作,有助于"高等院校——实务部门联合培养"机制的建立,有利于法学教育培养模式的创新。其四,有助于优化法学院的师资队伍,提升教师的法律实践能力。法学实践课程的设置与创新能够促进教学目标的完善,法律实务人才的引进有利于师资队伍的壮大和多元,使师资力量更有深度和广度。其五,有利于增强学生的法律情感,法学实践课程一方面通过真实的案例激发学生的法律情感,让学生体验法律情感,达到"以情育情"的目标;另一方面引导学生参加法律实践活动,例如观摩庭审、参与模拟法庭(仲裁庭)的教学活动，进而实现"以境育情"的目标。[1]

（四）法学实践课程具体分类

目前各大高等院校对法学实践教学的理解有着一定程度的不同，进行实践教学的资源也有着各自的特点。总体来看，本科法学实践课程内容体系可以分为五种类型。

1. 观摩型课程体系

观摩型课程体系的特征是使学生处于观察者的位置，通过对法律适用阶段以及与司法实践相关的形象观摩，了解和加深对课堂学习内容的认识，从而获得最为直观的司法感知。观摩型课程体系处在建构主义学习理论和认知结构学习理论的初级阶段。观摩型课程体系主要分为单纯认知性观摩（例如法院、检察院等司法机关的参观性观摩）和实践效仿型观摩（例如庭审观摩等）。观摩型课程主要适合低年级法学生。在学生刚接触法学专业时，单纯认知型观摩有助于学生直观、全面地认识法律职业部门的工作模式与工作状态，为其进一步的专业学习提供基本的动力与方向。相对于单纯认知型观摩，实践效仿型观摩对学生实践能力的培养则显得更为重要与有效。其中的庭审观摩最具代表性，庭审观摩是指组织学生到法院现场观摩法庭审判的活动，其主要也适用于刚入校的学生，令学生直接对庭审过程产生触动，进行直观上的理解是一种很重要的直观教学方法。学生处于真实的审判现场，能够直接对冲突进行观摩，既能观察到法官如何审判，又能观察到当事人、律师、证人以及刑事案件公诉人等的诉讼行为，令枯燥的法律知识更具有立体性，从而了解诉讼程序实际运行、案件所含法律事实的认定与法律知识的运用。

---

[1] 徐淑慧："法律情感的维度、功能及培育策略"，载《法学教育研究》2020年第3期，第116页。

2. 实践知识型课程体系

实践知识型课程体系的特征在于通过教师传授和学生自主的学习，使学生系统地掌握有关司法实践的基本知识。这种课程的特点与一般的实践课程有着本质的不同，这类课程是实践课程的理论基础。因此，其教学手段通常是通过传统的传授型教学来实现的，具体主要是司法文书写作、法学讲座、法学论坛等方式。司法文书写作指的是教师向学生们讲解司法实践中常见的重要文书写作的一般方法和写作艺术的课程。该课程要求教师重在对文书写作的一般常识进行说明，指导学生针对不同的案件，草拟各种文书。[1]法学讲座可以分为一般性的法学讲座与专题类的法学讲座两类。一般性的法学讲座主要邀请专业领域专家和实务部门工作人员对理论或实践中法律运用的疑难点进行讲解和讨论，解答学生们在专业中较为深刻的疑问；而专题类的法学讲座主要是指针对某一具体的法律问题进行的针对性讲座，这种讲座的前沿性与专业性则更强。法学论坛是以学生为主体的一种讨论活动。在上述实践知识型课程中可以一定程度上实现法律的隐性知识的传授。

3. 模拟体验型课程体系

模拟体验是指在教学中教师积极创设各种情境，引导学生由被动到主动、由依赖到自主、由接受性到创造性地对教学情境进行体验，达到促进学生主动、充分、自由地学习的目的。模拟体验型课程体系处在建构主义学习理论和认知结构学习理论的中级阶段。模拟体验型课程体系的特征在于学生通过模拟各类法律实务活动获得对司法实践的完整认识，具体主要有模拟审判、疑案辩论、证据试验等方式。在模拟审判中，学生在

---

[1] 王立敏、胡晓利："高师法学专业实践教学改革的思考"，载《中国成人教育》2008年第17期，第166页。

教师的指导下，根据精选的典型案例，分别担任法官、检察官、律师、书记员、证人、当事人等不同的角色，经过精心准备，共同参与案件的模拟审理，将在课堂上学习的法学理论和司法实践紧密结合起来。疑案辩论是案例教学法的重要体现，案例教学实施的特点就是通过真实案例来激发学生学习法律的热情，提高运用法律的技能，提升法律的价值，疑案辩论是学生结合案件给定的情节，根据法律规定来认定案件事实、判断案件性质、提炼争议焦点、分析法律适用、论证法理阐述的综合性训练方式。[1]这种针对个案的模拟进行的实践教学，往往能够加深学生对具体问题的发现和分析能力的培养，以及表达能力的提高。证据试验是对物证、书证中的痕迹检验、笔迹鉴定等，通过实验仪器的应用、提取和分析，获得证据，形成一般规律性的证据认识的过程。在模拟体验型课程中，法学实践教学效果十分有效。

4. 直接参与型课程体系

直接参与型课程能够使学生对法律专业知识的运用有着更为直接、客观的认识和体会。直接参与型课程体系处在建构主义学习理论和认知结构学习理论的高级阶段。这种课程将学生置身于一种完全真实的情景中，对实际发生的问题，需要用所学的知识寻求解决的问题的方法，并与真实的人员和机构进行交往，[2]对学生的专业知识、应用能力和沟通协调能力进行综合训练，具体主要有司法见习、法律诊所、专业（毕业）实习、法律咨询、法律援助等方式。[3]司法见习指的是学生到国家机

---

[1] 刘娟："法学本科实践性课程体系的构建"，首都师范大学2007年硕士学位论文。

[2] 杜承铭主编：《法学教育改革与法学实验教学模式探索》，厦门大学出版社2011年版，第106页。

[3] 左传卫："法律的实践性与法学教育之间的关联与融合"，载《广州大学学报（社会科学版）》2009年第12期，第30页。

关或社会组织，从事为期较短的司法实务工作，司法见习的最大优势在于能够让学生在短时间内对部门法的具体适用有一个概括性的认识。法律诊所是在课程体系中设置法律诊所课程，使学生在教师同时也是兼职律师的指导下，通过为委托人提供法律服务的方式进行学习的一种实践性课程。法律诊所由于具有较强的针对性与独立性，因此其对学生专业实践能力的训练效果最为明显。专业实习指的是利用一段较长的正式教学时间，安排学生到司法部门或律师事务所等地方从事一定实际工作，由实习单位和学校共同评定学生成绩的实践性课程。专业实习能够为学生提供更为完整的法学实践过程。法律咨询是指组织学生到学校、社区等公共场所或法律援助机构进行法律宣传并现场回答群众咨询的一种实践性活动。法律咨询既可以训练学生应变的能力，还可以提升学生用专业知识为社会大众服务的意识。法律援助是法律诊所和法律咨询两类课程形式的有机结合。实践中法学院通常与志愿者活动结合起来，为特定的群众群体提供法律援助。[1]在直接参与型课程中，法学实践教学效果最为有效。

5. 思考研究型课程体系

思考研究型课程主要通过学年论文、毕业论文等形式来实现学生理论水平和研究能力提高的目的。单纯的实践课程并不能够完全提升学生的实践运用能力，只有在实践之后再进行理论学习和总结，才能够获得更为深入的知识体系。在法学专业的学习过程中不仅需要单纯的吸入式学习，还需要拓展性和深入性学习，这种更深层次的学习模式需要通过思考类的课程来实现。学年论文是学生在教师的指导下，通过查阅资料，结合

---

〔1〕 左传卫："法律的实践性与法学教育之间的关联与融合"，载《广州大学学报（社会科学版）》2009年第12期，第30页。

实践体验选择自己感兴趣的议题，撰写学术小论文，并将其作为课程成绩一部分的一种实践教学活动。毕业论文是法学专业本科教育的实践教学环节之一，是培养学生综合运用专业知识分析和解决问题的能力，是检验学生学习效果和理论研究水平的重要手段。毕业论文作为本科阶段学术最高成果的一个实践性课程，具有成果的理论性、导师指导的延续性、评价标准的高位性、适当的创新性等特点。

（五）法学实践课程改革发展动力

1. 法学课程的内在属性

法学是应用性很强的学科，它既要给人类各种活动提供规则，又要为违背规则提出最终处理方案，这种应用性或者实践性在法学教育和法学人才的培养方面应得到较好的体现。[1]一方面，法学教育须在实践应用中发挥作用、体现价值。法律是当代社会最为重要的行为规范之一，通过法律可以对人们的行为发挥指引、评价、规范等作用，并通过个案调整的示范效应整体性引导社会的政治、经济、文化、生态文明的发展方向，从而促进正义、平等、秩序、人权等价值的实现。另一方面，法学教育须在实践应用中实现自身的完善和发展。按照法律进化论观点，现实生活和人民参与是法律发展的根本动力。因此，法律必须置身于实践，并随社会关系的变动不断变化发展，以尽快"弥合法律与现实之间的缺口"。回顾我国法治建设取得的成就，那些社会主体之间的关系、公私行为的界限、法律制度的修改等，无一不是在社会实践中得到修正和调适。法律是关于社会的学问，法律与社会主体、社会关系、社会发展变化不断互动，实践性是法律的重要内在属性。法学教育围绕法律知

---

〔1〕 宋惠玲、丁启明："法学学科的实践性"，载 https://www.gmw.cn/01gmrb/2008-08/27/content_828593.htm，2022年10月29日访问。

识技能展开，法律的实践性传导给法学教育，成为法学教育的自身特性，由此决定了实践教学在法学教育中的重要地位。[1]

2. 法学教育的外在需求

"为社会政治经济文化发展服务是教育的外部关系规律，它决定着教育为谁培养人这个方向性问题。"[2]2014年，党的十八届四中全会提出全面推进依法治国，全面依法治国成为我国"四个全面"战略布局之一。法治人才培养是全面依法治国的重要组成部分，人才培养是基础性、先导性工作。法学教育成为培养法治人才，为全面依法治国提供人才支撑的重要阵地。2018年9月17日，教育部、中央政法委发布《关于坚持德法兼修实施卓越法治人才教育培养计划2.0的意见》，培养符合社会主义法治国家建设需要的法治人才被明确提出，这一总体思路强调了法学教育面向社会、面向行业需求的实践属性，客观上进一步强化了实践教学在法学教育中的地位。法学教育的根本任务就是要为社会主义建设培养合格的法治建设者和接班人。国家战略需要、社会主义法治国家建设需要、提升卓越法治人才培养质量需要，为加强面向社会的实践教学营造了浓厚的外在氛围。[3]

二、法学实践教学课程功能与目标

（一）法律诊所教学的功能与目标

法律诊所教学是典型的建构主义理论中的支架式教学模式。

---

[1] 韩冰："法学专业多位一体实践教学模式的探索与实践"，载《黑龙江教师发展学院学报》2022年第7期，第35页。

[2] 杨宗科："习近平德法兼修高素质法治人才培养思想的科学内涵"，载《法学》2021年第1期，第4页。

[3] 韩冰："法学专业多位一体实践教学模式的探索与实践"，载《黑龙江教师发展学院学报》2022年第7期，第35页。

法律诊所教学是学生在教师指导下、以代理人身份代理真实案件的教学方式，能够较好地实现理论教学与实践教学相结合、校内研习与社区服务相结合的目标。法律诊所课程包括代理案件、诊所实习、法律讲堂、法律义诊、代写文书、案例分析、调查取证、活动感想等系列实践活动。[1]

1. 最大程度锻炼法学学生综合实践能力

学生通过法律诊所活动摸索着从律师的角度，将实体法与程序法综合运用到具体的办案实践中。为了争取到最佳结果，学生要发挥能动性和自主性，查清案件的来龙去脉，必要时收集与调取证据，要从零散的案件事实材料入手，筛选材料，选取关键的事实和证据，并对其进行分析、筛选和建构，找出有关的法律要点；要寻找与事实相匹配的法律规范，解析法律适用要件，学会如何在庭前形成法律意见；要向法庭陈述事实与表达支撑本方陈述的法律意见，并在开庭时进行举证、质证与辩论，还有可能涉及调解、和解、撤诉或上诉等。学生在课堂上听老师讲过或在书本上可能要看很多遍才会记住的诸多关键法学知识点，在法律诊所实践中可能经历了一遍就会终生难忘，这样的案件办理实践过程使学生对已学知识进行深度理解建构后加以灵活运用，深刻地了解案件的办理程序同时熟悉了协商、询问、调解、辩论的技巧和处理诉讼或非诉等各种法律事务的方法，对专业知识水平进行了自我检测，学生的口才表达能力、应变能力、思维能力和文书写作能力将得到极大锻炼，促进实体与程序的有机结合，理论与实践互涵互养，最重要的是明确了法律公平、公正的精神，会更加坚定学生运用法律手段维护当事人权益和伸张正义的信念。

---

〔1〕 韩冰："法学专业多位一体实践教学模式的探索与实践"，载《黑龙江教师发展学院学报》2022 年第 7 期，第 36 页。

2. 破解法学专业就业难的困局

法学专业就业率一直不理想,其中一个重要原因在于传统的法学教育不重视实践性职业教育,导致学生就业后眼高手低不受欢迎,动手能力上的口碑不佳直接导致就业上的滞销。法律诊所在我国的本土化、制度化与持续性发展将是破解法学专业就业低迷现状的一剂良方。为顺应时代发展变化的需要,响应国家法治中国建设的号召,中国部分高等院校在经过充分的探索、研究与论证后,开设了法律诊所实践活动,创新性的开设比较模式的课堂。除了重视法律诊所的构建,这些法学院校以自身法学资源为依托,建立了属于自己的法律诊所机构。但法律诊所毕竟是舶来品,如何结合我国高等院校的实际情况对其进行本土化改造与持续发展值得深入思考。首先,强化实践教学,大幅提高法科学生动手能力是当务之急。其次,针对制约法律诊所实践教学在高等院校推行匮乏经费与师资的瓶颈因素,高等院校必须立足学校、面向社会,采取多项措施,以实现自下而上和自上而下的双向互动,从而从根本上保障经费与师资等基本资源的落实、整合与优化使用,保障法律诊所实践教学模式在高等院校的有效推广实施。[1]

3. 实现助人自助的双重功能

将一些真实的案例搬进课堂,通过开展法律诊所,令学生能够依靠自己所学的知识来进行法律上的维权,切实保护自身权益。在认识、运用法律的过程中,以学生为主体,通过教师指导展开活动,能够切实提高学生维权的意识和能力。在这个意义上,法律诊所的教育方式不仅提供了法学教育,实现了实践性教学目标,也对学生作为一个社会个体的法律意识的觉醒

---

[1] 胡玉霞:《法学多元化实践教学模式与路径研究》,法律出版社2019年版,第139~143页。

提供了动力和源泉。学生在课程中可体验到正义伸张后的愉悦感，形成对法律的认可、信任和敬畏等积极的法律情感。[1]

另外，将法律援助的案件放入法律诊所，通过对弱势群体的专业帮助，可以发挥高等教育服务社会的功能，一定程度上减轻了法律援助需求增大，提供法律援助的专业人士缺乏的供给失衡的矛盾，使弱势群体在更大程度上获得法律援助，得到应有的法律救济，促进社会公平。

（二）模拟法庭教学功能与目标

模拟法庭（仲裁庭）教学是典型的建构主义理论中的抛锚式教学模式。模拟法庭教学是指在法学教学过程中，由教师组织和指导，由不同的学生扮演法官、检察官、当事人、律师以及其他诉讼参加人等不同诉讼角色，由模拟法官按照严格的法定程序在虚拟的法庭对真实或者虚拟的刑事案件、民事案件和行政案件进行模拟审判的一种教学活动。[2]

1. 有利于培养学生法律职业品格

模拟法庭（仲裁庭）对于学生的法律职业价值观、法律职业道德观，对法科生树立起符合新时代中国特色社会主义核心价值观的思想，承担起法治中国的重任有着良好的教育作用。因此，法律教育应更注重对未来法律人的品格培养。史尚宽先生认为，"法官首重品格"，如果法官品格不好，"则反而以其法学知识为其作奸犯科之工具，犹如为虎附翼，助纣为虐"。因此，与传授法律理论知识相比，模拟法庭实践教学对于培养学生独立的法律职业品格起到了重要的作用。

---

[1] 徐淑慧："法律情感的维度、功能及培育策略"，载《法学教育研究》2020年第3期，第113页。

[2] 李艳君："模拟法庭教学法在刑事诉讼法教学实践中的应用"，载《大理大学学报》2018年第5期，第89页。

2. 有利于提高学生司法实践操作技能

模拟法庭（仲裁庭）令学生可以详细而明确地掌握各类案件各审级的庭审程序，强化了学生对各类案件相关审理程序的横向比较，实现了法学理论和实践经验的结合与融合，提高了学生的法律实践能力，为学生走向社会从事法律职业做了充分的准备。

3. 有利于巩固学生对法学理论的掌握

实践教学有着隐性知识传输的功能，体现了学生是教育的主体和自我发展的主体，是建构主义学习理论中学生主动性的集中体现。学生的主体性是在实践活动中形成和发展起来的，活动和交往是学生成为个体生活和社会生活主体的必要途径。作为未来的法律人，追求程序正义和实质正义都离不开法学理论的指导。而丰富生动的教学实践活动，使相对枯涩的法理学习变得生动有趣，从而使学习效果得以巩固和提高。[1]

（三）法学情景教学功能与目标

法学情景教学是典型的建构主义理论中的支架式教学和认知结构学习相结合的教学模式课程。法学情景教学是指教师在课程教学中充分利用形象，创设具体生动场景，使学生自主自动强化法律职业者角色，引导其从整体上理解和运用法律解决问题的教学方法。[2]法学情景教学是通过情景再现来反映案情的一种实践性教学方式。情景教学一般由某个案情引出，学生充当需要解决争议的主体、居中裁判者和其他当事人，设置还原场景和引出欲解决的问题来进行教学。通过表演激发全班学

---

[1] 蒋慧、周伟萌主编：《法学专业实践教学的理论与创新》，西南交通大学出版社2016年版，第14~15页。

[2] 杨新绿：“情境式教学方法在高校法学教育中的运用——以'刑事法案例研究'课程为例"，载《韶关学院学报》2022年第8期，第82页。

生分析探讨的热情,从而学习和运用相关法律知识。

1. 调动学生的学习积极性

情景教学反映的是在社会生活中出现的各类案情。这些案件表现出当事人、律师、法官等角色的各种活动,复杂多变,这些案件搬上课堂,不仅给了学生一个锻炼胆量、发挥创意进行演绎的机会,也让全班学生感到新奇,从而激发其深入了解案情、讨论案情的热情,调动学生参与课堂的积极性。通常情况下,学生了解到的案件都是过去时,而情景教学将其时间提前到了进行时,这正是情景教学的魅力所在。没有长篇的文字描述,仅仅是学生的动作和语言,便将繁冗的案情精炼成为短小不失生动的故事,反映真实的社会,以小见大,增加了学生学习的趣味性。

2. 体现学生主体地位

法学情景教学通过教师根据案情创设出一个"情景"让学生在设定的场景里进行角色扮演从而引起全班学生的兴趣,促进学生的思考来达到教学目的。案情的演绎性,是情景教学与其他教学方法最大的区别,也是情景教学的灵魂所在。正因如此,情景教学能让学生摆脱对教师的习惯性依赖,从"要我学"变为"我要学",把被动学习变为主动学习。在教师讲授式教学中,很多学生都不愿思考,只等教师给出标准答案。而在情景教学中,教师变成了旁听者只对相关事宜进行指导,并不会给出答案。具体须由学生来进行演绎。在准备过程中,学生要根据具体案情对情景进行设想和设定,把握角色的心理活动和职业特征,从而完整地铺陈出法律问题,激发起同学的思考,[1]进而设身处地思考其所学的法学如何应用,在锻炼理论知识应

---

[1] 赵海燕、刘晓霞:《法学实践性教学理论与实施》,法律出版社2015年版,第79~83页。

用的同时增强法律思维、法律表达的能力。

3. 发展学生综合能力

学生是发展的人,教师需要注重发展学生的潜能。法学情景教学主要着眼于学生的创造能力和实践技能的提高,它不会受法律原理和规则的约束。[1]法学情景教学不仅要求学生在情景中学到知识,还要求学生在情景中学会学习,掌握学习方法和学习技巧。学生在自主探索的过程中通过直接的感官体验来接收法学知识。这是一个获取知识的过程,也是一个思维方法形成的过程。由此提高学生发现问题、分析问题、解决问题的能力,脱离"纸上谈兵"的窠臼,并将其在法学情景课堂上所学习到的诸多解决问题的思路和技巧应用到他们以后的工作生活当中。

(四) 法学案例教学功能与目标

法学案例教学是典型的建构主义理论中的抛锚式教学模式。法学案例教学是指在教学过程中以生活案例导入课程内容,引导学生通过分析和研究具体案例,独立分析和解决问题,引发学生自主思考的教学方法。[2]

1. 有利于灵活而广泛地加以普遍实施

典型案例剖析实践教学的适用成本低、难度小且适用面广。高等院校图书馆以及网络平台能提供覆盖所有法学学科的典型案例以及丰富的案例背景、相关证据甚至疑难问题及法理解析等材料;指导教师只需要针对性地选择案例,有效组织引导学生进行课前准备以及课堂分析讨论以解决教师课前准备的思考问题即可。所有高等院校法学专业都具备典型案例剖析实践教

---

[1] 陈丽玲:"在开放教育法学教学中有效运用情境教学法的研究",载《广西广播电视大学学报》2020年第1期,第64页。

[2] 马冰清:"经管类专业《经济法》课程教学模式改革探析",载《质量与市场》2022年第1期,第75页。

学所需要的案例、师资与教室这三项资源条件，所以典型案例剖析实践教学可适用于所有高等院校法学专业，可适用于任何法学课程，也可适用于任何年级的法科学生。

2. 有助于培养学生最基本的法律职业素养

学生若想成为一位真正的法律职业者，冷静的判断能力、敏锐的洞察能力与理智的分析能力是必须具备的，法律人的诚信与责任感、理性缜密的思维与善辩的口才、听说读写等基本技能也是必不可少的。这些基本素养只能在不断地学习与实践中加以逐步培养，所谓路漫漫其修远兮，但是不积跬步无以至千里。虽然典型案例剖析实践教学模式对学生实践能力的锻炼可能不是最有效和最明显的，但一定是学生学以致用的最基础法律素养培养模式。

3. 有利于充分发挥学生的学习能动性，增强学生的创新思维能力

典型案例剖析实践教学要求指导教师选择的案例必须典型而恰当，可谓好的开始是成功的一半。即教师选择的案例不仅要结合授课内容，还要是与实际生活联系紧密的真实案例。如提供给学生讨论的典型案例"杭州保姆莫某晶放火、盗窃案"就是一个非常贴近生活的典型案例，加上被害人家属林某斌在案发后时常在微博上表达自己对死亡亲人的缅怀之情和把保姆莫某晶绳之以法的坚定决心，在网络上激发出网民对于被害人一家的同情，引起了非常激烈的舆论讨论，更加引起了广泛的社会关注，也引发了社会对人性的思考。

4. 授课更加具有生动性、针对性与可受性

典型案例将案件所具有的生动形象的事实与枯燥无味的理论知识相结合，将纯理论抽象的知识拉入到平易近人的生活场域，增加了教师授课内容的可接受性。案例展示的环节也有利

于师生的互动和交流，使教师能够及时把握学生的学习程度。也令学生结合实践案例更深一层次理解法律条文和理论，事半功倍且更加深入通彻地掌握知识点与了解学科前沿理论，有利于丰富学生的知识层次，有利于提高学生解释与表达概念以及分析解决。[1]

5. 有利于培育学生的法律情感

渗透性、非实体性是情感教育的基本形式。[2]21世纪我国法学教育改革就是通过引入案例教学[3]的方式来激发学生学习法律的兴趣。这说明通过法学案例教学，可提高学生的法律情感。通过真实的法律案例诱发学生法律情感，将学生代入到案例中，从而在认知过程中伴随着法律情感体验，这样的结果会促使学生掌握相关的法律知识、领悟法律条文背后的法理，从而有助于提高其法律意识，最终增强学生的积极法律情感。[4]也就是说，"正是由于体验的情感性，主体在积极的体验中形成积极态度"。[5]也由于学生在法律案例中体验到了法的正义，以及对违背正义、公平等法价值的愤怒，最终有助于形成对法的积极情感。

（五）当事人教学功能与目标

当事人教学是典型的建构主义理论中的支架式教学和有效学习理论相结合的教学模式课程。当事人教学是指在教师的指

---

[1] 胡玉霞：《法学多元化实践教学模式与路径研究》，法律出版社2019年版，第13~23页。

[2] 朱小蔓："《情感教育论》与情感教育理论建设"，载《教育科学》1995年第4期，第65页。

[3] 张琳："案例教学法与民法教学"，载《当代法学》2002年第10期，第16页。

[4] 徐淑慧："法律情感的维度、功能及培育策略"，载《法学教育研究》2020年第3期，第117页。

[5] 闫守轩："体验与体验教学"，载《教育科学》2004年第6期，第33页。

导下，学生对当前热点事件进行理论研究，发现其中存在的法律问题，以当事人的身份启动相关公法案件，并通过各种法律途径谋求相关法律问题的解决。[1]

1. 强调学生的参与性

与传统的教学方式相比，当事人教学更强调学生的参与性：一是参与的真实性。真实性是指"当事人模式"的教学内容是现实生活存在的真实问题，当事人教学完成了法律实践性教学的一个转型，即从模拟到实战。当事人教学的真实性可概括为真实生活、真实角色。所谓真实生活，是指要求学生处理的问题不是虚拟的案件，而是现实生活中存在的法律事件。所谓真实角色，是指学生必须以"当事人"的身份启动相关案件，并通过自身的努力来谋求相关法律问题的解决，而不是仅仅局限于一个"模拟者""旁观者"的身份。二是参与的主动性。在传统法学实践性教学中，学生往往是被动参与到教学过程中，缺乏"亲临其境"的感觉。由于没有"成就感"的刺激，学生参与教学过程的动力明显不足，传统法学实践性教学的成效并不尽如人意。而在当事人教学中，学生作为推动教学进度的"掌舵人"案件的每一步进展均能极大激发学生的兴趣。在具体案件的推进过程中，学生通过接触其从未体验过的现实，从而大大激发了自身的学习主动性。因此，"当事人教学"也是法律实践性教学的一个从被动到主动转型。

2. 教学内容的选取应当符合公益性

与传统法学实践性教学不同，当事人教学要求学生直接参与相关法律问题的处理。在现实中，直接涉及学生本身权益的法律案件很少，因此，在绝大多数情形下，学生能以"当事人"

---

[1] 欧爱民："论法学实践性教学的'当事人模式'"，载《当代教育理论与实践》2010年第4期，第84页。

身份启动的案件包括两种类型：一是法律援助的案件；二是涉及公益的案件。当事人教学内容主要涉及如下六个方面：一是规范性文件的合法性审查；二是申请政府信息公开；三是行政公益案件；四是法律咨询；五是诉讼代理；六是社会调查。[1]因此，当事人教学应当从培养学生的法律意识、社会责任感出发，选取恰当的教学内容如湘潭大学的"废除驾考合一""湖南省身高歧视案""取消湘潭三座大桥收费"等案例和事例，旨在推进中国的法治进程。

3. 全方位培养学生的实践能力

传统法学教学的目的在于帮助学生掌握法学理论知识，理解法律条文的含义，而对培养学生的实务能力、职业道德则关注不够。当事人教学要破解这一困境其教学内容应当是广泛的，教学效果也应是全面的。

首先，当事人教学应当提升学生的理论研究水平。当事人教学的教学理念是实现"理论与实践"的无缝对接在具体的实践中，提升学生的理论水平。其次，当事人教学应当培养学生的社会交往能力。学生只有直接接触真实社会才能运用课堂上学到的知识解决现实问题。在教学过程中，学生必须学会与相关事务部门打交道，学会应付形形色色的社会人员，从而培养学生的沟通能力、表达能力、谈判能力等社会交往能力。最后，当事人教学应当培养学生的社会责任感。通过开展教学培养学生的社会责任心，学会维护法律的权威，塑造学生的法律意识、追求公平正义的精神，从而培养一批具有强烈社会责任感的法律从业者。

（六）法学实验教学功能与目标

不同学校的法学实验教学系统不同，以中南财经政法大学

---

[1] 欧爱民、陈军：《法学实践性教学：当事人模式的理论与实践》，湘潭大学出版社2013年版，第10、3~5页。

为例,"法学实验教学系统"(Legal Experimental Teaching System,LETS)是全新的法学实验教学软件平台,其以培养法律人职业素养和执业能力为直接目标,根据互动参与式体验教学法的原理,运用法律业务模拟技术,开发了系列法学实验模块,涵盖立法、执法、诉讼与非讼业务四个方面。对于用户、实验项目、实验课堂、实验任务、实验报告与实验成绩等要素具有高度集成化组织特征。管理者、教师和学生可以运用系统方便地开发与组织丰富多彩的法学实验。[1]法学实验教学是有效学习理论下法学实践教学课程的大胆创新。

1. 突出学生的主体地位,创新培养学生的实践能力

法学实验教学模式让学生能够模拟现实法律运用场景,以此来加深学生对所学的理解,对于不常见的法律行为,通过这样的模式,更有助于学生的领悟和掌握。[2]法学实验教学强调以学生为中心,要求学生成为信息加工的主体和建构者,要求教师在教学过程中采用全新的教育理念和教学模式,改变以往以教师为中心、强调知识传授的传统教育理念与教学模式,它作为法学教育的重要组成部分,是法学教学和科研的有力支撑,实验项目建设的整体水平是衡量法学学科办学水平的主要指标之一,是法学学科可持续发展的重要保证,对此,法学教育应站在法学方法论的高度,在教学过程中将实验教学应用于法学教育,使得法律知识与理论、法律实践与技能有机地结合起来,培养学生的实践能力,而不应只局限于知识的传授。[3]

---

[1] "LETS 简介",载《人民法治》2018 年第 16 期,第 121 页。

[2] 符敏妍:"基于实验的法学教育教学模式探究——评《法学教育改革与法学实验教学模式探索》",载《林产工业》2021 年第 2 期,第 123 页。

[3] 谢步高、杜力夫、李伟征:"法学实验教学创新模式探究",载《福建师范大学学报(自然科学版)》2011 年第 3 期,第 115 页。

2. 落地"新文科"建设理念，强化专业整合性

法学实验教学将分散的实验教学资源进行整合。目前已经有一些较为成功的案例，例如，武汉大学法学实验教学中心把局部的法律诊所、虚拟仿真训练、模拟法庭等实验教学资源在虚拟现实云法学实验教学系统进行模块化分设，由统一的教学平台管理，由统一入口接入。对法律诊所的网络化处理，将法律诊所的教学课程体系从线下转移到线上，延伸法律诊所实验教学效益。[1]中南财经政法大学开发了国内首款全新的法学实验教学软件平台（LETS），LETS-2018中的实验教学系统包含了立法实验、执法实验、诉讼实验、非诉业务实验和法律思维实验五个板块，各个版块之间还可以自由切换，最大程度还原了真实的法律业务场景。[2]中山大学法学院成立了"中山大学法学实验教学中心"，中心下设地方立法实验室、模拟诉讼实验室、司法鉴定实验室、模拟国际民商事仲裁实验室、法律实务教学实验室、知识产权实验室六个实验室，涵盖法学教学的主要领域，形成了一个全新的实验教学体系，学生可以在实验室中模拟法律运行的全过程。北京航空航天大学法学院为了提升学生的法律素养，培养学生的沟通能力和解决实践问题的能力，建设了依托立法机关、司法机关仲裁机构、律师事务所、企业等密切合作的对全校学生开放的法律专业人才培养以及复合型人才培养的学科交叉型实践实验教育平台。[3]此外，北京航空航天大学法学院还建立了公益法律服务中心，一方面该中心可以为社会公众提供法律服务，另一方面该中心作为北京航空航

---

[1] 吴育生、郑玉芝、方堃："新文科背景下法学实验教学云平台建设"，载《实验技术与管理》2021年第12期，第222~225页。

[2] "LETS简介"，载《人民法治》2018年第16期，第121页。

[3] 马波："法学实验教学课程改革问题探析——以广东石油化工学院法学专业为例"，载《南方论刊》2015年第4期，第107页。

天大学法学院开展诊所式法律教育的基地和平台，也为开展法学实验课程改革提供了良好的基础。[1]

这些院校的成功经验都表明法学实验教学模式在一定程度上促成了资源的融通，打通了法律实践的各个环节，促进了"新文科"理念的贯彻实施。

3. 颠覆教学方法，提升实践性教学效果

一些高等院校，采用了"实验通过虚拟仿真"的方式将社区矫正工作的主要内容融入教学之中，理论联系实际，颠覆了传统教学方式。通过利用虚拟仿真技术，突破时间与空间的限制，学生可以随时随地反复练习，对操作过程和结果可量化、可视化，使学生真正体验实践工作内容，进而深化对概念、原理和方法的理解，既能满足传统教学目标，又能促进学科发展，完善课程体系，创新教学方式方法，提高学生实践应用能力，以实现交叉学科卓越法治人才的培养目标。同时，项目与国家立法同步，及时反映国家对于社区矫正的方针政策，避免了传统教学内容的滞后性与陈旧性，[2]增强了课程的应用性，提升了实践性教学的效果。

---

[1] 杨建广、郭天武主编：《法学教学改革与卓越法律人才培养》，中国法制出版社2016年版，第53~57页。

[2] 朱贺："法学实验教学新模式的探索与实践——以'基于多角色扮演交互式社区矫正虚拟仿真实验教学'为例"，载《河南司法警官职业学院学报》2021年第2期，第117页。

第八章 CHAPTER 8
法律诊所教学模式

一、法律诊所教学简述

法律诊所教学模式最初起源于20世纪60年代美国的耶鲁大学、哈佛大学等著名院校的法学院。经过半个多世纪的推行，美国近130余所法学院都开设了法律诊所课程。法律诊所教学在美国逐渐成熟，成为法律人才培养的重要实践教育模式。19世纪中后期，法律诊所教学逐渐得到欧洲、日本和澳大利亚等国家和地区的重视，各国法学院纷纷仿效实施法律诊所试点教学并取得成效。法律诊所教学现今已成为培养学生法律实务能力、积累法律经验的有效方法和途径，具有课堂教育无可比拟的优势，在法律实务人才培养过程中发挥着积极作用。

"诊所式"法律教育，又称"法律诊所"（Legal education），是一种以培养法科生法律技能、法律职业道德和职业责任等为核心的实践性法律教学模式，同时也是一种法学实践教学与法律援助方式相结合、法律实务能力和法律执业技能教育相结合的创新型和延伸型法律教学模式。法律诊所教学模仿医学院临床实习做法，让学生进入真实的法律冲突"诊所"中，引导学生在诊所中为委托人"诊断"法律问题，提供问题解决的"处方"，[1]使学

---

[1] 才惠莲："特色型法律诊所教学体系的构建——以资源环境法律诊所教学为例"，载《中国地质教育》2016年第3期，第51~56页。

生在"诊断"法律问题的过程中逐步提升法律实操技能,夯实法学理论知识。法律诊所教学之所以成为世界各国法学教育体系中不可缺少的组成部分,主要在于其有以下几个方面的特点。

(一) 注重学生实践

法律诊所教学相较于传统法律教学更加注重培育学生的实践思维、增强实践能力、积累实践技巧。其一,不同于传统法律教学中仅以学生为配角的教学模式,法律诊所充分重视以学生为中心,锻炼学生的实践技能,从而使学生能熟练掌握专业知识,例如证据的分析以及推理能力,与法官、当事人、对方代理(辩护)人的社交技能以及法律文书等材料的写作技能;其二,不同于传统法学教育中教师会给出唯一的标准答案,法律诊所给予学生充分的发挥主观能动性的空间,因此可以最大限度地激发学生的积极性,使他们能全身心投入法律的学习中来;其三,不同于传统法学教育的重点在于法学理论知识的教授,法律诊所教育则以实践技能训练为首要目标,通过师生互动、丰富的场景变换、角色代理、案件处理等方式培养学生的实践技能,从而缩短学生毕业后步入社会从事法律实践工作所需要的适应时间。

(二) 案例动态真实

传统的法学教育及其他实践性教学和法律诊所教学大多都使用真实案例,但他们所采用的案例资料却大相径庭。前者使用的案例往往来自教材、单一参考资料,具有有限性的特点。基于视域融合理论,以及文字和理论教学的局限性,教师、教材对案情的表述在到达学生时,常会发生"变异"。除此之外,学生对案情往往是从旁观者的视角进行审视,难以对整个案情有充分的了解,难以设身处地地为当事人着想,也就无法通过真情实感而增强其对法律职业的责任感、使命感。但通过法律诊所教学，学生接触的是活生生的、正在发生的案例。相对于从书本上了解已经一一列明的证据和事实，法律诊所教学使学生身临其境地感受更加生动鲜活的案例，充分给予学生发挥主观能动性去发现、论证证据和事实的空间，这大大增强了学生的积极性、主动性和学习热情。

（三）方法多样，利于参与

法律诊所教育与传统的法学教育相比，有两个显著特点：其一，普遍参与、全程参与。法律诊所教学中的普遍参与是指使所有学生通过各种具体教学模式普遍地参与到实践活动中，而全程参与是指使学生接触整个诉讼过程，发现诉讼不同阶段的程序上的不同价值定位和目标取向，从而产生一个完整的关于真实诉讼程序的认识。其二，方法多样。法律诊所教学采用了多样的授课形式，例如模拟角色训练，学生通过模拟律师、法官、当事人等诉讼参与人来设身处地地了解每个程序角色的职责使命、独特价值和特定目标；再如合作学习式教学，破除了以往课堂上个人学习的封闭性，使学生能相互学习，培养团队合作精神。

法律诊所教育改变了传统法学教育中教师讲授式教学、学生机械式接受的模式，每一个学生在直接代理案件全程时，都会遇到很多从书本上难以遇到的现实问题，这无疑会调动学生的积极性，充分发挥其主观能动性解决问题，让他们不再被迫学习，而是主动寻求知识。因此，这两个特点联系十分密切，普遍参与、全程参与是使用多样化方法进行教学的前提，多样的教学方法也保障了学生普遍参与、全程参与。

（四）多环节多角度考核

在传统的法学教育中，教师对学生的评价往往是以学生的考试成绩为主。然而，单纯地考察学生的记忆能力对学生以后的实践是不利的，但这又是不可避免的，由于传统法学教育自身的传授方式单一，其本身没有其他环节供教师考察。而法律诊所教学则不同，整个案件处理过程都可以看作一场测试。因其涉及整个诉讼环节，因此法律诊所教育可以从多角度、多环节对学生进行评价，例如学生与案件当事人之间的交流了解环节、法律文书的写作环节、证据调查环节、法庭辩论环节等。这种考核模式避免了单纯的记忆考察，使学生仅凭考前突击来应付考试，从而形成学习惰性的情况。多环节、多角度的考核能够帮助学生了解自身，发现自己的优势与缺陷，发扬长处、完善不足，切实增强实践能力。

（五）教学相长

不同于传统的法学教育有着"标准答案"，法律诊所教育有其自身的灵活性与多变性。因法律诊所教学的突发情况较多，法律诊所的教师便不可能预先设定详细的教学计划，这对教师的临机应变能力提出了更高的要求。一方面，在法律诊所教育突发事件的处理中，处于指导地位的教师必须给予学生必要的协助，并且和学生一样，协助应当是充分了解案情、进行严谨的法律分析后才能完成的。因此，法律诊所教育不仅使学生的思维能力、分析能力得到提高，同时也对教师自身能力的提升有所帮助。另一方面，为了圆满完成法律诊所的教学任务，教师也会积极主动地增强自身实践能力，增加实践经验储备，在教学过程中给予学生更为专业、全面的指导，间接经验的增加也有助于学生实践能力的提高。因此，法律诊所教学是一个教学相长、两全其美、各得其所的过程。

（六）现场教学

传统的法学教育场所主要是在课堂，单一的环境容易导致学生倦怠情绪，而法律诊所教育则有多种教学地点，像法院、检察院、律师事务所、看守所等地点，呈现多样化和真实化的特点。这样的教学安排主要出于两方面考虑：其一，多样化的现场教学地点决定了教师身份的多样性。多样化的现场教学地点可以保持学生的学习积极性，而多样化的教师身份更有利于学生接受直接、现实的实务技巧、职业道德培育。其二，真实化的现场教学可以通过将学生置身于真实的职业环境中，使其切身体会案件的争端和价值冲突，直观认识真实的法律职业情况，对学生现实实践能力提升和未来职业规划都产生了重要影响。现场实践教学方式培养出的学生，远比传统法学教育培养出的学生有着更强的适应性和扎实的实践功底。

二、理论解析

建构主义学习理论是支撑法律诊所教学的重要理论基础，它强调学生在特定情景中通过对理论知识的应用，主动建构和学习知识；教师基于建构主义学习理论的知识观，从问题出发，以伙伴和合作者身份，引导学生独立思考并解决问题，在探讨和实践过程中完成计划教学任务。法律诊所教学依据学习与教育双向建构的宗旨，教授者在情境中引导学生主动学习，学生通过参与解决问题的过程，完成对法律问题的解析以及新知识的学习。[1]

建构主义学习理论的教学观认为，教授知识应从解答问题开始而不是从结论开始，让学生在解决实际问题和矛盾的过程中学习，引导学生在学中做、在做中学，而不仅仅是套用知识。在法律诊所课程教学过程中，教师的主要任务包括，引导学生进入复杂的真实案情，指导学生主动搜集和分析信息资料，推

---

[1] 才惠莲：“特色型法律诊所教学体系的构建——以资源环境法律诊所教学为例”，载《中国地质教育》2016年第3期，第51~56页。

动学生对案件和实务问题提出各种假设并加以验证,[1]帮助学生把当前学习的实务内容与自己掌握的理论知识体系和经验联系起来,并对这种联系加以认真思考从而构建新知识。在整个诊所教学过程中,教师是学生的高级伙伴或合作者,学生是教学的核心,也是教学活动的积极参与者和知识的建构者。

建构主义学习理论的学习观认为,学习不是由教师把知识简单地传递给学生,而是由学生自己建构知识的过程。[2]学生不是简单被动地接收信息,而是主动地建构新意义,即根据自己的经验背景,对外部信息进行主动的选择、加工和处理,从而获得自己的意义。[3]外部信息本身没有什么意义,意义是学习者通过新旧知识经验间反复地、双向地相互作用建构而成的。[4]学习意义的获得,是每个学习者以自己原有的知识经验为基础,对新信息重新认识和编码,建构自己的理解,这种建构是由学习者在积极探索中主动完成的。[5]学生在法律诊所学习过程中主要以援助者或法律服务者身份置身真实的法律关系中,通过主导法律矛盾和问题解决的过程来实现法律知识的建构。[6]

---

[1] 曾鹏艳:"基于建构主义学习理论的电子商务课程教学改革",载《商场现代化》2009年第34期,第102~104页。

[2] 朱丽莉:"体验式生涯发展指导课程的开发与实施初探",载《出国与就业(就业版)》2011年第11期,第64~65页。

[3] 李占祥:"'少教多学'教学理念与建构主义学习理论",载《教育艺术》2014年第10期,第25页。

[4] 张琪:"浅析建构主义学习观和教育观",载《黑龙江教育学院学报》2008年第4期,第67~68页。

[5] 杨小惠:"建构主义理论在外语教学中的运用",载《江苏工业学院学报(社会科学版)》2006年第4期,第102~105页。

[6] 才惠莲:"特色型法律诊所教学体系的构建——以资源环境法律诊所教学为例",载《中国地质教育》2016年第3期,第51~56页。

三、法律诊所教学步骤与方法

我国传统法学教育的重心在于法律条文的解释与法学理论的传授,所采用的案例教学方法也是在课本的范围内方便学生对法学理论与条文的理解,并不重视实践技能的培训,这就导致学生出现"法学理论高手""司法实践侏儒"的状况。由于未接受专门的理论到实践的转化能力训练,学生最终获得的理论知识也往往无法做到真正的理解与掌握。法律诊所教学可使学生亲历案件审理的全过程,是一种真正意义上的实践能力训练。笔者在总结了国内外成功的法律诊所教学经验的基础上,对法律诊所教学应当遵守的步骤综述如下:

(一)法律诊所教学步骤

实践教学部分是在教师的指导下,由学生亲自与当事人接触,并参与从案情咨询到法律文书的写作,再到最终的开庭审判整个诉讼(仲裁)环节。法律诊所课程能够使学生通过真实参与,将在课堂教学中所学的法学理论知识真正运用,这项课程的具体教学步骤如下:

1. 教师制订主要教学计划

在进行法律诊所教学之前,教师应当首先作出主要的教学计划。如果没有一个科学的、合理的教学计划,必将导致实际教学过程不够周密,难以发挥法律诊所教学的真正功能。教师的教学计划可以从以下三个方面入手:①明确法律诊所课程的教学目标,主要包括对某项实践技能的训练目标,以及确定量化的教学目标标准;②对法律诊所教学时间、地点、参与主体等作出明确安排;③对可能涉及的法学理论知识以及法学实践技能提前予以了解,避免在实践教学过程中慌乱出错。

2. 完善课堂教学机制

法律诊所课程作为一门专门的实践训练课程，也不能完全废弃理论知识传授的部分，只是这种理论知识传授具有不同于传统法学教育的特点：其一，时间比重不同。内嵌于法律诊所教学课程的理论知识传授时间比重远远少于传统法学教育，仅在学生正式开始实践活动前进行必要的理论讲授，适当地为学生的实践活动提供大致行动方向，而传统法学教育的这一部分占比极大，内容也较为细致、全面。其二，传授内容不同。内嵌于法律诊所教学课程的理论知识传授的内容应当是法律实践技能的理论知识，而非传统法学教育中普遍讲授的法学理论知识。除此之外，教师在这一部分应当主要分享自己的实践心得或者实务技巧，减少其他因素导致的"干货"损耗。

3. 筛选案源

法律诊所教学不同于传统法学教学的封闭式学习形式，强调教学要与社会进行深入接触，但不能放任这种接触的绝对自由。为了促使掌握法律实践技巧、了解我国法治发展趋势、真正做到理论联系实际、提供给当事人高质量法律服务的课程目标的实现，法律诊所课程所实践的案件必须经过筛选。如果不对所接案源的难易程度把关，容易导致学生接受的案件过于复杂，损害当事人利益，或者过于简单，不能达到对学生实践能力的训练目的。这两个结果都会不同程度地导致法律诊所教学的教学目标落空，此外，对于案件的对抗性（矛盾激化程度）也是重要的筛选考量因素，因此案源筛选是法律诊所课程的一个重要步骤。呼和浩特民族学院利用实习基地及实习基地相关单位如法律顾问单位等的真实案件作为学生参与并主导真实案件的来源。

4. 学生自主办案

法律诊所教学的目的在于培养学生的自主实践能力,因此在具体的实践过程中,教师所扮演的仅是学生的指导者,而不是实践的参与者。教学中必须给予学生充分的自主权去处理案件,避免因为教师的介入影响学生的自我分析判断能力,从而影响教学目标的实现,考量只是在重大问题上进行"危机干预纠偏"。自主办案的具体实施方法包括学生到对外的法律服务办公室值班、接待来访,向需要获得法律服务的个人或单位提供高质量的法律服务,同时做好来访登记、接待记录等。学生在没有教师主导的情况下自主开展实践活动,在初始阶段遇到问题都是正常的,学生的实践能力是在遇到问题后的主动请教、查阅资料、独立思考、自主判断、谨慎决断的过程中逐渐培养的,在这个过程中,法律诊所教学目标也完成了一大部分。

5. 全面评价

在全部的法律诊所教学环节结束以后,指导教师还应当对学生在实践活动中的表现作出评价,并且具体评价方式应当有别于传统评价方式。传统法学教育考核模式主要是唯考试分数论,并且仅授课教师一人的评价即可决定学生的课程成绩,这对学生无疑是不公平的。考虑到实践课程需要多维考察,以及指导教师精力的有限性,呼和浩特民族学院所采用的多角度、多环节考察的考核模式更适应法律诊所课程开展的现实情况。首先,在评价主体上,除了指导教师的评价外,加入了学生的评价,既包括师生互评,也包括学生的自我评价和小组内成员的相互评价,类似于呼和浩特民族学院在法律诊所课程考核中,还增加了真案当事人的评价,以实现全面收集反映学生实践效果的反馈;其次,在考核分数组成上,通过考勤、案例分析报告、个人工作记录、实践报告、小组讨论、模拟法庭(包括案卷装订）多维度的量化分值进行考核。如此得出的评价更加客观、全面。

(二) 法律诊所教学方法

1. 小组合作的方法

传统法学教育的学习过程大多以孤立的个人为单位进行，能够相互协作的环节很少，这是由我国目前的教育体系导致的，即忽视实践教学导致考核方式以单纯的记忆力考察为主，不需要学生太多的合作。然而，在这种学习方式之下，随之而来的是学生之间团结互助的能力的缺失，但现代社会对法治人才的合作精神、协作能力的要求提出了更高的要求，长此以往，将会导致人才供给和社会需求的断层。法律诊所教学采取团队小组合作的方式进行，不仅考虑到团结协作精神，还考虑到法学本科生正在初步接触法律实践活动，所以法律实践能力较弱，如果单独进行实践活动是不现实的。在通过小组合作方式开展的法律诊所教学中，教师应当通过优势各有侧重的不同类型的学生相互组合，这种组合方式除了能够更好地处理案件，还可以锻炼学生的社会交往能力，这也是一项重要的法律实践能力。因此，小组合作方式是法律诊所教学开展的一个重要方式。

2. 全体参与和部分负责

我国的法律诊所教学还处于刚起步状态，学生以及教师的素质并没有达到国外成熟法律诊所教育的标准。快速提高参与者素质的首要条件便是接触大量的案例，这个条件可以通过全体参与、部分负责的方式来实现，其具体机制是指：首先，高等院校的法律诊所接受一个案件以后，让所有小组都对案件有大概的了解，包括具体案情、案件性质、案由以及特殊情况等；其次，由对该案件感兴趣的小组各自提出自己的解决方案，并由指导教师对各解决方案进行多维度的评价，比如从时间成本、金钱成本、社会效果等维度进行比较，充分发扬民主，选择一个最适合负责该案的小组来负责；最后，负责该案的小组要定期反馈该案件的处理情况，对其他学生和指导教师进行阶段性报告。这种全体参与、群策群力、部分负责、公开报告的方法不仅可以让学生尽量多地接触案例，还可以方便学生与学生之间、学生与指导教师之间的沟通和联络，既保证了普遍性参与，也能够在一定程度上缓解我国目前教学资源、资金缺乏的问题。

3. 教师与学生定期交流

在学生经历一段时间的资料收集、证据调查后，教师应该定期地与学生开展面对面交流。交流的内容除了了解学生案件处理思路的全局性交流，还包括与学生阶段性的交流，如某一阶段的阶段性成果以及接下来的阶段性目标等。法律诊所教学的宗旨是培养学生的实践能力，但这并不意味着指导教师在学生实践的过程中不给予任何帮助。其实，指导教师在法律诊所教学中的指导作用也是必不可少的，能够通过对学生行动的及时校正使其不偏离大方向，进而充分发挥法律诊所教学的作用。

4. 多层次评价

我国传统法学教育中对学生的考核模式以学生书面答卷为主要评价对象，并给予平时表现一定分数比例，这种评价模式十分片面，不仅会挫伤学生的积极性，并且使学生丧失通过法律诊所课程检验自己、反思自己的机会，还会使指导教师忽视法律诊所教学中出现的问题，从而导致传统法学教育形成一种恶性循环。法律诊所教学应当建立起一种事后评价机制，即在案件的阶段性成果和最终案件解决成果进行汇报后，首先由小组成员进行自我评价并说明理由，此为第一层次评价；其次，由案件处理小组内成员间进行相互评价，此为第二层次评价；再次，由案件处理小组以外的法律诊所成员对案件处理小组成员作出公正客观的评价,此为第三层次评价;最后,由负责此案件处理小组的指导教师对小组整体和各组员进行评价,此为第四层次评价。通过以上四个层次的评价总结,可以全方位地对整个小组以及各个组员在实践过程中的处理方式和解决方案给出客观切实的评点,能够全面反映小组成员在实践活动中的表现情况。这种多层次的评价模式不仅有助于参加人员了解自己,还有助于小组成员间互相取长补短,更好地提升实践技能。

四、法律诊所教学的运用和问题

(一)法律诊所教学的运用

目前,法律诊所教学方式逐渐被各法律院校接受和运用。从 2000 年开始,北京大学法学院、清华大学法学院、中国人民大学法学院、武汉大学法学院、中南财经政法大学法学院、复旦大学法学院和华东政法学院这几所高等院校尝试运用诊所式法律教育方式开设"法律诊所教育"选修课程。经过多年发展,我国开设法律诊所教学的学校几乎涵盖了所有国内著名大学的法学院系。

(二)法律诊所教学存在的不足

我国法律诊所教学已经普及,但仍存在诸多不足之处:

1. 法律诊所教学定位不准

经过改革开放后几十年的法学教育发展,我国法学教育规模和招生数量非常庞大,保证每个学生都能进行法律诊所教育和训练不现实。这种现实状况决定了法律诊所教学常常通过选修课的方式开展,那种试图以诊所教学替代传统理论教学的观点是不恰当的。

2. 经费和师资困难

国外大多数法律诊所教育的开展都有特定的资金来源,但我国国内却没有这种稳定的资金来源，大多依靠学校自身的资金来维持，这就使得资金量难以满足我国庞大基数的法律诊所教育所需。另外，我国法学教师大多从事法学教育研究工作，对法律实践工作接触有限，但法学诊所教育所要求的对学生实践能力的培养，就需要指导教师自身具备较强的实践能力，因此，能够满足自身实践素养的指导教师不足。

3. 缺乏必要的教学方案和评价机制

我国现在法律诊所教育所采用的教学方案大多是国外所使用的方案，缺乏与我国法学教育的兼容性，主要体现在以下方面：

第一，我国法学本科诊所教学时间不足或存在冲突。法科学生在校学习仅为短短的几年，其间还要应对各种考试，例如，司法考试与研究生考试等且集中在大三、大四阶段。因此，我国在面向法学本科生开展法律诊所教育时，往往产生时间上对于案件解决来说不足的情况，以及疲于其他事务而无法全心参与法律诊所实践教学。

第二，指导教师现状与法律诊所教学存在冲突。数十年来的传统法学教育已经形成了一套完整、科学的管理考核方法，我国教师的考核和评定职称以教学课时数、论文数量等硬性指标来衡量。教师参加法律诊所教学将会花费大量时间和精力寻找案源、制定计划、指导学生，但这些付出并不能给职称评定带来更多好处。这个矛盾和我国没有形成一套合理的针对教师从事法律诊所教学的评价制度有直接关系，导致教师缺乏法律诊所实践教学积极性。

第三，传统法学教育体系与实践教学体系存在冲突。我国法学教育在传统的教学模式下已经形成了一套完整的教学计划、教学大纲、学生评价等规范的制度和标准。而法律诊所教学属实践教学，采用的以学生为主、以教师为辅的新方式，教学目标、教学内容、教学环节等都有自己的特点。因此，过去的教学规范和标准难以适应诊所教学的需要，而新规范还没有形成，这给教师的教学活动带来诸多困难和障碍。

4. 学生身份受限而难以深入参与

我国的法学本科生不能取得法律职业资格，法律诊所机构也并非正规律师事务所，而且我国法律对于非律师的代理人并没有给予较多的权利，使得学生在参与诉讼的过程中受到很大的限制。学生如果仅以公民的身份参与诉讼过程，必然会发生在案件调查、询问当事人等方面受限的困难处境，而难以真正地参与其中。

5. 社会认同度不高

由于法律诊所实践活动以学生为主体，社会的信任度不高，导致法律诊所教学在实践中常出现案源不足的状况。一方面，有经济条件的诉讼当事人一般选择具有资格的律师事务所代理案件，而另一方面，我国目前对缺乏经济能力的诉讼当事人有着较为完善的救济制度。因此，法律诊所常常难以获得足够的案源或者仅仅获得较为简单的法律咨询等，这使得学生不能得到足够的锻炼。

五、法律诊所教学改进和发展

我国法律诊所教育是从外国借鉴和引进的，虽然在我国的发展前景良好，但想要在短期内与我国目前的法学教育相融合不切实际，只能循序渐进得完善与改进。针对上述我国法律诊所教育存在的问题，结合我国法学教育实际，笔者提出如下改进意见：

（一）明确法律诊所教育的补充地位

由于我国人口基数大，法学教育资源紧张，想用法律诊所

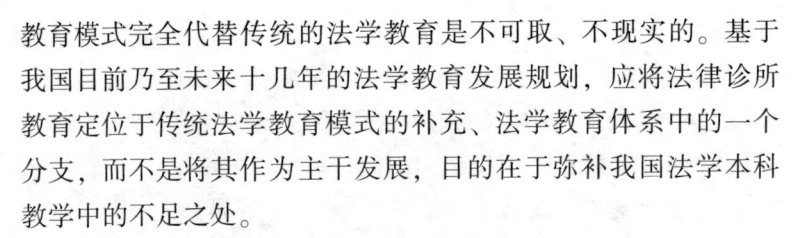

教育模式完全代替传统的法学教育是不可取、不现实的。基于我国目前乃至未来十几年的法学教育发展规划,应将法律诊所教育定位于传统法学教育模式的补充、法学教育体系中的一个分支,而不是将其作为主干发展,目的在于弥补我国法学本科教学中的不足之处。

(二)探寻法律诊所教育的资金支持

要想搞好法律诊所教育,必须有独立且充足的资金来源为其提供物质保障。无论是教学的场所还是管理人员、专门知识的教学人员,都需要一定的资金来支撑。然而,我国目前法学诊所教育模式受困于资金,从而导致规模与数量都无法与当下的教育需要相匹配。对此可以从两方面来着手解决:

第一,政府财政应当对法律诊所教育开展提供一定的帮助。政府可以设立专项的资金来缓解学校发展法律诊所教育中的资金问题。

第二,学校本身也应积极寻求资金的来源。例如,寻求社会基金会的支持,从而扩充教育经费。另外,也可以出于地域性的考虑与当地的法律援助中心合作。

就目前我国法学教育中学生代理案件的能力还未被社会普遍认同的情况下,要想获得足够的案源难以保障,所以我国法律诊所教学发展的方向应当重点面向需要法律援助服务但是没有支付能力的当事人。这样既可以充分锻炼学生的实践能力,同时也能发挥法律诊所教育的社会价值和社会效用。

(三)采用"双导师制度"

法律诊所教学模式不仅要求教师具备深厚的学科知识,还要求教师拥有丰富的实践经验,但我国法律师资现状却体现为理论教学与法律实践相脱离,无法满足法律诊所教学的需要。由此,"双导师制度"可以有效地解决这个问题。"双导师制度"指的是切实发挥政府部门、法院、检察院、律师事务所、企业等在法治人才培养中的作用,[1]由高等院校与当地法律实践单位或部门达成合作,选聘法治实务部门专家到高等院校任教,由高等院校法学教师和选聘专家共同承担法律诊所教学课程的指导工作。高等院校教师更善于对学生在实践过程中所需的理论知识的讲解,而社会选聘专家更擅长解决实践中出现的一些操作问题。除此之外,还可以通过在法学院校探索设立实务教师岗位,吸收法治实务部门专家参与人才培养方案制定、课程体系设计、教材编写、专业教学,健全法学院校和法治实务部门双向交流机制,不断提升协同育人效果。[2]这样不仅能够解决我国法学教育中师资难以达到法律诊所教育所需要的标准的问题,也可以使学校教师与法律援助者相互交流、互相学习,加快我国实践型教师的培养。

(四)建立合理、行之有效的教学方案与计划

想要发挥实践教学模式的最大作用,仅仅为其提供物质基础是不够的,如果没有一种行之有效的配套制度则无法发挥其真正功效。不同于传统的法学教育,法律诊所教育重点在于培养学生的实践能力,目标是让学生在实践中学习并熟练运用从书本上学到的知识。法律诊所教学不能直接采用我国数十年来的传统本科教学方案,也不可能完全移植国外的教学方案,因而建立起一套符合我国目前法学教育形势的法律诊所教育方案与计划是必要的。

这种方案的制定应充分考虑我国的教育现状,具体可以从

---

[1] 杨安琪:"'三导师制'协同教学模式在涉外法治人才培养中的应用",载《河南理工大学学报(社会科学版)》2022年第4期,第112~120页。

[2] 林国强:"论法学专业教育中的双师同堂教学模式",载《教育观察》2021年第33期,第114~117页。

以下两方面着手：其一，吸收我国已有的实践教学经验，并创新教学理念。我国本科教育阶段对于学生的实践教学主要集中在模拟法庭（仲裁庭）、社会实践和毕业实习等，这些方案在我国传统法学教育中表现为分散性、随机性的特点，缺乏内在联系，以致未能达到应然效果，但法律诊所教学本身便是指导学生如何完成法律实践中的一整套步骤，因此可以在这些方案的基础上建立起能够使其相互联系起来的运行机制；其二，灵活安排法律诊所教学课程时间，解决时间不足或冲突问题。我国本科教育可以在某一部门法基础知识教学结束后即进行法律诊所教育，这样在一定程度上会加大学生的负担，但同时也会增强学生学习的自主性、专注度。

（五）加强宣传，提高人们对法律诊所教学的认可程度

法律诊所教育无论在国内还是国外，都有一个无法回避的问题，即社会对参与法律诊所教育的学生专业素养信任度低。虽然上述提到与当地法律援助机构合作可以缓解案源缺乏的问题，但是如果要从根本上解决这个问题，则在于消除人们对于法律诊所的误解。政府学校以及社会媒体应当加强对于法律诊所的宣传，强调以学生为主体，但也有专业教师进行指导的实际情况，并且着重介绍法律诊所教学课程的社会价值，从而使得人们能够信任法律诊所的师生水平。

第九章 CHAPTER 9
模拟法庭教学模式

一、模拟法庭教学模式简述

"模拟法庭教学"是指在事先准备案例的基础上,组织法学专业的学生,在课堂中模仿实际法庭相关诉讼(仲裁)的法庭调查、辩论等流程的一种活动式教学。它具有一般理论教学无法比拟的优点,通过"模拟法庭"这种更具有现场感和直观感的教学方式,可以进一步加深参与者对法律知识和司法程序的认知和理解,亦可以更好地提高参与学生对于法律条文的运用和把握。它更注重学生实践能力的培养,更有利于学生接纳吸收和理解知识,是法学实践课程(环节)教学方式的一种创新,在各大高等院校的法学专业中已广泛应用。相较于其他传统的教育模式,模拟法庭教学的主要特点表现在以下几个方面:

(一)情境性

模拟法庭教学目的主要在于:在仿真状态下,通过对所选择案件的重演或者预演,使学生熟悉司法审判的实际过程,熟悉与案件相关的实体法和程序法;[1]通过"亲身、亲历"参与模拟法庭活动,培养学生发现问题、分析问题和解决问题的能力,提高学生语言表达能力、组织协调能力,检验学生专业知

---

[1] 王祥修:"涉外卓越法律人才培养与模拟法庭教学研究",载《继续教育》2015年第2期,第35~37页。

识学习成果、法学理论掌握程度,以及学生反应能力、思辨能力,同时也是对教师教学情况的检验。[1]

模拟法庭教学是对真实法庭审判的仿真,尽可能地真实再现法庭审判的场景,创造实践教学的特定情境。模拟法庭教学的情境再现多分为三大板块:一是民事模拟法庭。以现行《民事诉讼法》作为程序法,《民法典》及其相关司法解释作为实体法依据,以学生为主体开展模拟法庭活动。一般选择真实的案例,将学生分为原告(上诉人)、被告(被上诉人)、法官(人民陪审员)、代理人四组,按照正规的法庭审判程序进行。二是刑事模拟法庭。以现行《刑事诉讼法》作为程序法、《刑法》作为实体法依据,以学生为主体进行模拟开庭活动。一般选择真实案例,将学生分为控、辩、审三组,按照正规法庭审判程序进行,以达到培养学生兴趣、熟悉刑事相关实体法与程序法、锻炼学生实践能力的教学目的。三是行政模拟法庭。以现行《行政诉讼法》作为程序法,《行政处罚法》《行政许可法》等作为实体法依据,以学生为主体开展模拟法庭活动。一般选择真实的案例,将学生分为原告(上诉人)、被告(被上诉人)、法官(人民陪审员)、代理人四组,按照正规的法庭审判程序进行。本科法学实践教学强调在教师指导下,以主动性学习为基础,让学生在更具有实战性、挑战性和真实性的环境中学习和运用法律,在实践教学的训练下,学生的主体性意识将逐步得到加强。

(二)综合性

模拟法庭教学方式要求学生在庭前形成法律意见和策略,在开庭时进行法庭陈述与辩论,在庭后进行总结和反思。因此,

---

[1] 李树忠:"探索实践教学模式——中国政法大学的经验",载《法学实践教学在中国培训会议论文集》2009年,第21页。

模拟法庭教学方式对于法科生能力的锻炼和培养是综合性的。首先,学生需要掌握法学基础理论知识,不仅涉及实体法,还涉及程序法。其次,学生应当将基础知识与具体案件事实相结合,整理、准备相关证据材料、文书,并且形成自身的陈述思路、辩论思路。再次,开庭时的陈述、答辩、举证质证和辩论,还能考验学生的语言组织能力、临场应变能力等。一方面,学生往往可以通过模拟法庭课程更容易建构实践知识体系,在理论课的教学中亦体现出这样一个特点——学生们对于诉讼过程往往无法在教师的言语教授中真正明白是怎么一回事,但是亲身经历往往有意想不到的记忆效果;另一方面,教师通过学生们的组织辩论等表现可以迅速而准确地找准教学中的薄弱环节,在之后的课堂教学中可以补充讲解、完善知识。同学们亦可在参与中发现哪些理论有不足,而后进行学习巩固。模拟法庭为学生提供了全程参与案件的机会和平台,能够让学生以此方式来了解和知晓案件的经历和结果,并在过程中得到锻炼。在模拟法庭训练中,学生不仅需要全面考虑实体法、程序法以及案件相关因素等各项内容,还要对案件整体进行系统性规划,[1]达到全面、全程训练的效果。

(三)开放性

在建构主义学习理论中,学习被视为动态、开放的过程,学习过程是学习者与外部环境相互作用、实现同化和顺应的过程,从而使自身的认知结构得以转移和发展。[2]其中,同化实现了认知结构量的补充,把环境因素纳入人的认知结构;顺应

---

[1] 王晨光:"我国模拟法庭教学的理论阐释及功能设置",载《中国应用法学》2017年第6期,第185~195页。

[2] 汪基德:"论研究性学习的哲学与心理学基础",载《教育探索》2003年第5期,第32~33页。

则是认知结构质的变化,是对认知结构的调整以有利于接受新的环境信息。[1]在意义建构过程中,新的认知冲突出现后,同化和顺应实现对认知冲突的解决,实现新的平衡,从而促进了认知的发展。[2]学习者在特定情境中,借助他人(包括教师和学习伙伴)的帮助,利用必要的学习资料,通过意义建构的方式而获得信息。[3]学习者在获取信息、意义建构的过程中,利用了自己原来的知识经验背景,而且加入了需要、意向、态度、信念和情感等主观的东西。因此,学习对象是客观存在的,对学习对象的理解程度和水平却是由学习者自身决定的,一般来说,是以个人经验为基础去建构认知结构,提升自身的学习能力与学习效率。

对于学习者来说,模拟法庭教学是一种开放性的学习,建构主义学习理论体现在其教学步骤之中。它围绕已确定的主题设计具有争论性的初始问题,并通过程序的设计和推进不断将问题深化。教学者要站在学生思想发展的最前端,通过设置任务、提出问题来引导讨论,切忌直接告诉学生如何行动、如何得到答案,并且需要根据学生在讨论过程中的表现作出适时、适当的评价。建构主义的学习理论认为,学习需要主动探索并不断深化,而不应满足于教条式、浅层式的掌握。在开放性学习的情境下,每个个体的学习方法会有不同,学习结果和效果也极有可能存在差异。学生要主动建构客观事物及其关系的表征,但这种建构不是外界刺激的直接反应,而是通过已有的认

---

[1] 罗静:"建构主义学习理论对化学概念教学的启示",载《卫生职业教育》2005年第3期,第61~62页。

[2] 汪基德:"论研究性学习的哲学与心理学基础",载《教育探索》2003年第5期,第33页。

[3] 晏湧:"建构主义学习理论在模拟电子技术实验教学中的应用",载《实验技术与管理》2013年第9期,第159页。

知结构对新信息进行主动加工建构而成的。

二、理论解析

（一）建构主义理论

建构主义理论的内容很丰富，但其核心可用一句话概括：以学生为中心，强调学生对知识的主动探索、主动发现和对所学知识意义的主动建构。[1]这为模拟法庭教学模式提供了扎实的理论基础。

在建构主义理论的指导下，教师是意义建构的帮助者、促进者，而不是知识的传授者与灌输者，[2]在模拟法庭教学模式中，老师将学生带入法律实务的情景中，掌握并调整教学节奏和进度，而并不直接将基础知识、推理过程、最终结果告知学生；学生是中心、是认知主体，一切知识和经验的获得均是学生自发的、主动的，而不是被动听讲、记笔记。

此外，在建构主义的教学模式下，包括支架式教学（Scaffolding Instruction）、抛锚式教学（Anchored Instruction）、随机进入教学（Random Access Instruction）等在内的比较成熟的教育方法，均要求教育者为学生提供实践情景，鼓励学生自我思考、团队交流与协作，并提倡积极进行总结。模拟法庭教学模式的构建符合建构主义理论并是相关教学方法的具体化，为法学生提供了法庭（仲裁庭）这一实际司法场所，并设置了当事人、代理人、审判员、陪审员、书记员等法律实践中实际存在的角色，整个操作过程也与诉讼实际流程相符，过程中产出的文书

---

[1] 赵颖、刘敏霞：" 论翻译课堂教学的建构策略" ，载《教育与职业》2006年第33期，第144页。

[2] 晏湧：" 建构主义学习理论在模拟电子技术实验教学中的应用" ，载《实验技术与管理》2013年第9期，第159~161、169页。

等均与实践近似,且在整个过程中不仅关注学生个人表现,同时注重团队整体的配合。模拟法庭教学模式是建构主义教育理论下的产物,并丰富了该理论的具体形式。

(二) 隐性知识理论

隐性知识不同于显性知识,它是高度个人化的知识,通常也不能用文字等符号完全编码并予以规范化的、系统化的表述。在法学教育以及实践领域,隐性知识存在是不争的事实。法学教师固然要传授那些记载于书面的显性知识,还需要将隐性知识进行整合并传承下去。显性知识加隐性知识,才构成学生的综合能力,这就解释了为何在学校学业成绩出色的学生,在工作岗位上却默默无闻甚至难以适应,原因在于其对如何技术性地展开法律认知与实践操作的隐性知识储备不足。而模拟法庭教学模式,不仅能够促进法学生学习显性知识,同时,能够达到帮助学生获取隐性知识的作用。在模拟法庭的庭前准备、庭审乃至庭后的分析、总结阶段,隐性知识在师生之间得到传递,学生在教师的指引下去亲身体会、感受,随后将隐性知识内化为自身的体悟与感知,一种较为全面的学习才算是基本完成。

(三) 有效教学理论

"有效教学"理论主要强调强化过程评价和目标管理。是否"有效"的评判标准主要在于"质"而非"量"。例如,特定教学时间内学生的学习状态、对授课内容的接受程度和理解深刻程度以及教学是否有效促进了学生的全面、多元、差异化发展等。可以说,教学应当以学生为中心,要让学生"想学""会学",并且"学会"才是最终目标。模拟法庭教学模式深谙"有效教学"理论的内涵和深意。在模拟法庭教学过程中,教学目标围绕着巩固并应用学生的基础理论知识、提升学生的法学实务能力以及促进学生各方面素质、能力的进一步发展，而不为教师设定固定的教学任务，比如一堂课要讲解多少个知识点等。此外，教师在该教学模式下往往起到引导、指引、维护的作用，具体的课堂、活动均由学生担任"主角"，学生的自主选择性强、过程参与性高、程序推动性强，教学的有效性自然就高。

三、模拟法庭教学模式步骤与方法

模拟法庭教学虽然具有很多优点，在各大高等院校法学专业亦是普遍运用，但是却并不像传统理论教学那样形成了一套较为固定和统一的培养方案。在有的高等院校，法学模拟法庭教学是作为诉讼法课程的实践课程而附加开展的，而有的高等院校则是将其作为社团式的活动而进行组织开展的，还有部分高等院校以比赛形式开展模拟法庭教学。但无论是哪一种具体形式，模拟法庭教学总体采用下述步骤和方法开展。

（一）模拟法庭教学步骤

1. 开庭前准备

模拟法庭教学的前期准备，主要包括选择典型案例、学生分组和教师指导、准备庭审文书材料等三方面工作。

（1）选择典型案例。根据确定好的模拟法庭诉讼（仲裁）类别，到法院、律师事务所等实务工作部门搜集合适的案例，或者直接将旁听的案件作为模拟法庭的素材。[1]案例搜集完成以后，对所搜集的案例进行分析、选择，以便确定难易适度，又能考查学生专业知识和逻辑思维推理能力的案例。在案例选取方面，呼和浩特民族学院采取到律师事务所、法院、公安机

---

[1] 白帆、李慧："试论高校模拟法庭教学的新发展"，载《世纪桥》2018年第8期，第69~70页。

关申请复制经脱敏处理的整体案卷形式，主要考虑既便于指导也便于学生在模拟法庭结束后参考装订案卷。

（2）学生分组和教师指导。选取案例后，为了尽量使每个学生都能参与模拟法庭的实际操作，全面提高学生的动手能力，根据学生对专业的兴趣分成若干小组，如合议庭小组、公诉人小组、辩护人小组或代理人小组等，每一名同学在其所在的小组里担任一个具体角色，如审判长或代理律师。每组指定一名小组长。同时在每个小组指派1至2名指导教师。[1]呼和浩特民族学院在各小组角色出场时主要采取两种方式，一种由小组选派代表出场，一种由教师随机指定，以使每名学生都认真准备；在指导教师的指派方面，要求指导教师有实务经历和经验。

（3）案例分析和材料准备阶段。分组以后，将案件材料分发给各小组，各小组在指导教师的辅导下集体分析研究案卷材料，分析疑点并解决问题，而后由学生们每人自行搜集与案情有关的法律法规，编写庭审提纲并制作诉讼所需的各种法律文书，如起诉状、答辩状、举证质证意见、代理词、辩护词、庭审主持流程词等。学生个人整理后由各小组进行汇总讨论，形成小组终稿。本阶段还包括证据编排、类案检索等工作。

2. 模拟庭审

有的高等院校组织模拟庭审以学生自愿报名、自行组织、教师指导，非直接参与学生进行观摩的形式开展。有的高等院校将所有学生进行分组后，老师深入各组指导后集中进行一次模拟庭审的形式开展。呼和浩特民族学院在诉讼法模拟庭审环节时实行多组模拟形式，力求每名学生都选定角色进行参与。

---

［1］白帆、李慧："试论高校模拟法庭教学的新发展"，载《世纪桥》2018年第8期，第69~70页。

在诉讼法外,模拟庭审采取先由教师在各小组成员中随机指定一名同学代表小组,进行初次模拟庭审。根据初次模拟情况进行点评修正后择期按初次模拟形式确定小组代表进行二次模拟。模拟结束后进行点评修正,准备正式模拟庭审,正式模拟庭审时,各小组自行选派小组代表出庭。

3. 庭后总结

模拟审判的落脚点,应当是案后的总结。在模拟过程中,学生可以学习很多东西,进行思维和口才等方方面面的训练。但是最后的总结却可以帮助梳理问题,明确值得肯定的进步之处和尚待提升的不足之处,可以起到事半功倍的效果。总结应当先在各小组内部进行,小组撰写本组结案报告,然后在全班进行说明,最后由老师进行相应的补充。我们不能只将眼光放在所模拟的案件之中,所以总结是必要的,"模拟审判教学"一定是要跳出所模拟的单个案件而有所收获,这样学生才可以完成能力的转换。

(二)模拟法庭教学方法

1. 加强学生案情掌控训练

任何一个案件,对案情的掌控是分析的前提,也是运用法律逻辑思维去解决问题的基础,如果不精确掌握案情的整体,就会出现对整个案件把握偏差或不能全面准确理解的问题。就目前我国高等院校的实际模拟法庭教学的操作看,往往是教师布置一个题目,并将所有的证据和线索都告诉学生,有些甚至连最终的审判结案文书都直接交给学生,但是对于如何从证据与线索推导出最后的结论却没有要求。这势必导致学生顺着答案的思路走,其对于案件的整体把握是根据最终结论反推出来的。但是技能训练的目的是应对和适应将来的职业生涯,假如实践性教学对学生不进行这样素质的训练,将来学生从事实务还需要大量时间重新学习，法学教育就没有完成应有的教学任务和培养目标。

案情掌握一般分三步训练：首先由学生自行进行案件分析总结；其次等到学生对案件有较为充分的了解后，再开展集体谈论的互动，这样学生可以发现自己对案情掌握中不全面、有偏差的地方；最后再由教师进行总结，具体要对每名学生在分析和讨论过程中的不足予以分析和评价。通过以上方法加强学生对案情的掌握能力，有助于学生的法律逻辑思维的形成。

2. 法律文书写作训练

法律文书写作是模拟法庭教学无法避开的环节，但由于模拟法庭教学重程序、演练和内涵的提升，忽视了对法律文书的写作指导和要求或者沿袭了理论教学的习惯，只灌输"如何写作的理论知识"，不切实加强写作能力的训练。模拟法庭法律文书写作训练，应当增加写作数量与类型的要求。只有多练、多接触，才能让学生真正掌握此类技能。教师在对学生的指导中，应对常见的错误、写作技巧等进行归纳和总结，对学生进行有针对性的训练。

3. 加强学生法律逻辑推理能力的训练

法律作为一门社会学科，其最重要的特征便是有着自己独特的思维方法与推理形式。在法律问题的处理过程中，要用到的法律逻辑推理形式与日常生活中的问题解决所需要的推理方式完全不同。一般而言较为成熟的逻辑推理模式，应包括以下环节：①确立案件中涉及何种法律关系；②明确这些法律关系之间存在的关联；③明确各方当事人由此法律关系引出的权利义务；④分析各方当事人法律关系有无发生变动；⑤总结归纳各方当事人应当承担何种责任。当然，每个学生的思路不同，法律逻辑思维的路径可能有所不同。因此不一定拘泥于某一种法律思维模式，只要能够运用法律原理或规则合理高效地解决问题，得出所需要的结论即可。

4. 培养学生关注细节与证据运用的能力

在学生对整个案情以及法律逻辑推理的大致环节有了思路和理解后。接下来就是对学生证据应用能力的训练，具体方法如下：①教师应提供多种不同类型的证据，不点明给予的证据是否有用，让学生经过自己的分析，通过对整体的案情的把握来筛选有用的证据以及细节。这样能够最大限度地达到与真实案件相似的程度。学生也可以通过筛选观察的锻炼，提高甄别信息的能力。②教师应当要求学生在编排证据时，对每个证据与案件关系的联系形成一套合理缜密的证据链。由此一来，学生能够体会到证据是如何与真实案件有着关联性，从而增强学生运用不同的证据相互佐证的能力。③教师还应当培养学生自身获取证据的能力。虽然因为模拟法庭教学本身的限制，学生不可能切身地去寻找证据，但是教师可以通过给学生描述一个场景，通过要求学生换位思考如果是自己处于那个环境该如何获取证据，然后对学生所忽略的知识点进行补充，由此提高学生的证据获取能力。[1]

5. 真实庭审过程的训练

在经过上述训练后，学生对于参加法庭诉讼已有了充分的准备。剩下的便是让学生切身体验庭审过程。对于这一环节，教师最重要的目标便是让学生充分展示准备的成果。所以，在庭审过程中，教师应做以下工作：①教师在开始模拟法庭过程之前，应当对于参加模拟法庭教学的学生的准备工作进行核查，同时让学生明白这不是一场表演，而是真正的法庭审判。对扮

---

[1] 蔡秉坤、杨胜林："论卓越法律人才实践能力的培养——以模拟法庭实战演习课程为视角"，载《教育教学论坛》2013年第26期，第103页。

演角色的学生的理论知识的掌握程度以及运用能力有大概的了解。②在法庭陈述阶段，教师应当给予学生在审判长主持下自主发挥的空间。对于学生存在的不足应及时在学生"表演"过程结束后提出。这样可以保持模拟法庭的连贯性，缓解学生的压力与紧张，更好地使模拟法庭辩论达到预设的效果。③在法庭辩论阶段，教师应提前专门对担任审判长的同学进行考察和指导，要求其注意引导和把握整个庭审节奏特别是辩论环节。这是整个模拟法庭最为重要的一个环节。学生之前的准备阶段的成果都将在此呈现。学生的法律逻辑思维、辩论能力、细节掌握分析能力都会在此得到充分的展示与培养。

6. 合理科学的评价机制

在模拟法庭教学中，教师应采取与传统的理论教学对学生考评不同的评价办法。不单纯考查学生的记忆能力，而是考查学生的综合能力，考评应从模拟法庭一开始便进行，直至最后庭审结束。只有这样，得出的结论才能是全面、真实的，能够反映学生的真实水平。学生也能通过老师的评价明白自身的不足，积极加以改正，进而发挥法学模拟法庭的作用。呼和浩特民族学院对模拟法庭的考核评价包括指导老师基于指导的评价、模拟庭审时专家的评价、学生自评和互评和办案小结及案卷装订评价构成。

四、模拟法庭教学模式中存在的主要问题

（一）缺少严谨统筹规划

模拟法庭教学虽已纳入教学计划，但与其他教学环节的统筹协调还有待加强，譬如如何处理好与课堂讲授、实地旁听的关系等。模拟开庭之前的前置环节直接影响到教学效果，通常需要通过课堂教授使学生弄清刑事、民事、行政案件的办案程序，巩固所学的基本理论知识，才能使模拟庭审达到良好的教学效果。因此，模拟法庭前的课堂讲授应当由教师主讲，内容涉及刑事诉讼、民事诉讼、行政诉讼的基本程序以及操作规范。在讲授过程中，可以播放人民法院审理案件的全程录像或者模拟审判录像；组织学生到法院或通过庭审直播网旁听或观摩刑事案件、民事案件或者行政案件的审理；商请人民法院到学校开庭审理案件，让学生直观地了解具体的办案程序、审案技巧以及法庭辩论方法，使学生通过观摩审判，对案件的审理程序有真实领悟。

教学过程中，教师往往更关注模拟庭审环节，而忽视庭前准备及其前置环节，导致教学环节不完整。虽然庭审在模拟法庭课程教学中处于中心位置，但不能替代模拟法庭教学的全部内容，许多法律职业能力和执业技巧需通过庭前准备阶段的训练获得提升。[1]模拟审判的庭前准备，不仅需要整合理论知识，还需要搜集、整理课外资料，甚至开展实地调研，了解并掌握司法审判程序。此外，学生们作为学习的中心和主体，应当参与到教学、活动方案的制订、设计和修改中来。

（二）过度注重审判环节

在我国的司法实践过程中，诉讼过程包括诉讼准备、立案、证据交换、开庭审理以及法律文书送达和执行等环节。但就现阶段来讲，高等院校的法学教师过于注重开庭审理环节，对于起诉、受理等环节往往都是事先规定好或者根本不提及这些环节。长此以往，便会导致学生仅对开庭审理环节了解掌握，而对于除此之外的其他过程缺乏体验。而作为一种全过程的训练，模拟法庭教学不应仅局限在庭审环节，尤其是辩论环节，而是应当较

---

[1] 马柳颖：“模拟法庭教学中存在的问题及其解决路径”，载《高教论坛》2014年第4期，第26~28、32页。

为严格地按照法律实践中真实案件的进程开展完整的训练。[1] 真正的司法实践中,重要的不仅仅是审判环节的严肃、认真到位,还有审判前的取证、案情的分析以及案后的执行等环节准备或落实。我们常常会在旁听或者观摩真实案件的审判中发现,律师的慷慨激昂、法官的严肃认真、公诉人的疾言厉色往往会造就一场精彩的审判。但是"台上一分钟,台下十年功",如果我们设置模拟法庭教学这门课的意义仅仅在于带领学生学会审判环节的那套程序,而不注重让学生同样关注在之前和之后的诉讼阶段,那么学生就不会知晓怎么去搜集证据,作为律师怎么去会见当事人等。这同时也会给学生们灌输一种思想,最为重要的就是审判这个环节,而之前之后的环节都不是需要重点掌握的。

(三) 参与度不足

模拟庭审中,有控方(原告)、辩方(被告)、法官、证人等角色。参与庭审全过程的人员通常需学生10名左右,其他多数学生是庭审的观众。[2] 分担角色的方式是"个人角色"扮演,没有考虑"集体角色"。由于模拟法庭课程安排有限、活动次数不多,每一次模拟庭审实质性参与其中的学生数量又较少,未能获得"角色"的同学参与性便会下降,对于审判活动的实质性体验就会减少甚至近乎全无,这会影响模拟法庭教学的总体效果。通过模拟法庭审判,让学生了解法庭中的各项程序和各种角色的特点,使学生能够在接近真实的情境中实践、体验和探究相关法律知识,教学便不仅仅是一种直接灌输,而是学

---

[1] 王晨光:"我国模拟法庭教学的理论阐释及功能设置",载《中国应用法学》2017年第6期,第185~195页。

[2] 李艳秋:"模拟法庭在法学实践教学中的应用",载《新西部(下半月)》2007年第4期,第122~123页。

生自主性地实践、体验、探究和感悟。学校有必要提供更多机会，并且转变角色分配方式，使每个学生在模拟法庭教学中得到更加充分的训练，强化他们对学习法律的兴趣，使其成为建设社会主义法治国家所需要的人才。此外，即使能够保证学生都在模拟法庭中扮演一定角色，但"跑龙套式"的演练也会造成学生的实质参与度不够。模拟法庭应重过程，但不是走过场，否则只能使学生简单了解、记忆诉讼程序，而起不到培养综合法律素质的作用。

（四）庭后总结有待加强

苏联教育家F. H. 休金娜认为：如果学生的知识储备与其实践经验相吻合，便能产生积极、正向的作用，较大地提升学习效果。教育心理学理论也认为：要使学生的学习和活动真正起到作用，必须以学生相应的知识储备、提纯为基础。[1]加强模拟庭审中专业性问题的总结，有利于学生体会法律实践与理论知识的差异，从而全面提升他们的法律能力与素养。

总结的对象应涉及法庭的各个环节，并涵盖各项法律能力和素养。例如，不仅应重视对庭审过程中的表现进行分析总结，还应注意庭前准备阶段的成果；不仅应当注重学生所呈现的案件结果，更应当关注学生在分析、解决问题过程中的思路、思维。只有进行完整、全面的总结，才能使学生获益颇丰。

五、模拟法庭教学模式创新

（一）强化统筹安排

在制订教学计划时，应坚持综合培养、夯实基础与强化应用相结合的原则，突出创新精神和实践能力的培养。首先，应

---

[1] 侯晓宁："建构主义理论在大学英语教学中的应用"，载《现代交际》2011年第9期，第201~202页。

当梳理并确定模拟法庭课程要实现的目标。[1]除夯实理论基础、提升实践能力等笼统的教学目标外,教学一方要建立具体目标,具体到要帮助学生掌握哪项技能、提高哪项能力。例如,综合事实能力(即搜集、筛选、判断和梳理事实材料的能力以及构建、还原案件事实的能力)、法律适用和解释能力(即把抽象的法律概念和条文运用于所处理的具体案情的能力、运用法律解释学解释法律的能力)、语言表达能力(阐述事实、表达思想的能力、沟通能力、谈判能力、说服能力等)、问题意识和能力(发现、分析、解决问题的能力,尤其是通过判断实际情况、综合相关因素并提出切实可行的解决方案的能力)、职业道德素养等。

建议将"模拟法庭实践"作为法学专业学生必修课程进行建设,第三学期开设,开设时间在模拟开庭之前,与模拟法庭教学相衔接。模拟法庭的开课学期应设在第三、四学期,实施过程中应该规定开庭次数,如民事、刑事、行政各两次,分别侧重程序、实体。尽管这时学生的专业理论知识还比较少,但因为法学是实践性很强的学科,让学生越早接触实践,越能锻炼学生解决实际问题的能力,何况教师还可以根据学生对理论知识掌握的程度为学生选择案例给予指导。[2]这样,可以给学生更多的锻炼和学习的机会。同时,建议进行评价体系重构。[3]评价体系主要是指根据学生在模拟法庭课程中的表现情况给予成绩评定。评分主体包括任课教师、团队同学和旁观同

---

[1] 王晨光:"我国模拟法庭教学的理论阐释及功能设置",载《中国应用法学》2017年第6期,第193页。

[2] 李艳秋:"模拟法庭在法学实践教学中的应用",载《新西部(下半月)》2007年第4期,第122~123页。

[3] 秘明杰、王海滨:"环境模拟法庭课程设计与效果评价模式探析",载《法学教育研究》2020年第4期,第117页。

学,也可邀请其他理论和实务教师协助对模拟法庭共同评价,评分内容主要涉及庭审风度(如着装、举止等)、法学知识(民事、行政案件诉讼请求及理由;刑事案件定罪、量刑清楚,证据充分等)、言辞表达(表达清晰、用语得体等)、逻辑推理、法律文书(符合规范、内容翔实)、团队合作及程序规范性等。

(二)教学过程优化

模拟法庭教学对教师能力的要求更高,要求建立固定的实践教学教师队伍,从事模拟法庭教学的教师不仅要有深厚的理论功底,而且要有丰富的实践经验。[1]教学队伍需要进行系统培养与训练,要给教师充足的时间和良好的机会去接触司法实践。[2]课程建设中要有教学大纲、授课计划书、授课教案,对课程开展的环节与步骤作出规划,包括每次开庭的时间、内容、预期效果等。[3]在每一个教学环节,任课教师除应对学生进行专业方面知识与技能的传授外,尤其要关注如何把法律职业道德的基本要求通过模拟法庭训练生动地传授给学生,让德育贯穿教学全过程。此外,应建立起对教师的评价制度和学生的课程考核体系,使教师与学生在模拟法庭教学过程中有章可循。

1. 庭前准备阶段

(1)案例库的建立与案例选择。首先,教师和学生应当共同建立模拟法庭案例库,所挑选案例不限于已经成型的典型案例,也可以包括具有重大社会影响力的、极具争议的仍在处理中的无定论案例。其次,每次模拟法庭的具体案例,应当由学

---

[1] 任波:"法学实践教学探讨",载《山西煤炭管理干部学院学报》2010年第2期,第59~60页。

[2] 刘晓晶:"研究性学习在高中化学教学中的应用",载《今日南国(理论创新版)》2009年第2期,第85、95页。

[3] 胡志科:"模拟法庭融合式教学的探讨——以非法学专业为视角",载《科教导刊(中旬刊)》2011年第11期,第36、46页。

生自主选择，教师不应过多干涉。如果有本校学生参与代理的案件，应优先选取，这利于激发学生参与积极性，更可能实现真实代理人现身说法。最后，在案例选择完毕后，应当对案例进行原始、完整的呈现，避免模拟法庭的案例教学材料缺乏真实性和完整性，与司法实践实际情况差距过大。

（2）角色分派。首先，角色分派的方式应改"个人角色"为"集体角色"，以避免参与性的不足。设置法官组、公诉人组（原告组）、辩护人组（代理人组）、犯罪嫌疑人组（被告组）等，并保证每个学生都获得一个角色，也即在准备阶段，各组内每个学生都是组内出庭的角色，且都需要出庭，只是模拟庭审的场次不同而已。每组内的全部同学皆需要根据该组角色完成相应材料的准备以及文书的撰写，随后进行集体讨论、汇总，形成小组最终的材料和文书并选出模拟开庭时的最终人选。如此一来，每一位同学在每一场模拟庭审中均能得到参与，其积极性会大为提升，且经过群力群策后，模拟庭审的效果也会极大提升，学生们的获得感会更强。需要注意的是，如因小组学生过多，可考虑在不同类型（民事、刑事、行政）的模拟，需要对学生所属组别进行轮换，以保证每位学生有机会体验所有角色。

（3）案例研究与文书准备。在角色相对固定后，各组学生应当严格按照理论和实务要求进行案例研究并准备相关材料。无论是内容上，还是程序上，都要严格参照规范，在这个过程中，要体现学生的主体性，由学生主导，指导教师应当予以适当提醒，但不能介入实质性的内容和程序中去。

2. 开庭审判阶段

（1）预演。在法官组、当事人或控辩方基本准备完毕后，要进行预演，预演的目的主要是防止学生对诉讼程序的不熟悉而影响模拟庭审的进程和效果，同时也可保证参与的学生人数实现全员化。

（2）实练。在实练中，学生们对诉讼程序基本熟悉，就需要在程序流畅性的基础上，更注重严肃性和专业性。在双方交锋的过程中，指导教师仅负责维持整体秩序，非必要不对模拟诉讼程序进行打断，由学生主导和推进。

3. 庭后评价总结阶段

（1）自评自检。对于点评的人员不应局限于教师，可以请法官、检察官、律师或其他教师，乃至现场的普通观众（其他专业或其他年组学生）。此外，学生们还要进行自评自检，对自身、己方团队以及对方团队的表现提出自己的看法，最后由指导教师做总结。

（2）教师总结。教师总结应当注意以下方面：其一是程序全面性，总结既要涉及庭审，也要涵盖庭前准备，切忌将重心单独放在庭审阶段甚至是法庭辩论环节，要对学生的全程表现进行总结而不遗漏；其二是专业全面性，教师总结时，既要涉及理论部分，更要提及实践部分，理论与实践皆不可偏废；其三是能力全面性，总结时不仅要紧扣专业技能进行，也要涉及职业道德素养的部分；其四，总结既要有表扬，也要有批评，要让学生充分认识到自身的优势和不足，以便进一步完善自身。其五，总结并非教师单方面输出，在总结过程中，其应当听取学生的思路和理由，实现交流式总结和反思。

第十章 CHAPTER 10
法学情景教学模式

一、法学情景教学模式简述

法学情景教学是指通过情景再现来反映案情的一种实践性教学方式，旨在为学生营造出丰富的法律体验场景，在激发学生个体情感共鸣的基础上，强化学生的实践技能。[1]该教学模式一般由某个案情引出，通过学生扮演寻求法律救济过程中的当事人、律师、法官等角色，引出欲解决的问题来进行教学。通过"表演"激发全班学生分析探讨的热情，从而学习和运用相关法律知识。这种教学模式的特点主要有：

（一）小课堂反映大社会

情景教学反映的是在社会生活中出现的各类案情。这些案件表现出当事人、律师、法官等角色的各种活动，呈现复杂多变的特点。情景将书本资料上的平面案件搬上课堂以立体的形式展现给学生，不仅给了学生一个锻炼胆量、发挥创意进行演绎的机会，也让全班学生感到新奇，使课堂教学更具吸引力，从而激发其深入了解案情、讨论案情的热情。通常情况下，学生了解到的案件都是过去时，而情景教学将其时间提前到了进行时，这正是情景教学的魅力所在。没有长篇的文字描述，仅

---

〔1〕 卢燕、李克艳："本科法学情境体验教学模式的改革"，载《黑龙江高教研究》2014年第3期，第137页。

仅是学生的动作和语言,便将繁冗的案情浓缩成一个生动的故事,增加了教学方式的活力,使小课堂反映出了大社会,同时也让学生找到了学习的乐趣。

(二)案情的演绎性

法学情景教学要求教师根据案情创设出一个"情景",让学生在设定的场景里进行角色扮演,从而引起全班学生的兴趣,促进学生的思考来达到教学目的。案情的演绎性,是情景教学与其他教学方法最大的区别,也是情景教学的灵魂所在。法学情景教学模式与模拟法庭(仲裁庭)教学模式同为演绎型教学方式,二者最大的区别在于法学情景教学模式的演绎范围更广,只要是与法律实务有关的情景都可以演绎,而模拟法庭(仲裁庭)的演绎情景仅限于专业的审判情景或者仲裁情景。在教师讲授式教学中,一些学生都不愿思考,只等教师给出标准答案。而在情景教学中,教师变成了旁听者,只对相关事宜进行指导,并不会给出答案。具体须由学生来进行演绎。在准备过程中,学生要根据具体案情对情景进行设想和设定,把握角色的心理活动和职业特征,从而完整地铺陈出法律问题,激发起全班同学的思考。

(三)全面理解和适应现实问题

"理论与实务相结合"已成为法学教育界公认的教育原则,情景教学法将理论知识运用到实践课程中既可以夯实丰富学生的理论知识,又可以提高学生的司法实务能力。与传统教学方式的目的相同,情景教学法的应用也是为了提高学生对法学基础理论的理解和掌握,让他们更直观地感受到法律法规的应用范围及应用条件。在法学课堂教学过程中,加入情景教学法,可以将学生了解的实际案例、社会问题等带进课堂,[1]这种情

---

[1] 何文年:"法律教学实效性探析",载《课程教育研究》2016年第2期,第81~82页。

况下，情景教学的过程实际上就是提供案例和案例实操的过程。实践过程中，学生的理论应用水平与实践操作能力得到提升，动手操作能力有所提高，对理论知识的把握和应用条件也有了更为清晰准确的认识。从这方面来看，情景教学对学生综合法律素质的提高是有着明显帮助的。在特定的情节中，学生既可以扮演法律事件中的受害者，也可以扮演法律事件中的执法者，这使他们能够站在多种角度全面深刻地理解同一个问题，进而更加明确所使用法律的条件与意义。[1]

（四）教学时空的灵活，角色可选择性强

传统的讲授式教学，一人讲授大家听，影响教学质量的因素相对单一，情景教学可以根据场景和角色的需要，时间或长或短，场域或大或小进行选择。情景模拟课的最大特点是根据选定的案例（剧本），通过选择不同的角色进行演练，以达到培养学生素质的目的。在一堂课中，应设置什么角色、设置几种角色、谁适合当主角、谁适合当配角，师生之间、学生之间如何互动，按照什么规则互动都可以提前统筹。情景教学模式加强了师生之间的互动，提高了老师与学生之间的默契度，还有效增强了法学教师的人格魅力，更容易获得学生的尊重和爱戴。同时，学生在角色扮演的过程中也会渐渐提高对法律的信仰，切实感受到法律是正义的化身，增强对法律职业的认同感。

（五）有利于锻炼学生的语言表达能力

对于法律工作者而言，逻辑推理能力与语言表达能力同样重要，有的学生头脑中很有思想，逻辑推理能力很强，但就是苦于不能很好地表达，往往词不达意，错失良机。还有一些学

---

[1] 李明德：“高校法学教学中情境教学法的应用”，载《现代交际》2016年第3期，第226页。

生则羞于当众发言，紧张结巴，导致其在表达自身观点时出现逻辑混乱的情况，这都是欠缺语言表达能力的表现。而在情景式案例教学中，无论是在个别指导阶段还是在集中展示阶段，都需要学生积极主动发言以展示其研究分析案例所获得的心得与成果，特别是在集中展示阶段，各组学生在展示完毕后还需回答其他小组同学提出的各种问题，此时更需要灵活应对，更能锻炼学生的语言表达能力。[1]学生的语言表达能力在本科学习的过程中如果得到有效的锻炼，那么在其进入社会、踏入职场的时候会显得更加从容。

二、理论解析

在建构主义学习理论认知里存在四大要素，即"情境""协助""会话""意义建构"。对情景教学来讲，其教学实效的证成需以建构主义学习理论为基础。建构主义学习理论强调对真实情境的关注，认为学生处于真实情境中时学习将更有助于其对所学内容进行意义建构。建构主义认为，学生对知识的学习不是在教师传授的过程中完成的，而是学生在特定的环境下或者是在特定的社会文化背景下，通过别人的帮助，根据相应的学习资料，结合自己的理解，建构起属于自己的理论知识体系。

隐性学习理论倡导学生在情景学习的过程中形成感官或者直觉经验，它总是与特定的情景紧密相连，学生在情景教学中学习到的隐性知识往往会形成"肌肉记忆"或者"大脑记忆"，在以后遇到相类似的情形时，隐性知识会在潜意识中支配他的行为和方式。由于每个人的学习经历和生活履历存在差异，他

---

[1] 梁文彩、董时华、郑高键："刑事法中情景式案例教学的新探索"，载《长春教育学院学报》2014年第17期，第96页。

们所形成的隐性知识也各不相同，在遇到问题时，他们往往可以用自己独特的见解和技巧解决问题。在情景教学的课堂上，学生往往既能收获来自教材的显性知识，也能学习到来自实操的隐性知识。

三、法学情景教学模式步骤

情景教学中，教师分配任务给学生，学生需要发挥自己的主观能动性来完成任务。情景教学在实施过程中，大多是围绕一个话题展开的，这个话题中不但要求有解决法律问题的技巧，还包含了多个法学理论知识。法学情景教学的目的就是通过一个话题来对这些知识进行梳理，从而让学生对法学理论知识进行归纳和逻辑化。其步骤和方法有：

（一）教师提前布置任务

在法学情景教学过程中，首先需要教师提前布置任务。教师需要事先研究一下学生的基础理论学习情况，所教授课程的教学目标和教学课时，合理安排教学时间，准备一些适合作为情景教学的案例，制订情景教学的教学计划，如要先对学生进行课堂教学，让学生先学习法律实践技能的理论部分，为接下来的实践夯实基础。然后安排学生参加教学活动，提前分配角色熟悉案情。教师对情景教学选取的案例最好能接近实际生活，让学生愿意去切身体会和参与。选择案例应遵循以下原则：其一，案例最好是刚发生的，具有新颖性；其二，案例必须影响大，具有典型性、代表性，知名度高的案例容易吸引学员注意力，使学生愿意参与、积极配合；其三，案例须有一定复杂程度，相关涉及面广，这样才能在教学中根据需要切割环节，设置角色，多方面培养学员的能力；其四，案例在具有争议性的同时，还需有明确的是非界限，这样的案例既便于学生发挥，也有利于统一思想、明辨是非。[1]教师在日常生活中也要注重对电视、网络、书刊等课外资料案例的收集,从而为情景化教学积累更多的素材。[2]类似于呼和浩特民族学院本科生参与的真实案件形成的案例库,基本达到了前述四项原则要求,使用本校学生代理案件形成的案例进行情景教学,能使情景教学效果最大化。

(二) 制定科学教学方案

教师在进行情景化教学的过程中,应当以教材为基础,突出本次情景教学的重难点,在重难点上设置情景焦点,深化学生记忆。一堂好的情景模拟课除了要有一个好的案例外,教师的全程把控也十分重要。教师要使情景模拟课成功必须当好"三导",一是导游,要像导游一样,通过自己恰到好处的解说,把学员引入知识的殿堂;二是导师,要通过自己短小精悍的点评和裁判让学生明辨是非;三是导演,要像演电影、电视一样,对学生的各自角色进行精准的指导。所以,对于一堂成功的情景模拟课,精心设计的教学方案十分重要。[3]通过设计科学的教学方案,最大化地利用经典案例发挥情景教学的优势,提升教学的可控性。总之,在实施情景教学的过程中,要设计科学的教学方案,仔细甄选情景材料,须始终以服务教学内容为原则,保障教学质量。

(三) 分配角色再现案情

学生作为情景中的参与者,是教师所创设情景中的演员。

---

[1] 刘建平:"情景模拟式教学路径探析——以武汉行政学院法学教研部的教学实践为例",载《长江论坛》2018年第1期,第93页。

[2] 曾莉、韩之璐、聂静:"加强高等院校案例教学 促进教学方法改革",载《四川理工学院学报(社会科学版)》2007年第S1期,第152~154页。

[3] 刘建平:"情景模拟式教学路径探析——以武汉行政学院法学教研部的教学实践为例",载《长江论坛》2018年第1期,第93~96页。

所以，老师采用角色扮演的方式让学生进入设定的工作场景，后发布相关工作任务，让学生感同身受，模拟练习，最终解决实际问题。这不仅会使学生的理论知识得到了实践，也加深了学生的记忆，使学生在探索与互动当中掌握了更多的技能与知识。[1]根据制定的教学方案实施教学任务。在这一过程中教师所起的是辅助指导作用，其他的发挥主要由学生自己来完成。这就需要学生之间通过默契配合来完成任务。法学情景教学过程中以学生为中心，学生要对角色扮演进行分配，对人物的台词进行组织，对整个情景教学的流程进行把握。因此，小组的团队合作是不可缺少的。如成员需要做好角色分工、问题讨论、表演配合等，尽力将社会情景和法律问题呈现出来，在此过程中锻炼自己的综合能力。

（四）教师评价指导

在情景教学过程中，学生难免会出现诸多问题，这些问题有些出现在学生对情景教学的准备阶段，有的出现在展示过程中。教师作为情景教学的策划者，需要做的就是让参与的学生理解和把握教学目的。在准备阶段，教师要向参演的学生说明情景教学需要展示的法学理论和知识，并对情景教学过程中涉及的专业性知识进行指导。由于教师在情景教学中起辅助的作用，因此对问题的解答应"点到即可"，不宜深入解释，因为这是锻炼学生思维的过程。而在情景教学展示之后，教师要引导班级同学对情景体现的法学原理进行思考并作出回答。教学过后，为了巩固学生学习的知识，了解学生的学习情况，教师可以适当布置一些开放性与发散性的课后思考题，并在下一堂课上进行讨论反馈。除此之外，教师还必须根据学生的学习成果

---

[1] 陈丽玲："在开放教育法学教学中有效运用情境教学法的研究"，载《广西广播电视大学学报》2020年第1期，第63~66页。

和表现行为进行及时的点评,注重对学生闪光点的挖掘,增进学生参与情境的信心和兴趣,从而使教学情境更优化。[1]

(五)学生总结反思

在教师完成评价与指导后,学生还应当再通过自我归纳、总结和反思进行信息反馈和交流,澄清认知误区,培养正确的情感和价值观,提升现场管理能力。反馈交流可以拓展学生知行的层面和深度,有助于学生建立起体系化的认知体系,而归纳总结可以进一步提高学生对角色的理解和对技能的掌握。[2]教师也应当及时将评价转化为考核评价,提高学生学习的积极性,增强学习的效果。

四、法学情景教学模式的运用和问题

法学情景教学近几年开始受到关注,由于开展时间短和其自身特点,这种实践性教学方法在实际教学中并未发挥应有的作用。此外,情景教学本身在运用中也存在一些问题,表现在以下方面。

(一)教学手段混淆

在进行法学情景教学的过程中,经常出现的一个问题就是注重案例的分析而非情景的把握。情景教学的优点在于能从总体上把握教学中教与学的矛盾,将学生作为教学活动的主体,使其直接参与整个教学过程,进而最大限度地发挥学生的潜力,达到理想的学习效果。但在实践过程中,教师往往在学生进行情景展示之后就把注意力全部转向案例,而忽视情景教学中学

---

[1] 陈丽玲:"在开放教育法学教学中有效运用情境教学法的研究",载《广西广播电视大学学报》2020年第1期,第66页。

[2] 王雄文:"法学实践教学中的'情景体验'与实践探索",载《教育现代化》2018年第15期,第138页。

生对法律问题的展现过程及对法律运用的不足,导致教师经常将"情景教学法"实际操作成"案例教学法"。情景教学重在发挥学生的潜力,案例教学则重在教师分析案例。两种教学方法中师生的作用完全不同,情景教学强调以学生为主,而案例教学依然是传统教学方法,以教师为主体。因此,应灵活准确使用两种方式,取长补短但不能相互替代。

(二) 学生主动性欠缺

受传统教学模式的影响,在情景教学中,教师与学生不能处于平等交流的地位,学生对情景的讨论最终往往演变为教师对案例的讲解,情景教学无法摆脱讲授教学的影子。情景教学主要是对学生法律思维的培养,不经过学生自主的讨论学习,学生综合分析问题的能力以及实务水平难以提高。在教学的过程中教师和学生互动少,因此很多情景教学实施的效果并未达到其应产生的效果。情景教学中存在不同的角色扮演,也不可避免地存在主配角之分,一堂情景教学课中,主角可能只有极小部分同学,大部分同学所扮演的都是次要角色,例如审判情景中的证人、法警等,很容易出现"走过场"现象。这就需要教师加强与学生之间的互动和沟通,及时引导主动性不强的同学参与教学,将情景教学落到实处。

(三) 师资不足

情景教学实施中需有教师的全程指导。而现实情景教学中,许多教师只是交给学生一个案情,让学生课下准备。由于缺乏及时和细致的指导,学生对情景教学的材料理解把握时常会出现偏差。比如学生在进行情景展示时,对不能进行略过的地方进行了删减,而该简略的地方却突出表现,一些关键性的场景和法律问题没有呈现出来。同时,采用情景教学教师付出较多,但其劳动不能在工作量中得以体现。这也造成情景教学这一比较好的全方位训练学生实际能力的方式不能经常被使用。

五、法学情景教学模式创新

法学情景教学是从国外借鉴和引进的。实践中，法学情景教学发展十分迅速，但在和我国传统法学教学的融合上仍然存在不少问题。对待情景教学需要不断创新，将其与我国现行的教学方法适当融合，促使其不断发展。针对上面提到的问题，可以从以下方面进行改进：

（一）紧扣教学进度

法学情景教学需要教师创设相关情景，情景创设的好坏决定着情景教学的质效。目前，很多教师只是挑选一些比较复杂的案例作为材料让学生进行展示，并没有考虑到案例材料的新鲜度，从而让学生觉得情景教学展示的内容"时过境迁"，或是涉及的知识非前沿、非重点。这样，学生的学习积极性就不高。教师应利用好手里的资源，选取与教材内容可以衔接，并且有趣味性的案例，有针对性地设计教学过程，引导学生领会法学知识，形成法律观点。法学情景教学反映的原理来自学过的知识，这样学生就能及时地对学过的知识点进行回顾和复习，从而提高学生的学习能力。

（二）表演应呈现法律问题

情景表演最忌流于形式，情景教学的初衷在于使学生更快、更深刻地学习实务知识，激发法律情感，开发学习潜质。在学生扮演角色展示情景时，教师应加强指导，明确学生在案情中的角色和任务，引导学生将注意力集中到如何呈现关键案情和法律问题上。首先，教师要有针对性地启发学生明确每一个环节必须要有相应的专业知识点，以便学生能够快速地进入学习状态，如此一来，可以有效地调动学生学习的积极性。其次，学生在表演过程中出现的错误或问题教师要进行及时的记录，进而可以及时控制创设情景的发展，让整个情景创设朝着教学目的发展，鼓励学生参与情境创设过程，对于学生提出的疑问，教师要给予及时的解答，引导学生进行相应的思考和讨论。最后，在情景教学结束后，教师要有针对性地引导学生进行自我总结，以学生能够将理论知识吸收、消化、转变为自己的知识。与此同时，教师还要根据教学要求进行相应的总结和点评，以便促进学生总结、分析、运用等能力的提高。[1]表演是手段，学习运用法律知识，感知复杂社会，体恤当事人的维权之苦，体现法律公平公正的精神是目的。不能过于关注表演的表情、服饰等次要因素，否则情景教学就成了表演课程，这与法学情景教学大相径庭。

（三）突出学生主体地位

情景教学模式突出的是学生个人能力的培养。让学生在实践中学习。这期间肯定会出现一些手忙脚乱或者不知从何下手等情况，此时更应锻炼磨砺，让学生发挥出自己的潜能，对错综复杂的案件要沉着应对和深入分析。比如，作为一个律师，要抓住案件的社会背景和人的心理状态，要从委托人的角度出发去考虑每个细节，寻找有利于委托人的证据等。案件全部结束后，学生得到的不仅是理论知识的增加，同时其各方面实践能力（如分析、判断、沟通协调等能力）都会得到提高。除此之外，使学生在真实的情景中不断增强法律人的角色意识，增强法律职业道德感和责任感。通过训练学生如何在解决具体案例中学习查找法律、分析法律、解释法律和适用法律，培养的是学生持续学习和分析解决问题的能力。因此，这种教学方式

---

[1] 刘启："法律教育中的情境创设与理念突破"，载《黑龙江教育学院学报》2016年第10期，第59页。

的主角是学生,由学生通过实际动手操作解决实际案件来学习法律和技能。学生不再是作为旁观者去听、去看、去跟随,而必须主动去做。这种教学模式重视学生主体作用的发挥,打破了传统的师生关系,整体意义上提高了学生的参与度和表现机会,使学生能够真正成为学习的主角。坚持学生的主体地位不动摇,就是要从学生这一主体出发来寻找相应的题材、进行方案的相关规划和课堂教学的互动、情境问题的分析,从而不但实现了教学目的,学生的组织能力和团队精神也得到了有效的培养。[1]

---

[1] 崔佳、李少聪:"案例教学法在高校法律教学中的应用",载《知识经济》2016年第4期,第178页。

第十一章 CHAPTER 11
法学案例教学模式

一、法学案例教学模式简述

案例教学法是以案例为基础的教学方法，其本质是通过制造困境，刺激、开发人的分析、判断、解决问题能力。案例教学法以学生为中心，教师则扮演设计者和激励者的角色。案例教学通过剖析典型事件，增强学生对案件争议焦点、法律条文内涵和价值以及具体解决方案等的直接感知，从而提高教学质量和效果，培养学生发现、分析、解决问题的能力。案例教学法源于英美法系国家的判例教学法，即1870年美国哈佛大学法学院院长克里斯托弗·哥伦姆布斯·朗道尔所创立的教学方法。判例教学法的特点有三点：一是以法院判例为教学内容；二是引导学生在课堂上充分地参与讨论；三是以假设的判例作为考试题目。判例教学法是20世纪法学教育的重要方法。

当前一些法学专业本科生的法学理论知识和实践能力之间存在明显断层，为了实现理论学习和实务工作的顺利过渡，有必要采取案例教学法来预先培养学生分析、解决法律专业问题的能力。依照建构主义学习理论，知识是个人经验的合理化，需要通过个体积极主动学习才能获得。学生围绕案例进行分析、讨论、汇集能够构建起基本案情、法律依据、法律适用等在内的整体知识结构,并且在以后的案例教学以及实践活动中呈现出经验式的理解和运用。因此,以建构主义为基础的法学案例教学强调学生主动学习,同时不能缺少与事实的碰撞,也不能拒绝与他人的交流、讨论,从而让学生在动态的案例教学中碰撞出思维的火花。

法学案例教学的特点主要表现在以下几个方面:

(一) 教学内容以案例为中心

顾名思义,"法学案例教学"的教学活动是围绕案例展开的,是案例教学法区别于传统的讲授式教学的关键所在。所谓"案例",在传统教学方法和案例教学模式中有不同的内涵。在传统教学方法中,进行具体法律制度及其原理的理论讲授时,所引用的案例常常具有短小、精炼、涉及面单一的特点,其目的往往是说明一项制度、一项规则的具体应用条件、方式等。而案例教学法往往在实践教学相对独立于纯理论教学的阶段被采用,这时所引用的案例一般具有完整、全面、涉及面广的特点,其目的是使学生能够在一个争端的解决中发散思维,在综合考虑当事人利益最大化、成本最小化、社会效果最大化等因素后,自主地运用所学理论知识,且不对所要应用的法律原则、法律规则设限,从而提高自身分析解决问题的能力。另外,案例教学法也是传统法学教育和实践性法律教学衔接的一个重要途径,既为学生提供了广阔的思维发散空间,也为学生学会综合运用法律知识提供了便利条件。

(二) 理论与实践并重,突出实践性

在案例教学中,常常运用理论去解释案例,或是用案例来引出理论,既体现了案例教学的实践性特点,还展现了案例教学法能够有效地将理论与实践融合的特征。案例教学能够在理论和实践中找到平衡点,从而将理论与实践衔接起来,但它不能完全摆脱法学人才培养与实际需要脱节的尴尬困境。解决人才培养与社会需求的断层,仍需要大力发展实践教学,但出于循序渐进的目的,案例教学法不失为直接的、行之有效的衔接性的教学模式。合理采纳和完善案例教学思路,不仅能消除讲授式教学所导致的教学内容僵化单一的弊端,而且能够对法学理论教学起到促进作用,从而使法学发展更上一层楼。

(三) 突出师生互动性,变学生被动学习为主动学习

案例教学法的顺利实施离不开教师与学生之间的相互配合,要求师生在传统教学角色设定的基础上进行一定转换,以平等的身份共同参与到课堂教学中。在案例教学中,教师与学生处于同等地位,但主要任务大不相同,其中教师的任务主要是筛选案例、组织讨论、提供指导等,而学生的任务则主要是围绕案例分析并展开讨论、解决问题、作出汇报等。另外,教师在案例教学中的定位十分重要,主要是指教师应当避免通过单纯的对与错来与学生进行交流,而是通过引导学生思维来达到教学目的,始终把握好学生思维方向,为学生提供思维扩展的空间。适当的选择空间和充分的试错机会有利于学生总结经验和教训,掌握正确的分析思路,从而达到训练目的。因此,案例教学法有利于改变教师一味讲授、学生被动接受、师生缺少互动的局面,切实提高学生发现问题、分析问题、解决问题的能力。

(四) 教学具有较强的综合性

案例教学的综合性主要体现在两方面:一是案例本身内容的综合性。在完整的案例教学中,教师会将最初的起诉立案、法庭(仲裁庭)调查、审判、执行等各个阶段的文书材料,如当事人或公诉方的起诉书、律师的代理意见或辩护词、法院的判决书等都呈现在学生面前,学生通过这些文书资料分析案件

争议焦点、剖析案件事实、理清法律关系、探寻法律依据等，这些内容的分析论证对学生来说并不容易，却也更能达到锻炼目的。二是案例所涉及的法律知识面广而具有综合性。提高学生的实践能力首先要打破学生的思维定式，因此在案例教学中选取的案件应当具有综合性。所谓"综合性"，是指案例中所涉及的知识点应当多且分散，既包括实体法内容，也包括程序法内容；既涉及公法内容，也涉及私法内容。案例所涉及的理论知识的综合性越强，对学生的理论水平要求就越高，但同时也有助于学生能力的提升。因此，法学案例教学模式的综合性优势使其在实践思维能力的培养方面优于传统教学方式。

（五）注重培养实践思维能力和法律职业素养

法学案例教学模式的直接目的是培养学生的实践思维能力，同时培养学生的正义信仰和法律职业道德。在法学案例教学模式中，学生在分析具体案例时，会不断穿梭于各方当事人、法官或者其他角色中，比如，站在法官的中立角度，学生会考虑各方利益受损状况以及行为合法性，权衡弱势方利益保护和效率、公平等价值保护的关系，感受到道德与法律的对抗或融合。再如，站在当事人一方的角度，了解到在争端中不断寻求自己利益最大化的解决方案的合理性。又如，站在社会第三人角色的角度，体会一项社会效果最大化的判决的重要性。通过案例教学中在各个角色间的穿梭，能够体会到法律职业道德的意义与价值。案例教学所培育的职业责任心是阅读法律职业道德规范的书本知识所无法领悟的。案例教学法的许多教学内容，包括模拟演出、辩论、讨论等形式的训练方法，都旨在树立学生正确的职业道德观，有助于促进法科生能力的提高和人格的健全发展。

二、案例教学模式的步骤与方法

(一) 案例的精心挑选

筛选案例在案例教学模式中处于首要环节、关键环节,其对案例的要求主要包括针对性、新颖性、真实性、典型性、综合性等特点。

1. 案例应体现针对性

教师选取案例应当紧紧围绕讲授的法律原则、法律规则进行,并重视理论在实践中应用的可能性。若是随意选取案例用于教学,则无法突出教学重点,已掌握和未讲授的内容杂糅在案例中,不仅不利于知识的融会贯通,而且难以达到明显提高学生实践能力的教学效果。

2. 案例应具有新颖性

案例的新颖性首先体现在时效性上,即所选取的案例最好是实践中的热点案件,既有利于激发学生的学习兴趣,还有助于学生了解司法实践中提出的新问题以及发展的新方向。除此之外,新颖性还体现在知识点的"新"上,即案件的选取可以从新法与旧法存在不同处理方法的法律问题着眼。

3. 案例应具有真实性

所选取的案例应当是真实发生过的案件而不是为教学目的而杜撰出来的。杜撰的案件可能更容易突出教学重点,但是由于案情的复杂性、案件审理过程的复杂性,杜撰的案件不可能面面俱到。因此,缺乏真实性的案件对学生的实践性训练难以起到理想作用。事实上,选取虚构的案件用于教学可以看作例证教学而不是真正意义上的案例教学。

4. 案例应具有典型性

所选取的案例应当具有鲜明的时代特色,并且在适用某一法学理论方面应具有代表性。选取典型性案例的原因：一方面，典型的案例在现实中往往引起了广泛关注，因此对同一问题可能存在不同观点，这种典型且有争议性的案例用于教学中更容易激起学生的学习兴趣，并且有利于开拓学生的思维；另一方面，典型案例在适用某一法学理论的典型性有利于加深学生对理论知识运用的印象，起到使学生积累法学实践的间接经验的作用。

5. 案例应具有综合性

案例教学的综合性主要指案例要涉及多样化、多方面的知识点，因此能够在突出重点的基础上拓宽学生的知识面。所选取的案例综合性强才能够满足案例教学需要，让学生学会综合利用所掌握的知识去解决实际问题，提高学生的综合分析能力。

案例教学对所选案例的要求很高，案例的好坏直接决定了教学效果，教师在精选案例这一过程中要做充分的准备。上述五个案例特点具有理想性因素，实际中的案例不可能完全符合教学的要求。将案件在教学中使用，除了要符合上述条件之外，教师对筛选出来的案件还要进行适当的加工，即在保证案件真实的前提下对案件进行删减，使之尽量满足教学的要求。教师要始终把握好案件所涉及的知识范围以及可能引发的争议，引导学生在案例探讨中的思维方向，从而使学生理解和掌握法学原理，并学会将理论在实践中综合运用。

（二）案例的引导与预习

法学案例教学模式在进行阶段需要教师和学生的共同行动：

第一，引导提问。这一阶段中的"讲解"不是指教师对案例的分析讲解，而是采用"苏格拉底问题式教学"，以提问的方式引导学生的思维。具体实施方法是指在学生阅读案例之后，教师根据案例背景，在相应的理论知识基础上提出能够引发学生深入思考的专业知识方面的问题。没有引导的教学如同一盘散沙，通过这种提问式讲解，能够让教师从宏观上把握教学进程，为学生的自主学习明晰学习重点、指明方向。

第二，案例预习。在这一环节中，学生的预习是指在学生拿到案例后的自主学习。具体实施方法是学生在对案例认真阅读和分析之后，应当结合老师所提出的问题以及自己对案件的理解归纳出案例所涉及的知识点，并通过自行查阅资料，形成对案例的独立认识。案例教学模式中，学生获取知识的首要途径就是通过自主学习、独立思考来实现的，因为学生只有在独立思考后才能发现新问题，发现问题的能力也是学习能力的一种。

因此，开展法学案例教学模式需要师生两个主体的共同参与、共同行动、协同开展。

(三) 案例讨论

课堂讨论是案例教学的关键环节，即学生通过自主学习对案例有一定了解后，在课堂上与其他同学一起分享自己的观点，其中不同观点的出现会引发学生进行更加深入的思考，从而锻炼学生的实践思维能力。在这一阶段中，教师的指导作用尤为重要，主要表现在以下几个方面：

第一，教师可以以批判者的身份不断地向学生发问，挑战学生的看法，引导和激发学生自主判断和推理，并就各种不同的观点展开激辩。

第二，讨论过程中的课堂气氛很重要，良好的课堂气氛能够让学生更多地参与到讨论中来。因此，教师应当给予学生充分的肯定和鼓励，支持学生畅所欲言，为学生创造更多自由发挥的空间。

第三，教师在讨论中应当发挥"舵手"的作用，即以案例为基础，不断对学生提出新的问题，并引导学生发现更多新的问题，在学生讨论偏离方向的时候进行及时指导。

第四，教师应当给予学生独立思考的空间，充分开发学生思维的发散性，培养学生的创新思维和批判精神，将学生在案例教学中的主体地位凸显出来，把学习的主动权交给学生。

第五，教师应当严格把握预习环节的效果。学生只有在预习中，利用自己所掌握的信息，通过分析判断不同的观点和意见得出自己的见解，经历了思考过程之后在接下来的讨论中才能"有话可说"，若学生对案例一无所知，那么就不可能针对案件发表自己的看法，对案件的讨论也无从下手。

综上所述，讨论的过程是以学生为主体的思考学习的过程，学生在解决具体案例的思维实践中寻找解决问题的方案和依据，在讨论中交流经验发现新的知识，教师则真正成为教学中的指导者和引导者。

（四）归纳与评价

归纳与评价环节是案例教学的最后环节，也是案例教学的精髓所在。该环节主要分为三个阶段：

第一，讨论总结。在讨论后，教师应当鼓励学生针对案例中的裁决、当事人的观点及其依据以及谈论中出现的问题分别寻找法理和法律条文依据，运用恰当的理论知识对具体事实做出解释，并作出自己的评价。在这一环节同样应当发挥学生的积极性和主动性，鼓励学生敢于质疑权威，支持学生对案件的不同见解，案例分析的结论本身没有正确与错误之分，只要所提出的观念符合逻辑推理，能够找到充足的理论和法律条文依据就能够成立。

第二，教师点评和总结。教师可以就学生所提出的不同观点逐一分析其存在的合理性，来对学生的学习过程作出点评。

同时，对课程中的知识做系统的归纳梳理，让学生深化对理论知识的理解和运用。当然，相较于记忆知识，更重要的是锻炼学生的思维能力，让学生掌握这种获取知识的方法，在课堂外也能通过学习与思考不断掌握新知识。

第三，撰写报告。在教师评价与总结之后，学生应当对这一过程的学习撰写案例分析报告，写明案情、讨论经过、讨论中出现的问题以及最终的解决情况，并分析案件争议焦点问题并分别阐述其法理依据，对案件作出最后的评价与总结。案例分析报告的撰写有助于学生梳理课程所涉及的知识点，并对知识的运用作出系统归纳，同时这一过程也是对学生的表达能力以及归纳整理能力的锻炼。

三、法学案例教学模式中存在的主要问题

（一）与其他教学方式的关系处理不到位

法律案例教学模式与其他教学方式的关系处理不到位最明显的表现就是案例教学法与例证教学法的混同。

案例教学法是从理论联系实际的角度出发，出于方便学生理解、促进学生运用的目的，以案例为中心，通过预习、讨论、评价、总结等环节来开展的教学活动。我国所采用的案例教学模式是综合运用归纳法和演绎法，从实践到理论再从理论到实践的一种教学方式，旨在深化学生对法学理论知识的理解和运用，同时提高学生实践能力。有的学者则认为案例教学法只是单纯地通过归纳法教会学生从案例中抽象出一般法学理论从而获取知识即可。这一观点同英美法系国家所采用的"判例教学"相似，但在我国教育中其实并不适用，最根本的原因在于我国是成文法国家，需要新时代法治人才全面、系统地掌握法律体系内容。我国若使用案例教学取代传统讲授教学来教授法学理

论知识，则不利于学生完整系统地掌握法律知识，当然也就不利于学生将理论知识很好地运用于实践中。

案例教学与例证教学的区别主要包括以下三点：

第一，教学任务不同。案例教学是通过案例来引导学生将理论与实践相结合，不仅深化学生对理论知识的理解，更重要的是学会理论知识在实践中如何恰当运用；而例证教学法则是强调通过案例来对理论进行说明和解释，让学生更容易理解抽象的理论，对是否提高学生的实践能力则不作要求。

第二，对案例的要求不同。用于例证教学的案例可以是实际案例也可以是虚构案例，对案例的完整性亦不作要求，教师在课堂上针对自己所讲授的内容适当穿插案例来帮助学生理解某一部分的内容，增添教学的趣味性，同时深入浅出让学生更容易掌握所学的知识。

第三，教学方式不同。例证教学中对案例的分析讨论主要以教师讲授为主，分析论证过程也非常简单，教师针对教学在案例中所设置的问题也很基础，学生对案例的学习基本上只涉及对教师讲授的理论知识的分析与理解，这与案例教学法的教学方式有根本性区别。

第四，适用对象不同。例证教学法一般与讲授教学结合使用，在讲授式教学中起辅助作用，面向的是全体学生；而案例教学法一般针对有一定法律知识基础的学生使用，或是在讲授式教学进行之前使用，对理论教学起到适当的引导作用。

综上所述，教学实践中常出现案例教学法和例证教学法的混同，从而产生对案例教学法的忽视。然而，两者最大的区别就在于教学目标上，例证教学并不重视发挥学生主动分析问题、解决问题的实践能力，其目的仅在于说明理论知识。因此，教学实践一定要摒弃这种混同。

(二) 案例选择上的困境

案例的选择在案例教学中占据着重要地位，但教师获取案例信息的渠道有限，主要是通过网络、法院判例、教材参考书以及教师自己参与过的案例，通过这些渠道所获得的案例信息往往并不完备。一个适合于案例教学的案例，应当是能够体现复杂的法律纠纷，展示法律条文争议以及引起学生意见分歧的案例。而过于简单的案例是不适合案例教学的。案例选择上的困境主要来自以下几个方面：其一，教学中教师往往直接将用于例证教学的案例用于案例教学中，这样选取的案例达不到案例教学的要求，因此实际的教学效果并不理想。其二，教师选择案例的时间成本过大。在案例教学课程开展过程中，每一堂案例分析课的课前准备和课堂进行阶段都需要教师花费大量的时间收集、整理、分析案例以及指导案例讨论和总结，大大增加了教师的工作任务。其三，案例教学的展开所占用的课时比较多，为保证每个学生都参与到课堂中来，教师在课堂上要做到面面俱到必然需要耗费大量的课堂时间。

综上所述，案例的选择存在主客观等方面的困难，导致现实中案例教学所选择的案例往往不适当而使案例教学没能真正发挥作用，只是空有其表。有些教师往往并不愿意主动在课堂上采用案例教学法而单纯采用讲授教学，或者是以例证教学这种教学目的与案例教学完全不同的教学方式来代替案例教学。这些做法都是不可取的。

(三) 教学中师生关系处理不当

案例教学模式应当以学生为主体。然而，在当前的案例教学中，教师受例证教学以及讲授教学的影响，在教学中依然起主导作用，而学生在大多数情况下与过去一样处于被动接受知识的地位。目前过于强调教师在教学中的作用而忽视学生主体地位的情况，使学生在教学课中产生被动接受知识的思维定式，如在讨论中只就教师所提出的观点展开分析，又如对案例的分析讨论被教师主导的讲解所取代等。学生在教学中过于被动，其学习的主动性与积极性也会大大降低。在这种情况下学生的思维会受到严重束缚，就谈不上对其创造性思维以及批判精神的培养了。在这样案例的课堂中，教师与学生不能处于平等交流的地位，学生对案例的分析讨论最终往往演变为教师对案例的讲解，案例教学无法摆脱例证教学以及讲授教学的影子。

案例教学主要是对学生法律思维的培养，不经过学生自主的讨论学习，学生综合分析问题的能力以及实务水平难以提高。案例教学中教师不能正确处理好与学生的关系，以及将案例教学与其他教学方式混杂起来，导致案例教学在实际操作中产生偏差因而不能实现其教学目的，反而还为教学工作造成困扰，这种名不副实的案例教学法使教学效果大打折扣。

四、案例教学模式创新

（一）开设独立课程

目前很多法学院只是将案例分析作为一种辅助的教学方法，即在理论课讲授过程中增加案例分析环节。在这种教学模式下，案例只能围绕单个理论、原则展开，案例所涉及的知识面较窄；且由于课时有限，理论讲述仍占据绝大部分课堂时间，导致案例分析很难发挥显著效用。基于案例分析的重要作用，笔者建议将其设立为一门独立的"案例分析"课程。在课程性质上，可根据各高等院校自身学科建设情况将案例分析课程设置为法学专业选修课。从开课设置和课堂内容而言，该类课程同样按照不同法律部门进行划分，但不必区分实体法和程序法。

（二）建立教学案例库

法学案例教学是围绕案例展开的，并且对案例的要求很高，若采用案例教学，那么对教师来说则增添了不少的工作量。在有限的时间内教师很难挑选出合适的案例用于教学，不仅会耗费大量时间而且也无法完成教学任务。在这种情况下，建立教学案例库就显得尤为必要。我国作为成文法国家，法院判例的地位相较于英美法系国家来说较低，因此我国长期以来疏于对判例进行汇编，而在案例教学中，法院判例是教学案例的主要来源。目前常见的以案例分析为主要内容的法学类参考书，也只是通过简单的案情介绍来讨论一些实体法上的问题，这样的案例分析并不全面，远远达不到案例教学的要求。

在建立教学案例库时，应当充分利用我国的案例资源。学校应当在司法机关等的帮助下，获得详细的案例资料，在此基础上组织教师对案例进行改造，使之与理论教学相互配合，最后将汇编的案例组建成教学案例数据库。随着信息网络化的发展，教学案例数据库的建立将会大大提高教学资源的利用率，同时实践中不断出现的新的案件为教学案例库提供新的内容，让案例库随着实践的发展而不断更新。教学案例数据库的建立和运行将会为案例教学的展开扫清在案例挑选方面的障碍，大大减轻教学压力，若能实现教学案例资源在全国范围内的共享，那么我国法学教育的改革将会更加顺利。

（三）课程配套设置

案例分析课程最积极的作用是让学生认识到自己的主体地位、激发学生学习的积极主动性，并促进其实践思维能力、实务分析能力的提高。要想使案例教学充分发挥作用还需要一系列的配套措施予以保障，主要包括如下几个方面：首先，案例分析课程对教师综合素质的要求较高，最好由"双师型"教师队伍负责相关教学工作，相关教师既要掌握丰富的理论知识，也要具备丰富的实践经验，同时还应当具备较高的教学能力、掌握一定的教学技巧；其次，案例分析课程需要制订详尽的教学计划。例如，不同部门法的案例分析课应当在其理论课程讲授完毕后开设，每门课的教学目标为何，每堂课具体涉及哪些知识内容等；最后，与实务部门加强联系，一方面，可以聘请实务机关工作人员参与案例教学；另一方面，可以引导学生积极参与实务实践。

（四）小班教学均衡资源

在案例教学中，对案件的讨论和分析是很关键的环节。由于教学资源的缺乏，我国大多数高等院校在教学上习惯采用多班合并的大班授课方式，这种授课方式虽然在节省教学时间方面很占优势，但却不利于案例教学的展开。案例教学要努力让每一位学生都参与到课程中来，若班级人数过多，在有限的教学时间内教师无法兼顾每一位学生，教学过程就会由开放的民主式教学变成少数人的课堂。案例教学主要依赖学生的自主学习，在没有老师督促引导的情况下，部分学生在课堂上往往不会主动参与或者没机会参与到教学中去，课程结束后这些学生并不会从案例学习中获取多少知识，掌握最多的也只是教师的讲解内容，因此学校在班级人数设置上需要多加注意。

（五）创新学习方法

案例分析课程旨在培养法科学生的批判性、创造性思维和解决实际问题的能力，可采取研讨会和模拟法庭的授课形式。通过研讨会式和模拟法庭式的案例教学训练，学生能够初步将理论知识应用至实践案件中，对理论和实践的结合点产生初步的认识，对其进一步深入法律实务工作奠定了良好的基础。

1. 研讨会案例教学方式

案例教学可破除老师在讲台上、学生在讲台下的教学方式，采取老师和学生同坐的圆桌会议形式展开。教师可事先布置难度大的综合性案例，提供必要资料。学生分组对案例进行研究，并形成报告。在会议上，首先由各组成员代表分别分享本组的研究成果，不仅讲解本组观点，还应阐述具体的逻辑思维过程；其次是本组成员与其他组成员交叉询问、解答，发问对象不限于该组代表，发问内容也可涉及对该组报告的合理联想；最后由任课教师围绕着主题进行总结，对于学生们已经发掘的重点问题进行重复，对未发掘的内容进行提点。

2. 模拟法庭案例教学方式

与研讨会方式不同的是，模拟法庭式的案例教学将角色的体验以及程序的推进纳入其中。这意味着，模拟法庭不仅可以作为一种独立的教学方式，也可作为案例教学形式中的一种展开。但当其作为案例教学的分支开展时，应当以案例本身为主。因此，模拟法庭式的案例教学适用于学生学习的初级阶段，当学生处于进阶水平时，便可采用严谨的模拟法庭模式进行教学。模拟法庭式的案例教学能够激发学生的学习兴趣，调动学生的积极性、主动性，尤其能够促进学生思考，处在不同角色和情境下，可能对于同一法律问题产生不同的看法，多角度理解某项法律制度、多角度对法律规范进行解释。这样的教学方式能够避免传统法学教育导致学生纸上谈兵、缺乏实际操作能力等弊端，培养学生分析、思考法学案例的主动性和创新性。

（六）突出学生的主体地位

教师在教学中要真正做到将学生置于教学主体的地位，让学生来主导，调动学生参与学习的积极性。首先，在教学中应当建立和谐民主的师生关系，教师应当鼓励学生发表自己的观点，允许学生对教师的观点甚至传统理论提出合理质疑。其次，要营造民主的课堂教学氛围，充分发扬学术自由的精神，以学生为主体来组织案例讨论，避免以教师讲解主导案例谈论。教师对学生的引导不能是对学生的思维进行限制，要尽量让学生从多方面多角度分析问题，在民主化的教学讨论中充分培养学生的发散性思维。最后，教师应当提高自身的专业水平。如果教师的知识面、知识层次、实践能力不足以引领学生积极思考，那么这种教学方法就可能带来极为不利的后果。案例教学中对案例的学习以及学生实践能力的训练涉及多方面的内容，教师只有不断扩大自己的知识面，在面对学生不同的问题时才能给出恰当的答案，并能引导学生进行更加深入的学习研究。

第十二章 CHAPTER 12
当事人教学模式

一、当事人教学模式简述

一些高等院校自其成立以来即遵循"实践出真知"的方针，号召师生跨越"三道拱门"，视"市民社会"为"真实大学"，高度重视法学实践性教学工作，并借鉴域外法律诊所的教学理念，梳理、整合国内行之有效的实践性教学方式方法，立足于中国高等法学教育的实际情况，以科学研究助推教学改革，以教学改革推进法治进程，将"科学研究、教学改革、服务社会"融为一体，教学相长，学以致用，知行合一，关注民生，大力推进参与型教育改革模式。所谓法学实践性教学的"当事人模式"，是指在专业教师指导下，学生以当事人的身份直接参与真实法律问题的处理。[1]2010年2月22日，《中国教育报》以"湘潭大学推出'当事人'法学教学模式，一学生给行政部门文件挑错，两项审查申请均被采纳"为题对这一全新的法律实践性教学模式进行了报道。

书本中得到的知识是显性知识，而学生作为社会中的角色，在社会生活中潜移默化得到的知识是隐性知识。当事人教学模式强调学生直接参与实践，进入特定情境中，从而获得存在于

---

〔1〕欧爱民："论法学实践性教学的'当事人模式'"，载《当代教育理论与实践》2010年第4期，第84页。

头脑中的、非理性的隐性知识。这种隐性知识是一种实践智慧，它不是通过逻辑思维理性推导出来的，而是在不断地实践活动中积累起来的。高等院校的当事人教学模式应用就意在养成学生发现身边的法律问题，在真实参与中积累见识，形成隐性知识，助力未来。当事人教学模式的总结提炼以欧爱民的《论法学实践性教学的"当事人模式"》最为全面，本书据此对当事人模式展开介绍。

当事人模式具有以下几方面特点：

(一) 学生参与的真实性与主动性

与传统的教学方式相比，当事人模式具有学生参与的真实性和主动性的特点，具体含义如下：

第一，参与的真实性。在当事人模式中真实性是指学生所遇见的案例具有现实性，是生活中的真问题，以真实社会中冲突与矛盾为实践基础与素材。当事人模式将模拟和实践间的通道打通，将两者结合起来。当事人模式的真实性表现为两个特点：一为真实生活。真实生活指的是当事人模式中学生处理案件的真实，不是教科书上编排的、虚拟的案件，而是社会中发生的案件选取出来给予学生训练。二为真实角色。学生在当事人模式所代表的是司法案件中真正的主体，是会推动事实的发展和案件流程进程的主体，是问题的探寻者、发现者、实践者，而非模拟法庭（仲裁庭）、法学情景教学模式中"模拟者""旁观者"的身份。

第二，参与的主动性。区别于传统法学实践教学中，学生无法融入法律问题所创设的场景的课堂。学生在当事人模式中，牢牢把握着待解决问题的主动权、话语权，每个环节推动的主体均是学生，是问题破解的推动者。学生在"当事人模式"中，能够进行最有效率的知识的学习和掌握，因为对于缺乏实践经验的学生而言，真实的案件参与，能接触到其从未体验过的现实，从而大大激发学生的学习主动性而提高效率。因此，当事人模式也实现了法律实践性教学的一个转型，即从被动到主动的转型。

（二）教学内容的公益性与多维性

当事人模式中学生作为事件的参与主体，有着直接处理法律事务的当事人角色。由于学生身份的限制学生能够直接处理的案件并不多，在案件的启动上也深受限制。学生能以"当事人"身份启动的案件主要包括涉及公益的案件和法律援助案件。但当事人教学模式出于全面性的考虑，将以下六个方面都纳入了教学内容：规范性文件的合法性审查、申请政府信息公开、行政公益案件、法律咨询、诉讼代理、社会调查。[1]当事人教学模式所产生的效应是双重的，从学生教育的角度来看，身临其境地参与到实际维权活动中，学生的法律意识和社会责任感都将得到提升；从法治社会的角度来看，当事人教学模式强调学生主动地为自身权益或集体权益而启动法律程序，令学生的社会公民属性得以体现，增强了学生的社会责任感，树立了公共利益优先的法律思想，对推进我国民主与法治进程起到了重要作用。

（三）教学效果的全方位性

传统法学教学侧重于理论知识体系的传输与构建，有着僵硬地"灌输"法律条文的弊端。忽略学生实践能力、道德修养的培育，缺乏对学生职业生涯的规划。法学实验室教学模式、模拟法庭（仲裁庭）等课程的开设虽然在很大程度上强化了学生的务实能力与职业道德的训练，但存在一定程度上忽略学生

---

〔1〕 陈军："法学应用型教学'法律赋能模式'初探"，载《三峡大学学报（人文社会科学版）》2014年第S2期，第92页。

理论水平提升的可能。并且部分高校的法学实践课程并未有效落地开展,未能取到相应的成效。因此,就需要将能够同时兼顾强化理论知识和实践能力的教学模式加入我国实践教学体系内,即当事人教学模式。当事人教学模式促使学生发现现实生活中的法律问题,通过主动搜集资料、学习专业知识、请教法学专家等途径掌握法学理论知识,又通过亲身实践规范性文件合法性审查、处理行政公益案件、申请政府信息公开等途径强化自身实践能力和实践技能,能够同时兼顾理论与实践,以及二者之间的转化。当事人教学模式的教学目标能够缓解我国法科生理论能力和实践能力的断层,以及我国高校人才培养和社会需求的断层,具有全方位的教学效果,是实践教学体系中的一个重要教学模式。

二、当事人教学模式意义

当事人模式以其多维性的教学内容,能够多方面地锻炼学生的实践能力,全面地获取显性知识和隐性知识,弥补了传统教学方式与法律诊所的不足,其教学意义具体包括以下几项内容:

第一,提高学生的理论水平。当事人模式不仅关注实践的开展,也兼顾了理论学习,要求"理论与实践"双向互促,实现"理论与实践"的无缝对接,在具体的实践中,提升学生的理论水平。例如,在规范性文件合法性审查的教学中,因为学生所要处理的问题是如何论证规范性文件的违法性,如果不具备较强的理论水平,就无法完成一份有质量的审查申请书,就此方面而言,当事人模式的教育会自动促发学生学习理论的热情。另外,学生群体通过当事人模式的训练能够发现现行制度中法律不完善或行政文件有错误的部分,提高学生发现问题的能力,培养学生分析问题并给予建议的逻辑思维,从而使得其理论水平在实践中提升。

第二,当事人模式有利于培养学生的社会交往水平。由于学生成为案件中的当事人,欲解决问题就必然会在教师的指导下与各个单位、案件相关部门接触并交流。在交往的过程中,如何快速有效地进行沟通交流、进行有质有效的谈判都是法科生在实践中必须去思考的问题,这部分隐性的知识经验会通过当事人模式的训练爆发式增加。

第三,当事人模式有利于培养学生的社会责任感。学生在当事人模式中更主要是通过提起公益诉讼等的方式进行参与实践。社会公益诉讼的公益性能够有效唤起学生作为社会的当事人的责任担当意识。除了提起公益诉讼参与当事人模式的实践,还可以通过启动规范性文件、合法性审查、提起政府信息公开等方式。上述实践特别有利于激活学生的法律思维和塑造学生对社会公平的追求,培养学生的社会责任意识。

第四,当事人模式有利于社会主义民主法治建设。当事人模式所开展的公开政府信息、提起公益诉讼等形式,体现了公民对权力的监督,为其他公民监督政府起到了良好的示范作用。同时在一定程度上发扬了社会主义民主,推动了中国的法治进程。

三、当事人教学模式内容

当事人模式要求学生必须以当事人的身份启动相关法律案件,因此,能纳入教学内容的案例类型一般包括以下五种:

(一)法规、规章、条例的违法审查

根据《中华人民共和国立法法》第90条,公民认为行政法规、地方性法规、自治条例和单行条例与宪法或者法律相抵触的,可以向全国人民代表大会常务委员会书面提起违宪审查的建议。由此可见,在现行法律框架下,公民只能针对行政法规、地方性法规、自治条例和单行条例提起审查建议,而全国人大及其常委会制定的法律不能通过违宪审查的方式提起建议。

(二)"两高"司法解释的违宪审查

在中国,司法解释是指国家最高司法机关对法律、法规的具体应用问题所作出的具有法律约束力的阐释和说明。实践中,司法解释又分为审判解释和检察解释。事实上,"两高"的司法解释也有存在违宪情形,因此完全可以将之纳入当事人模式的教学范畴,让学生进行深入的理论研究,发现司法解释所存在的法律问题并启动备案审查程序,要求全国人大常委会撤销违宪的司法解释。[1]

(三)规范性文件的合法性审查

在当前中国诸如分配不公、拆迁矛盾、部门腐败等社会问题依然存在,而这些社会问题背后往往存在一个不合法、不合理的"规范性文件"。一些侵犯公民权利的行为大多有红头文件的支撑,因此将规范性文件合法性审查纳入当事人模式的教学内容具有重要的现实意义。据此,教师可以指导学生认真研究一些关系民生的热点事件,向有关部门提起规范性文件的合法性审查,请求撤销违法的规范性文件。自 2008 年以来,湘潭大学法学院师生就规定"驾考合一""身高歧视""出租车特许经营"的规范性文件向湖南省法制办提起了合法性审查。[2]

(四)政府信息公开的申请

"阳光是最好的防腐剂""把权力关进笼子里"打造透明的

---

〔1〕 欧爱民:"论法学实践性教学的'当事人模式'",载《当代教育理论与实践》2010 年第 4 期,第 85 页。

〔2〕 欧爱民:"论法学实践性教学的'当事人模式'",载《当代教育理论与实践》2010 年第 4 期,第 85 页。

政府是社会主义政治文明的主要内容之一。《中华人民共和国政府信息公开条例》第 9 条规定,"公民、法人或者其他组织有权对行政机关的政府信息公开工作进行监督,并提出批评和建议"。因而对当事人模式的实践教学模式中的申请政府信息公开的教学方式应当深入开展。在进行政府信息公开申请的环节中,教师应当注意引导学生了解信息公开申请的渠道、信息公开所需要的材料等,这样不仅锻炼了学生材料收集的能力,也锻炼了学生的文书写作能力,而且还能监督政府,推进中国的法治进程。

(五) 公益性诉讼

公益性诉讼是解决"公地悲剧"的一种诉讼活动,分为行政公益性诉讼与民事性公益诉讼。公益诉讼是最能激发学生作为社会的主义正义感的当事人模式教学方法,因此当事人模式的法学教学实践应当将其列入教学范围中。教师应当对学生讲解可以进行公益诉讼的事实,使学生面对日益堪忧的环境问题等现象勇于提起公益性诉讼并对如何提起公益诉讼进行指导,从而推动相关法律问题的解决。此种教学活动下,不仅锻炼了学生的实务能力,还增强了大学生的社会公民和社会责任意识。

四、当事人教学模式步骤

(一) 案件的选择

当事人模式要求学生以当事人的身份来启动相关公法案件。因此对于当事人模式实践训练所需求的案例应该经过严格的筛选,使得教学效果最优。在案件的选择上,应当符合以下要求[1]:一是公益性。公益性是指当事人模式所选择的教学案例必须是

---

[1] 欧爱民:"论法学实践性教学的'当事人模式'",载《当代教育理论与实践》2010 年第 4 期,第 86 页。

涉及公共利益的社会性事件，能在一定程度上推进中国的法治进程。二是典型性。典型性是指当事人模式所选择的教学案例所涉及的事件必须具有指针性意义，能为类似问题的解决提供可资借鉴的方案。三是现实性。现实性是指当事人模式的教学内容必须是正在发生的法律事件，不能将已经解决的法律事件作为教学内容，更不能将现实不存在的虚拟案例作为教学内容。四是新闻性。新闻性是指当事人模式所选择的教学案例应该具有新闻价值，能成为新闻媒体关注的对象。由于中国的法治建设是进行时态，部分问题并不能及时直接反映到相关部门，部分问题需要媒体进行发声并监督。通过新闻媒体的报道，一方面能扩大当事人模式的影响力，有利于该教学模式的推广，另一方面能将当事人模式的社会效果最大化。

(二) 法律文书的写作[1]

当事人模式的法律文书大体分为四种类型：法律违宪审查建议书、规范性文件合法性审查申请书、政府信息公开申请书、公益性诉讼起诉书和上诉书。其一，法律违宪审查建议书的主要内容是阐述行政法规、地方性法规、自治条例、单行条例与部门规章、政府规章是否存在如下情形：超越权限；下位法违反上位法规定；规章之间对同一事项的规定不一致；规章的规定不适当，应当予以改变或者撤销；违背法定程序。其二，针对两高的司法解释提起违宪审查，其审查建议书主要论证司法解释是否与宪法、法律相抵触。其三，规范性文件的申请书主要阐述规范性文件是否存在如下违法情形：超越法定权限，限制或者剥夺公民、法人和其他组织的合法权利，或者增加公民、法人和其他组织的义务；同法律、法规规定相抵触；其他不适

---

[1] 欧爱民："论法学实践性教学的'当事人模式'"，载《当代教育理论与实践》2010年第4期，第86页。

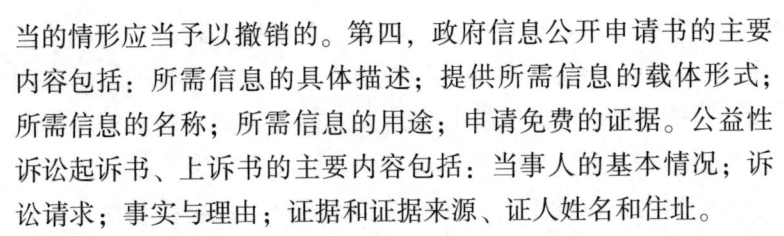

当的情形应当予以撤销的。第四，政府信息公开申请书的主要内容包括：所需信息的具体描述；提供所需信息的载体形式；所需信息的名称；所需信息的用途；申请免费的证据。公益性诉讼起诉书、上诉书的主要内容包括：当事人的基本情况；诉讼请求；事实与理由；证据和证据来源、证人姓名和住址。

（三）法律程序的启动与推进

法律文书书写完成后，与之衔接的是启动相关法律程序。值得注意的是，其启动方式存在较大差异：法律违宪审查建议书、规范性文件合法性审查书一般通过邮件的方式提交；政府信息公开的申请书一般当面提交，距离较远的也可以邮寄提交；起诉书、上诉状只能到法院亲自提交。[1]

法律程序启动后，学生应当通过各种渠道尽可能多地了解案件事实情况，积极参与案件进程。以公益诉讼为例，公益诉讼提起后，要准备相关的诉讼文书、找寻、调查并制作相关的证据清单；又如，在规范性文件合法性审查中，应当对答复时间给予更多的关注，若相关部门没有进行及时答复可以进行督促。

（四）教学效果的考核

当事人模式在教学效果的考核方法上具有鲜明的特色。首先，应根据该教学模式的教学目标选择考核项目，并根据教学重点来分配每项考核项目的权重。其次，合理建构当事人模式的具体考核指标。

当事人模式的主要教学目标是培养学生的理论研究能力、文书写作能力、沟通协调能力、实务操作能力。其具体考核指标体系可细分为四大模块：一是理论研究模块。主要考核学生

---

[1] 欧爱民："论法学实践性教学的'当事人模式'"，载《当代教育理论与实践》2010年第4期，第86页。

在理论知识的指导下对争议问题中的具体法律问题予以归纳、分析和解决的能力。二是文书写作模块。考核方面主要在形式和内容两方面进行考核，前者要求法律文书的规范，后者要求法律文书的文字表达合乎逻辑且表达清楚。三是沟通协调模块。主要考核学生的情商，与当事人的接洽、与相关部门机关的沟通、协调各方的纠纷等。四是实务操作模块。主要考核学生对处理法律事务流程是否掌握、是否能够进行精确的法律检索、是否具备选择解决问题的最优方案的能力。

当事人模式的学生成绩采用分值制和评语制结合的评判方式进行综合评价。以直观的分数进行成绩的评定，并对各部分考核内容进行教师留评的方式，从而令学生进行及时的自我反思和促进提升。

（五）教学成果衍生品的开发

当事人模式中，教学成果有着重要的研究价值，良好的教学成果可以对深入开发当事人模式起到良好的反馈与改进的作用，教师应与学生相互协作，共著成果。总体而言，教学成果多以学术论文、调查报告、新闻稿件和课程总结等方式进行展示。

五、当事人教学模式创新

当事人教学模式通过一定时间的实践应用，在教学理论、教学内容、教学方式等方面进行了一系列创新，形成了别具一格的教学新模式。

（一）教学理念的转变

当事人教学模式的教学理念创新主要体现在以下四方面：

第一，教学目标的完善。传统法学教学模式重视知识灌输，教学目标较为单一。"当事人模式"集"理论研究""实践操作""关注民生""服务社会"于一体,有利于培养学生的理论研究能力、职业技术能力、社会交往能力与社会责任感,实现了法学教学目标从单一到多元的转变。[1]

第二,当事人模式的教学空间与传统的教学空间有别,其教学空间并非局限在某个房间,具有"流动性",要求学生亲身体验,走出课堂。在面对实际问题时,促进"学以致用""用以促学""学用相长"的结合,也恰好符合有效教学理念,有效率、有效果、有效益。

第三,教学角色的转型。当事人教学模式令学生从被动型学习变为主动学习,在问题被发现时,积极主动探究问题、寻找关键、进行解决,并以解决问题为基础进行理论知识的学习。突出学生的主体地位的同时,不断激发学生的学习兴趣,强化教学效果。

第四,素质的扩展。当事人教学模式对学生的理论和实践能力都有着较高的要求,偏失任何一方面的能力都不能有效完成在当事人模式中的训练。在当事人模式中,学科壁垒也被打破,不再仅仅是纯粹的法学,而是多学科知识交汇运用,培养了学生多学科交叉、理论联系实际解决实际问题的能力。

(二)教学科研、服务社会的对接

根据当事人教学模式,教学科研与服务社会不是对抗关系,两者联系密切、相互促进。首先,以教学实践推进理论研究。当事人教学模式将在公益代言、法律咨询、社会调研等活动中发现的问题作为理论研究的选题,这不但具有极强的现实意义,而且具有较大的理论价值。在"学以致用"的基础上,形成"用以促研",从而实现"教学实践"与"理论研究"的无缝对

---

[1] 陈军:"法学应用型教学'法律赋能模式'初探",载《三峡大学学报(人文社会科学版)》2014年第S2期,第92页。

接。其次，以教学改革践行法治。当事人教学模式让学生面对真实存在的案例，通过公益代言，完善相关法律制度，这不但可以维护公民的合法权益，推进国家的法治进程，而且还可以使学生在教学实践中锻炼实务能力，提升法治意识，强化社会责任，实现教学效果与社会效果的统一。

（三）教学方法的更新

当事人教学模式的教学方法创新主要体现在如下三种形式：其一，强调以实际训练为主的教学方法。具体是从模拟到实战、从旁观到参与。当事人教学模式强调情境教育、学生主体，弥补了模拟法庭教学和法学案例教学模式的不足。其二，强调以引导探究为主的教学方法。从知识到智慧，探究式教学赋予课堂更多的实践内容，让知识应用得到全方位的检验，提升学生的参与感、体验感，是理论向实践转化的重要过程。当事人教学模式有着良好的启发思维、夯实实践的作用。其三，强调以社团依托的自主实践的教学方法。当事人模式是教师指导下学生有组织地进行实践的课程，并且在实践中对团队合作有着相当严格的要求，形成了"教师帮助，学生互助"的实践课程，有利于学生集体意识的培养和团队精神的锻造。

第十三章 CHAPTER 13
法学实验教学模式

一、法学实验教学模式简述

法学实验教学模式是指在教师的专业指引下，学生在法学实验室中对法学学科理论和知识进行的实验论证或对法律实践操作技能加以训练的创新教学活动。[1]在西方大学长期的法学实验教学中，逐步形成一些比较成熟的教学模式，在法学实验教学中发挥了重大作用。近年来，我国各大高等院校也纷纷借助互联网手段建立起新型法学实验室。如中南财经政法大学的LETS-2018法学实验教学系统，以传统的实践教学资源为基础，开创了一整套系统的实验教学体系，主要包括立法实验、执法实验、诉讼实验、非诉业务实验和法律思维培养五大板块；中国政法大学以"网络犯罪攻防实验室""法学仿真教学系统实验室"等四大虚拟仿真实验室为主体，建成了法学虚拟仿真实验教学中心，形成了"网络虚拟攻防""犯罪侦查检验""仿真教学系统""真实案例卷宗仿真"等多模块整合培养机制；浙江大学法学院建立了实训仿真实验室。[2]

---

[1] 王娜：" 浅议高校数字化模拟法庭实验室建设"，载《实验室研究与探索》2015年第12期，第256～259页。

[2] 杨雅妮："新文科建设背景下法学教育的变革"，载《新文科教育研究》2021年第2期，第90页。

二、理论解析

从理论上分析，这些实验教学模式在客观上符合了建构主义和体验式教学的认知理论，建构主义认为，知识不是通过教师传授得到的，而是学习者在一定的情境即社会文化背景下，借助教师和学习伙伴的帮助，利用必要的学习资料，通过意义建构的方式而获得的。[1]"情境""协作""会话"和"意义建构"是学习环境中的四大支撑要素。[2]建构主义提倡在教师指导下以学习者为中心的学习，强调学习者的认知主体作用，充分发挥学习者在知识吸收方面的主观能动性。[3]体验式教学是指根据学生的认知特点和规律，通过创造实际的或重复经历的情境和机会，呈现、再现或还原教学内容，使学生在亲历的过程中理解并建构知识、发展能力、产生情感、生成意义的教学观和教学形式。[4]这一教学模式改变了过去的传递—接受式的教学模式，回归了知识的本来面目，突破了理论和实践的严格界分，体现了理论与实践的辩证关系。除此之外，实验教学模式对法科生的实践能力和发现能力有较高要求，要求学生在法学实验教学过程中充分发挥自身主观能动性，强调学生的主导作用。这与布鲁纳的认知结构主义理论所倡导的"发现式学习"不谋而合，学生通过法学实验课程的学习自行发现知识，总结

---

[1] 蒋春丽、张晓燕、金成珠："大学英语立体化教学的探讨"，载《三峡大学学报（人文社会科学版）》2011年第S1期，第262~264页。

[2] 田红云："体验式教学的认识论基础及应用探析"，载《扬州大学学报（高教研究版）》2010年第6期，第81页。

[3] 张小妮："以建构主义学习观整合翻译理论与实践课"，载《疯狂英语（教师版）》2010年第4期，第19~21页。

[4] 田红云："体验式教学的认识论基础及应用探析"，载《扬州大学学报（高教研究版）》2010年第6期，第80~82、86页。

经验，掌握知识的原理和规律。法学实验教学模式的特点主要表现在以下几个方面：

三、前提与内容

实验教学以理论教学任务的完成为前提。实验教学其实是为学生应对将来的工作环境与工作要求提供一个平台，使学生在此完成理论知识与社会司法实务工作的对接，在走出校门时能具备将来从事法律实务工作所必需的法律意识、专业知识结构和动手操作能力，尤其是动手操作能力。但值得注意的是，实验教学活动的有效展开，必须有赖于相应学科理论教学任务的完成，理论教学对学生而言具有不可替代的启蒙意义，法科生的法学世界观往往就形成于理论学习时期，学生只有经过了理论知识的系统学习后，才能有针对性地开展法学实验活动，实现实验教学的目的。

实验教学以法律实战技能的训练为内容。实验教学的核心是着力提高学生分析问题和解决问题的能力，为学生提供充分的实践操作机会。其以法律职业实务中涉及的真实案例为素材，利用学校的实验教学条件模拟相应的真实法律职业人从业环境，在教师的指导下，学生通过参与式、操作式、扮演式、体验式学习，发现、验证、描述法律领域的普适性知识，体验法律实务运行规律，解决案例中的法律问题，提高法律职业能力，形成准法律职业直接经验，产出相关法律知识成果。[1] 以民事法律实务为例，通过设定实验环境与素材，学生在分析实验素材的基础上，亲自动手，参与案件事实的分析与识别判断。按照不同的角色定位，收集证据，撰写法律文书，并在实验过程中

---

〔1〕 王均平：“法学实验教学相关概念的界定及其应用”，载《高等教育研究》2012年第9期，第70页。

相互协作，加强交流与沟通，以共同完成民事案件的仿真审理与裁判。通过实验活动的推进，有效地提高学生对案件的分析能力、法律文书的撰写能力以及准确把握案件争议点，正确组织逻辑思路、法律语言、证据编排和适用法律的综合实务能力。

四、目标与保障

实验教学以促进教学改革、培养应用型法治人才为目标。为了适应社会的变迁，法学教育必须不断地进行自我革新。通过法学实验教学的逐步开展与推广，法学教育可以改变原有的"满堂灌"式的教学方式，促使学生进一步加深对专业知识的理解和巩固，变被动接受为主动学习，从而进一步加强学生专业学习兴趣和专业人员的责任感。通过实验教学，帮助学生树立明确的学习目的，寻求合理有效的学习方法，在学校课堂与社会法律实务之间搭起一座桥梁，使学生的学习与日后的法律职业紧密相连，从而使学生在走出校门时能具备较强的法律职业素养与技能，以更快适应社会发展需要。法学实验教学更加契合当代法学专业教育改革的需要，有助于推进法学专业教学改革，提高法学专业的教学实效性。

实验教学以专业的实验教学队伍和完备的实验教学环境为保障。由于学生本身对法律实务知之甚少，使得实验教学的进行自始至终都离不开教师的直接指导与建议，这就决定了一支专业的，具有丰富实践经验的指导教师队伍是必不可少的。实验教学必须在一定的场所开展，这就要求必须有完备的教学设施和实验条件。比如，一场民事法律实务实验教学要正常进行，不仅要求有多媒体教学手段以完成教师对个别实验环节的指导与梳理，要求具备畅通的网络环境以满足学生与学生、学生与教师之间的学习交流，而且还需要有相应的硬件设施以完成某些实践环节的学习任务，如需要有模拟法庭才可以完成对某一案件的审理与裁判。中国政法大学的法学实验教学体系就设置了专门的网络犯罪侦查实验室、侦查实验中心、法学实验教学系统实验室和实况庭审录像仿真库，为教师和学生提供了较为完备的教学环境和教学设施，受到师生的普遍欢迎，值得借鉴和学习。

下篇
"参与式教与学"培养模式创新发展

第十四章 CHAPTER 14
"参与式教与学"培养模式内涵与实现路径

本书综合运用文献研究、比较研究和实证研究方法，采用理论研究和实践检验系统协同实施的技术路线，在对培养模式及相对应的课程建设、"课程思政"教学经验全面总结的基础上，借鉴"参与式教学"和"体验式教学"等模式，提出法学理论课程的实践环节和实践课程适用的"参与式教与学"模式。

一、"参与式教与学"培养模式概述

（一）"参与式教与学"培养模式内涵

在"建构主义学习理论"和"有效教学理论"等理论基础上，"参与式教与学"培养模式参考"参与式教学"和"体验式教学"等教学模式而提出，同时又区别于后两种教学模式。就法学实践课而言，首先，"参与式教与学"和"参与式教学"主要区别为"参与式教学"中的"参与式"更多地体现在课堂教学活动中，而"参与式教与学"培养模式中的"参与式"要置于不同场景或环节进行理解与适用，即"参与式"不但体现在实践课堂基本实务知识的学习上，还体现在课堂外的实务工作中，如在实习实训基地代理真实案件工作，所不同的是在课堂上基本实务知识学习时的"参与式"中，学生是参与，教师是主导，而实习实训基地代理真实案件等实务工作时的"参与式"中，学生是主导，教师是参与。又因法学实践课以学生自主实践为主，故在总体上将学生定位为"主导"。[1]其次，"参与式教与学"和"体验式教学"最大的区别是"体验式"更多地呈现或使用形式为"模拟"，而"参与式教与学"中的模拟仅用于真实案件代理前课堂上基本实务知识和技能的梳理、掌握上，真实案件代理中有"体验"之感，但更多的是学生主导"去真法庭见真人"参与处理"真事儿、真纠纷"。

所谓"参与式教与学"，是指以学生为中心，能有效培养学生法治思维、职业道德、创新精神和实践能力，学生由单向度被动性学习转变为师生双向互动，师生分阶段变换主被动角色，总体上教师引（指）导式参与，学生主动融入并主导学习的教与学模式。质言之，课堂上的基本实务知识学习时的"参与式"中，学生是参与，教师是主导，而课堂之外实习基地等代理真实案件或非诉处理真实纠纷等实务工作时的"参与式"中，学生是主导，教师是参与。该模式系对传统教师主导式教学方法的批判性改革和创新，学生在"参与式"学习过程中发掘和优化自身的主动性、创造性，进而实现在平等、开放、和谐、思辨的教与学氛围中激发学习潜能和锻炼分析解决实务问题能力。[2]"参与式教与学"培养模式突破了同质化困境，在校学生"去真法庭见真人"处理"真事儿、真纠纷"和全过程参与教改研究与实践，开拓了法学实践教学理论研究和实践应用新范式，有效解决了学生对独立自主地获取、更新本专业相关知识的学习能力和将所学的专业理论与知识融会贯通并灵活地综

---

〔1〕在理论课中的实践环节如案例教学环节教师仍为主导。
〔2〕姜磊："高校本科应用型法治人才培养与实践教学模式研究——以呼和浩特民族学院法学院为例"，载《赤峰学院学报（汉文哲学社会科学版）》2021年第4期，第89~90页。

合应用于专业实务之中的基本技能需求，[1]同法治人才培养模式创新不够之间的矛盾问题。

（二）"参与式教与学"培养模式研究与实践过程

采取理论研究和实践检验系统协同实施技术路线（过程）：论证确定研究和改革选题方向［德法兼修卓越法治人才培养模式及与之相匹配的课程（环节）建设］→文献综述和实地调研→法学实践教学总结→制定实施方案→工作任务分解→基础课题立项研究→试验检验→阶段性讨论总结→优化研究方案和思路→专项［培养模式、专业（毕业）实习实践、课程思政、"三全育人"］课题立项研究→阶段性论证完善→实践教学检验→综合课题立项研究→总结提升为教改成果（"参与式教与学"培养模式）→进一步实践和专项课题研究（见下图）。

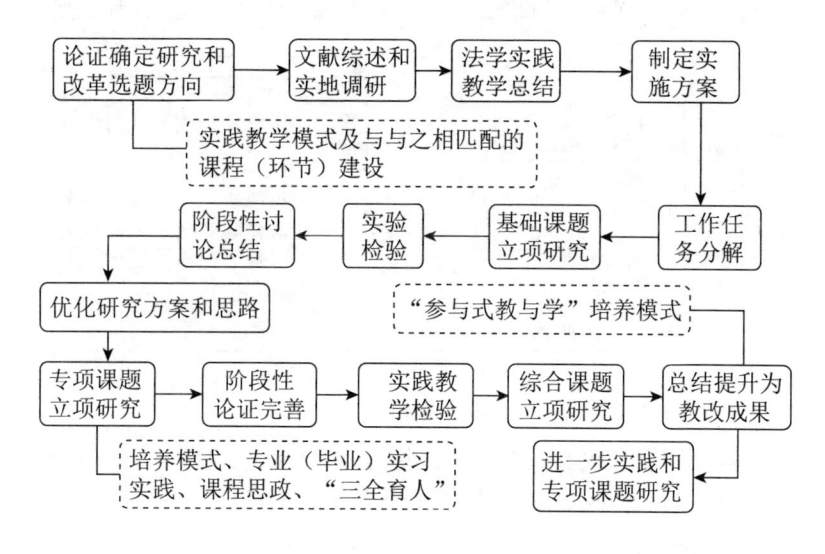

---

[1] 姜磊："高校本科应用型法治人才培养与实践教学模式研究——以呼和浩特民族学院法学院为例"，载《赤峰学院学报（汉文哲学社会科学版）》2021年第4期，第91页。

（三）"参与式教与学"模式实施机制

"参与式教与学"培养模式采用学生循序渐进地参与直至主导学的逻辑进路：理论学习→案例分析练习→文书撰写和辩论、谈判等训练→模拟法庭（仲裁庭）实训→专业（毕业）实习实践和法律诊所等真案实战→毕业论文（见下图）。在该模式下，学生"去真法庭见真人"处理"真事儿真纠纷"，更容易培养学生的法治思维、创新精神，分析解决实务法律问题能力更强。

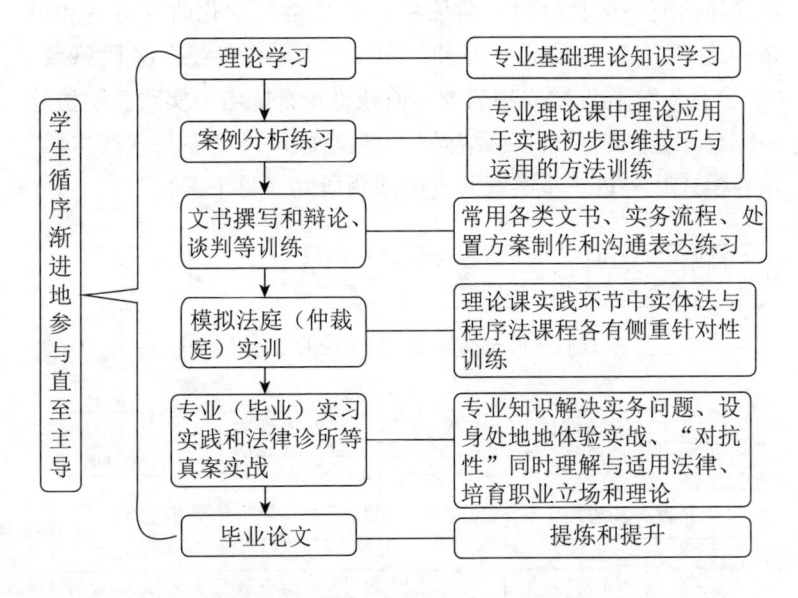

学生循序渐进地参与直至主导		
	理论学习	专业基础理论知识学习
	案例分析练习	专业理论课中理论应用于实践初步思维技巧与运用的方法训练
	文书撰写和辩论、谈判等训练	常用各类文书、实务流程、处置方案制作和沟通表达练习
	模拟法庭（仲裁庭）实训	理论课实践环节中实体法与程序法课程各有侧重针对性训练
	专业（毕业）实习实践和法律诊所等真案实战	专业知识解决实务问题、设身处地地体验实战、"对抗性"同时理解与适用法律、培育职业立场和理论
	毕业论文	提炼和提升

德才兼备、以德为先的原则是选人用人的基本原则之一，专业教育和思想政治教育应同步推进，"参与式教与学"培养模式致力于培养德法兼修的卓越法治人才，秉承"三全育人"理念，注重价值引领，做实做细"课程思政"。在"三全育人"理念指导下，"参与式教与学"培养模式下，校内校外指导教师协同将习近平法治思想和中国特色社会主义法治理念融入法学实践课程（环节）的日常教学之中，在铸牢中华民族共同体意

第十四章 "参与式教与学"培养模式内涵与实现路径

识的视角下开展职业立场和职业道德教育，使学生在处理具体案件和提供法律服务中，自觉地将社会主义核心价值观所要求的理念应用到司法实践之中，自觉坚定不移地走中国特色社会主义法治道路。

"立德树人"[1]是新时代教育的根本任务，"三全育人"[2]是全国高等院校教育的综合改革方向。作为教育的主要途径，课堂教学建设具有极为重要的地位、发挥着极为重要的作用。主张将习近平法治思想、职业道德、社会主义核心价值观等融入课堂教学建设的课程思政，是落实"立德树人""三全育人"的重要抓手，课程思政须融入法律职业人才培养中。[3]目前，法学专业主体课程的"课程思政"研究尚未形成体系，实践课程（环节）的"课程思政"的系统研究更处于初步探索阶段。基于此，应将对法学理论课程和实践课程（环节）的"课程思政"进行整体而系统的研究，即先将法学专业学生特点、人才培养方案、课程体系、教材建设、教学方案（教法）及专业课类型等作为一个系统进行纵向考量、总体设计安排，再对各专业课程横向协调设计。梳理"课程思政"教学各要素和提炼各专业课程（环节）"思政元素"，实现专业课教学方案中各"思政元素"的有效衔接，确保"课程思政"教学的质效。此亦为"参与式教与学"培养模式后续需要精进的方向。

（四）"参与式教与学"培养模式解决教学问题的逻辑进路

成果解决教学问题方法主要是坚持以马克思主义辩证唯物

---

[1] 习近平总书记在全国高等院校思想政治工作会议上强调"要坚持把立德树人作为中心环节，把思想政治工作贯穿教育教学全过程，实现全程育人、全方位育人"。

[2] 中共中央、国务院《关于加强和改进新形势下高校思想政治工作的意见》指出"三全育人，即全员育人、全程育人、全方位育人"。

[3] 教育部印发的《高等院校课程思政建设指导纲要》明确要求"将课程思政融入课堂教学建设全过程"。

主义和历史唯物主义理论来阐述"参与式教与学"培养模式培养具有法治思维、职业道德、创新精神和实践能力的法治人才问题,在理论研究过程中开展实践、在实践检验过程中完善理论成果,理论研究和实践检验系统协同推进解决实践教学问题。一是增设课程,创新课程建设。针对法学专业实践课程(环节)与学生实践能力培养、提升需求不匹配的情况,增设《法律诊所》课。针对实践检验期结束后理论总结时发现《法律诊所》课对卓越法治人才培养供给乏力的问题,论证设计《模拟法庭》《法律职业技能训练》等课程,通过学生参与真实案件处理或模拟案例库案例,提高学生对诉讼(仲裁)流程的认知和对审判(仲裁)制度的了解,锻炼学生职业技能,目前《模拟法庭》课程已植入《法律诊所》课程中进行实践检验,《法律职业技能训练》已经写入培养方案。二是建章立制,优化实践课程(环节)。根据教改研究结论,毕业实习类型应优先选择集中安排实习,具体的实习方案根据实习基地性质而定。实习生执行校内导师与实习单位导师"双导师制",实习成绩由双导师共同给定,不仅是看实习报告,更注重过程管理和评价。在实习报告之外要有图有真相地展现实习全过程,以律师事务所实习为例,要有办案照片、工作记录、实战参与庭审的法律文书等。[1]三是"三全育人",注重价值引领,"课程思政"是落实"三全育人"的重要途径。社会主义法治理念、职业立场和伦理教育是实践教学的重点,根据习近平总书记2018年全国教育大会重要讲话精神、"三全育人"理念和《教育部办公厅关于推进习近平法治思想纳入高等院校法治理论教学体系的通知》,实践教学增

---

[1] 姜磊:"高校本科应用型法治人才培养与实践教学模式研究——以呼和浩特民族学院法学院为例",载《赤峰学院学报(汉文哲学社会科学版)》2021年第4期,第91页。

强职业立场和伦理教育,展开了理想信念、习近平法治思想与社会主义核心价值观融入教学及铸牢中华民族共同体意识视角下的法治人才培养问题的专题研究和实践检验。四是借助外智,协同育人。依托学校"双师型"教师优势、学生特点和培养定位,科学构建法学实践课程(环节)体系,再以"参与式教与学"培养模式展开教学活动。同时,为扩展学生锻炼的案源,专业课教师共同在实习实训基地——律师事务所注册兼职律师,聘请实务部门专家共同授课等形式,打造符合"参与式教与学"培养模式的卓越法治人才培养共同体。五是实战训练,创新"教与学"培养模式。在"参与式教学"和"体验式教学"方法基础上,经过理论设计、试验、完善、检验、理论总结的路线,创新发展了教师引(指)导式参与、学生主动且主导学习的"参与式教与学"培养模式,"教与学"模式充分调动学生积极性、主动性,在代理真实案件过程中不断积淀法律人应有的法治思维、职业道德、创新精神、实践能力等基本法律素养。

二、"参与式教与学"培养模式协同育人机制完善

法学实践教学最重要的是要有"实践土壤""实践平台""实践导师""实践机会"等,构建法治人才培养共同体是法学实践教学题中应有之义,质言之,法学实践教学是一个系统化工程,需要高等院校与行政司法等实务部门协同发力。本书按照是什么、为什么、如何构成或实现的逻辑,进一步厘清法治人才培养共同体的内涵,论证了法治人才培养共同体构建的政策可行性,并指明了法治人才培养共同的实现路径。一体化地探讨符合教育规律的法学理论课的实践环节和实践课程连贯适用的应用型卓越法治人才培养共同体,及与之相适应的"参与式教与学"协同育人机制的重整与创新,以培养具备独立自主

地获取和更新本专业相关知识的学习能力和将所学的专业理论与知识融会贯通并灵活地综合应用于专业实务之中的基本技能的应用型卓越法治人才。

(一) 法治人才培养共同体是"参与式教与学"培养模式协同育人的关键

2011年12月和2018年10月,为了适应社会主义法治国家建设的需要,提升我国法学教育水平,培养高层次法治人才,教育部、中央政法委相继推出《关于实施卓越法律人才教育培养计划的若干意见》和《关于德法兼修实施卓越法治人才教育培养计划2.0的意见》,以指导新时期法学教育改革。总的来说,前述两个意见都表明,法治人才的培养需要兼顾专业理论与实践能力,兼顾专业知识与思想道德修养,提倡扩宽人才培养渠道、建立人才培养标准、整合教育教学资源、积极对外开放。2017年,中共中央国务院印发《关于加强和改进新形势下高校思想政治工作的意见》,强调要强化思想理论教育和价值引领。在2018年全国教育大会上,习近平指出,"我们的教育必须把培养社会主义建设者和接班人作为根本任务",并且要在"坚定理想信念""厚植爱国主义情怀""加强品德修养""培养奋斗精神""增强综合素质"等方面下功夫。2021年,习近平在全国高等院校思想政治工作会议上发表重要讲话,再次强调"要坚持把立德树人作为中心环节,把思想政治工作贯穿教育教学全过程,实现全程育人、全方位育人"。综上所述,专业理论与实践知识、思想政治与道德修养,是法治人才培养的两个重点内容,扩宽人才培养渠道、建立人才培养标准、协同开展教育教学是法治人才培养的重要方法和途径。

借助外智构建法治人才培养共同体是"参与式教与学"模式协同育人机制完善的关键所在。注重原有资源的开发利用和就地取材并注重外地经验本土化,与实习实训基地共同在实践课程(环节)上深度合作,使学生自主主导"去真法庭见真人"参与处理"真事儿、真纠纷",构建法治人才培养共同体,创新培养卓越法治人才路径。校内外导师合力培养学生信仰宪法法律,自觉践行社会主义核心价值观。以律师事务所为例,校内"双师型"教师在实习实训基地兼职执业,可以有效确保"参与式教与学"培养模式落地、落实,完善协同育人机制,构建法治人才培养共同体,实习实训基地负责律师为党员律师,进一步保证"三全育人"的实现。

(二)法治人才培养共同体构建之必要性

1. 应用型卓越法治人才培养定位需求

党的十九大明确指出,中国特色社会主义进入了新时代,相应地,我国法学教育也进入了新时代,培养应用型卓越法治人才便是新时代法学教育的目标。"法治人才培养上不去,法治领域不能人才辈出,全面依法治国就不可能做好。"[1]创新法治人才培养机制,培养一批德法兼修,深谙和坚持中国特色社会主义法治体系的应用型卓越法治人才,是全面推进依法治国的重要保障。[2]为适应新时代、新经济发展业态的需求,培养应用型卓越法治人才必须坚持"德法兼修、强化应用、突出卓越"的新理念。[3]一是德法兼修。习近平在考察中国政法大学时强调,法学教育要坚持立德树人。提高学生的法学知识水平固然重要,但法科生的政治素养、思想道德培养同样不可忽视,正确的政治站位、忠于法律的职业道德,是应用型、复合型法律

---

[1] 2017年5月3日,习近平总书记在中国政法大学考察时的讲话。

[2] 2014年10月,党的十八届四中全会通过《中共中央关于全面推进依法治国若干重大问题的决定》

[3] 杨垠红:"创新应用型卓越法治人才培养",载《光明日报》2022年4月26日。

职业人才应当具备的首要条件。尤其在新时代、新发展阶段下，新经济发展业态对技能型社会人才综合素质提出了更高的要求，当前法学、法学教育应以习近平新时代中国特色社会主义思想为指导，尤其要将习近平法治思想和社会主义核心价值观教育贯穿学生培养的全过程。课程思政作为现代法学教育人才培养的重要切入点，促进专业知识教育与政治价值引领多维契合，助力各类专业理论、实践课程同思政教育同向同行，能够实现德法并重，将服务于法治中国建设的教育目标定位落到实处，培养学生正确的政治方向，树立学子对法治中国的内生自信。[1]二是强化应用。一方面，法学教育要注重实践导向，提升课堂、实践、实习的应用性，全程培养学生的理论知识应用能力、实体案件处理能力，并注意学生实务技巧的训练；另一方面，除引导学生在行政机关、司法机关、律师事务所等锻炼执行法律、运用法律能力，还要开拓实践应用新领域，引导学生了解法律、党内法规的评估与咨询活动，在教学中有意识地讲授立法技术、立法规范等立法学知识，开展党内法规研习，以回应党的十八届四中全会以来依法治国和依规治党的现实需求。[2]三是突出卓越。培养新时代法治人才，必须达到"卓越""高素质"的标准，以适应新时代、新阶段、新业态的新要求，保证全面依法治国的高质、有效开展。因此，开展卓越法治人才培养，要以高端的理论成果作为支撑，以综合的平台作为依托，以有效的机制体制作为准则，以优质的师资力量为保障，以优质的实践效果为目标。"德法兼修、强化应用、突出卓越"的完成需要高

---

[1] 郭和才、朱德全："外烁与内塑：职业教育课程思政的空间逻辑"，载《贵州社会科学》2022年第5期，第104页。

[2] 杨垠红："创新应用型卓越法治人才培养"，载《光明日报》2022年4月26日。

第十四章 "参与式教与学"培养模式内涵与实现路径

等院校和社会各界协同努力方可实现。

2. 应用型卓越法治人才培养对共同体的需求

当前,我国法治人才培养的内涵日益明确、丰富,专业教育与职业教育相融合的法学教育体系已经形成,应用型卓越法治人才的培养规模和质量不断增强和提高。但同时,我国应用型卓越法治人才培养仍存有一定短板,不能完全满足法治建设的需要,主要表现在以下四点:一是"重专业,弱思政"。虽然"三全育人"理念已被法学教育界全面认同,"课程思政"建设也被纳入教学体系建设中,但是相较于法学专业理论、实践知识的教学,思政教育一方面占比低,另一方面引领性薄弱,难以实现培养"德法兼修"法治人才的高深目标。二是"强理论,弱实践"。实践的重要性对于法学专业的人才培养已经不言而喻,尽管如此,教学中的实践比重以及实践效果均较弱。在传统课堂中融入实践环节呈现出简单化、碎片化的现象,新增的实践环节、活动则相对而言具有脱离性,难以实现实践能力培养的整体化、体系化,并未解决教与学脱节、学生应用能力不足等问题。三是教育资源整合差,教学平台搭建不完善。一方面,尽管校内、校外均有丰富的法律实践教育资源,但是校内外力量的联动不够,导致相关资源的共享率低、使用效益不高,理论与实务缺乏有效联动。这主要体现在"双师型"导师数量不足,实践场所固定化、僵化上。另一方面,即使资源整合已经达到一定水平,实践教学平台已经搭建,但是在实际教学过程中,合作机制僵化且缺乏思想引领,这导致了学生参加专业实践活动的覆盖面较小、参与性不高、实效性不强,难以实现实践教学的常态化、动态化。因此,法治人才培养共同体的构建具有十分重要的意义,能够在思想引领、整合资源、平台搭建、创新模式、丰富形式等方面发挥积极作用。

3. 资源共享化平台需求

习近平指出："要打破高等院校和社会之间的体制壁垒，将实际工作部门的优质实践教学资源引进高等院校，加强法学教育、法学研究工作者和法治实际工作者之间的交流。"[1]法治人才培养共同体是培养应用型卓越法治人才的重要依托，在共同体之下，高等院校与政府部门、立法机关、司法机关、律师事务所以及企业等实务部门进行密切交流与合作，[2]并不断拓展合作的领域、创新合作的模式、方式，与建立合作关系的实务部门共同制定培养目标、组建教师团队、构建课程体系、编写优质教材、创建实践基地等，能够实现资金、教师、场地等各项资源的整合与协调，及时、全面地为学生教育服务。

4. 创新实践教学模式需求

法治人才培养共同体是一种"内""外"兼修的培养途径。实验课程、模拟法庭、法律诊所、实习等，组成起来是贯穿课堂内外的教学方式，且均具有较强的实践操作性乃至科技性，可以为学生实践办案奠定基础。其中，实验课程需要在实务经验丰富的教师的引导下进行，能够使得学生初步应用基础知识。模拟法庭课程，需要庄严的环境和专业的人员，能够使学生在诉讼的各个环节中应用理论知识，练习举证质证，并训练个人法庭表现，很好地提升学生的实践水平。还有法律诊所，不局限于法庭审理，而是以全案处理（从接案到结案）的综合能力为培养重点，以诉讼为基础，兼顾法律顾问、法律谈判、法律见证等非诉讼业务。另外，实习对于人员和场所的要求在此不予赘述。综上，实践教学的新模式和新形式，对于场所、人员

---

[1] 2017年5月3日，习近平总书记考察中国政法大学时的讲话。
[2] "志存高远培养卓越法治人才"，载 http://theory.people.com.cn/GB/n1/2017/0526/c40531-29301338.html，2022年10月29日访问。

的要求较高，往往超越校园课堂和普通教师，亟须真实实践基地以及"双师型"教师队伍。法治人才培养共同体在做到资源整合、平台搭建后，为法学实践教学新模式、新形式的实施提供了基础的条件，同时，高资源整合度、高智慧型团队更有利于实践教学模式的进一步完善和优化。

（三）法治人才培养共同体内涵

共同体是指人们在共同条件下结成的集体或由若干国家在某一方面组成的集体组织。[1]法治人才培养共同体是指在培养法治人才方面具有相同价值认同的、共同行动目标的人或单位组成的，彼此相互支持、配合的资源汇聚型集合体。[2]

1. 以"三全育人"作为共同价值引领

第一，全员育人。教育是一门全社会性课题，家庭教育、学校教育以及社会教育对学生而言都是不可缺少的环节。尤其针对法学这一职业色彩较强的专业，在学校教育中，不仅要依托校园本身资源如环境、制度、人员等，同时也需要借助校外优质资源以实现校园向社会的过渡与衔接，"全员"都应树立起"育人"的意识。与此同时，"教育是一门'仁而爱人'的事业"，[3]从事教学事业的人，只有当教育的理念、方法、目标均以学生为中心，才能称之为"全心全意"；只有以仁爱之心、奉献之心、崇高之心践行教育的理念、方法和目标，才能做到"真心真意"。在法学教育的过程中，应当育予学生以真知灼见、创新思维、实践能力以及道德情怀，以实现法治人才培养的最高目标。

---

[1] 检索自汉辞网（hydcd.com）中《汉语大辞典》。
[2] 刘仁山："坚持统筹推进国内法治和涉外法治"，载《荆楚法学》2021年第1期，第24页。
[3] 2022年4月25日，习近平总书记在中国人民大学考察时的讲话。

第二,全程育人。全程育人必须遵循教书育人规律和学生成长规律,在助力法科生学习从理论走向实践的过程中,充分重视其在心理、思想方面的动态,满足不同时段、不同群体、不同诉求学生的发展需要。找准"育人"与"成才"的心理契合点、感情共鸣点、价值结合点,使育人的理念、育人的内容、育人的方式更容易为学生所感知、认同和接受,也更加符合学生的知识、能力、情感、品格、审美等全面发展的个性需求。[1]

第三,全方位育人,也即形成"系统育人"的大格局。就高等院校教育系统而言,就是要充分发挥各种育人载体的优势,积极搭建全面育人平台;就法学专业而言,应当深入挖掘以课程、科研、实践等各项育人要素,对法科生进行从理论知识到思维方式再到实践能力等各方面的教育与引导,并将立德树人的思想、政治、道德教育引导贯穿融入其中。

2. 以培养德才兼备的卓越法治人才为共同目标

习近平在中央全面依法治国工作会议上指出,坚持建设德才兼备的高素质法治工作队伍,为法治人才队伍建设指明了目标方向,法治人才培养共同体应以培养德才兼备的高素质法治人才为共同目标,并为培养同党和国家事业发展要求相适应、同人民群众期待相契合、同我国综合国力和国际地位相匹配的法治人才队伍而努力。在该目标下,要着重提升法治人才的政治意志力、道德感召力,不断提升法治人才的专业拓展力,还要不断增强法治人才的国际竞争力。

3. 多措并举的协同工作机制

新形势下,为加强高等院校思想政治工作和推进"三全育人"综合教育教学改革,必须做到协同配合,法治人才培养共

---

[1] 杨胜才:"高等院校'三全育人'的实践要求",载《红旗文稿》2022年第17期,第36页。

同体除须具备相同的价值取向和共同的培养目标,还需要并建立起与之相适应的、实际可行的工作机制。首先,育人主体协同。协同育人离不开育人主体的辛勤耕耘。传统职业分工导致高等院校育人主体分化,高等院校没有普遍建立起与外部协同联通的有效机制,加之缺乏顶层制度的整体规划和纵向干预,主体间的横向协同在过去乃至如今都受到很大制约,校内与校外育人主体无法同频共振、同向同行。[1]因此,为推动育人主体协同配合,以实现良好的教育效果,首先,应当对育人主体的范围进行涵盖,就法学专业而言,具体包括:校内各部门、学院及其相关行政人员、教学人员,高等院校聘请至校内的法律理论和实务专家,校外合作的司法机关、行政机关、律师事务所、企业等单位及其工作人员。其次,应当通过制定协作运行规范、成效标准等,以落实各类主体在协同育人过程中的主体责任,并适当建立相应激励、惩戒制度以提升育人实效。其次,育人的方式、内容协同。法治人才培养共同体协同工作机制的建立和完善,不仅要求育人主体之间的协同,更要求其实施路径、方式和内容的协调统一。从实施方式来看,法学实践教育应当保留传统"体验式"教学的优势所在,尤其在学习的初级阶段,学生学习的沉浸度较低、自主性较差,课堂、教师等传统情景设置有利于促进学生更快、更好地融入学习的环境和氛围中去,这对起初进入学生角色、建立学习意识颇有助益。法治人才教育教学于校园、课堂开展,但不限于此,这就要求校内外各主体协同育人有通道。就育人内容而言,法学教育者已经达成共识。法学基础理论知识、法律思维、法律实务能力、法律职业素养与职业道德等,是德才兼备的高素质法治人才不

---

[1] 杨小云、屈林岩:"创新体制机制 推进'三全育人'综合改革",载《中国高等教育》2022年第Z1期,第58~59页。

可或缺的品质，更是法学实践教学不可缺少的培养内容。

法治人才培养共同体，就是要整合各方育人资源，挖掘各群体、各岗位的育人元素，优化教育途径、方式与内容，形成整体大于各部分之和的整体效应。[1]注重法治人才培养的相同价值取向、共同目标，并在具体实践中做到思政课程与课程思政协同育人，课程与科研协同育人，课程与社会实践协同育人，[2]是培养应用型卓越法治人才的最优解。

（四）创新发展：协同育人共同体与"参与式教与学"培养模式的适配性

1. 课程体系构建

传统的法学实践教学仍存在一些固有问题没能有效解决，实践课程单一且主要的实践活动仍为"情景模拟和案例推演"；课程教学模式停留在"一言堂"等教师主导模式上，学生只是被动的学习；课程内容过分强调理论知识的传授，轻实践能力的培养；教学内容上重知识传授、轻育人问题。因此，"参与式教与学"培养模式针对法学专业实践课程（环节）与学生实践能力培养、提升需求不匹配的情况，增设了《法律诊所》课程。针对实践检验期结束后理论总结时发现《法律诊所》课程对卓越法治人才培养供给乏力的问题，论证设计了《模拟法庭》课程和《法律职业技能训练》课程。这样做是为了提高学生对诉讼流程的认知和对审判制度的了解，锻炼学生职业技能，创新特色教法，在法学实践教学上下功夫，走一条"目标明确"的专业发展之路。

---

[1] 杨小云、屈林岩："创新体制机制 推进'三全育人'综合改革"，载《中国高等教育》2022年第Z1期，第59页。

[2] 杨小云、屈林岩："创新体制机制 推进'三全育人'综合改革"，载《中国高等教育》2022年第Z1期，第60页。

第十四章 "参与式教与学"培养模式内涵与实现路径

2. 真案拓展机制

"参与式教与学"培养模式不仅强调了课程中注重教师与学生之间的互动性,还以对实务法律问题的展现和问题的解决的实践课程(环节)设置为核心,即"参与式教与学"培养模式真案拓展机制,通过学生参与真实案件处理进行培养学习。以毕业实习常用的实践教学基地建设为例,创建高质效的实践管理与服务机制,整合法学院与司法行政机关下设的各法律实务机构(法律援助中心、律师协会及各律师事务所、基层法律服务所、公证处、监狱看守所、地方立法研究中心等)的优质资源,利用信息管理平台统筹管理协调,密切合作,实现与实务机构法律教育资源的共享与优势互补,使学生从课堂走入现实,真切感受办案过程,探寻实务中争议的焦点,寻求争议解决的方案。同时在真案拓展机制的实践课程建设下,推动了构建高水准规范化的法学实践教育基地的发展。

3. 教学方法

"参与式教与学"培养模式能有效培养学生法治思维、职业道德、创新精神和实践能力,学生由单向度被动性学习转变为师生双向互动,师生分阶段变换主被动角色,授课教师与学生"双向互动""全面参与",总体上采用教师引(指)导式参与,学生主动融入并主导学习的教学方法。如《法律诊所》课程中有分组模拟庭审训练、互动式个案指导、真实案件代理等多种先进教学方法,以此来满足法律实践中对学生能力的不同需要。

4. 培养方案

"参与式教与学"培养模式的培养方案基于"参与式教与学"模式,协同优化课程(环节)体系,增设的《法律诊所》课程可以有效弥补实践课程供给不足的问题。此外,根据卓越法治人才培养需要,"参与式教与学"培养模式结合学科特点和

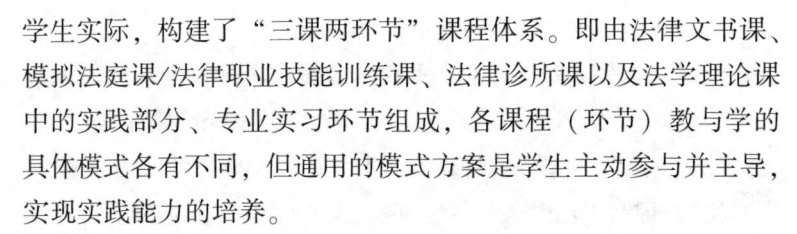

学生实际，构建了"三课两环节"课程体系。即由法律文书课、模拟法庭课/法律职业技能训练课、法律诊所课以及法学理论课中的实践部分、专业实习环节组成，各课程（环节）教与学的具体模式各有不同，但通用的模式方案是学生主动参与并主导，实现实践能力的培养。

5. 考核体系

"参与式教与学"培养模式注重课程考核评价，在"三全育人"理念指导下，"参与式教与学"课程评价体系由"单向客观重结果型的一元化考核"向"主客观相结合、重过程型的多元化考核"进行了转变。课程的考核标准及评价模式侧重于实践性，而且基于教学内容和教学方式以及教学场所的多样性、灵活性使得课程中对学生的考核标准及评价方法形成了基于实践性基础之上的"主客观相结合、重过程型的多元化"考核模式。实践课程（环节）的主要考核标准及评价模式包括师生相互评价，既有任课教师对选课学生上课情况及实践表现的评价，也有学生对任课教师授课内容和实践指导的评价（用于改进教学）；将选课学生的自我评价和相互评价相结合，评价的范围和形式具有多样性，既可以对课程的理论学习进行评价，也可以对实务工作进行评价；既可以采取口头方式，也可以采取书面形式进行评价。对于实践中的案件受理、当事人接待、案件处理结果的分析等进行量化考核。

（五）"参与式教与学"培养模式协同育人共同体构建的路径

1. 高等院校"按需索骥"，相关部门协同配合

高等院校作为学生信息的储存者，以及教育教学的牵头人，应当及时了解学生需求，主动联结各方资源，与教育行政部门与行政司法实务等部门协同联动，在现行法律制度基础上完善工作机制，搭建协同联动平台，主要为法科生进行法律实践提

供真案资源、实务指导人员等。

此外，为加强校政、校司、校企等合作，促进产教融合，各高等院校法学院应当积极开展实地调研座谈活动。一方面，高等院校应充分了解各目标实习实训单位的特点、优势，并积极向其介绍学校、学院的办学特色和学科建设情况，以期达成合作意向。另一方面，高等院校在选择实践单位时也应从整体考虑，适当配置不同类型的实践单位，使学生有更多选择，也使得法学实践教学的培养更加全面。

2. 双师型教师队伍建设

大力加强法学专业双师型队伍建设是提高法学专业人才培养质量的重要举措。双师型教师普遍被认为是拥有"双证"和"双能"的教学主体。所谓"双证"，是指法学教师应同时具备教师资格证和法律职业从业资格证书，"双能"指的是法学教师应具有较强的教学能力和法律职业实践能力。[1]由于法学学科具有较为丰富的基础理论知识以及较强的应用性，法学教育需要注重基本理论教育的教授，更需要注重学生的法律应用与实践能力的培养。因此，高等院校应当积极聘用法官、检察官、律师等法律界工作经验丰富的实务型精英兼职教师或客座教授，或者邀请其进入校园开展讲座等活动，这些教师主要负责实践课程的讲授以及实习、就业指导工作。[2]此外，对于高等院校内教师，积极鼓励其担任兼职律师、企事业单位法律顾问或者将其派到行政部门、司法部门挂职学习，以增长其实践教学能力。通过建设双师型教师队伍，制定双师授课规划，不断充实

---

[1] 黄维："法学专业双师型教师队伍建设探讨"，载《南阳师范学院学报》2019年第2期，第58页。

[2] 黄维："法学专业双师型教师队伍建设探讨"，载《南阳师范学院学报》2019年第2期，第60页。

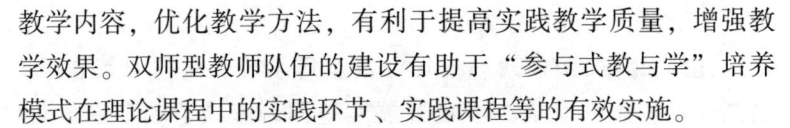

教学内容，优化教学方法，有利于提高实践教学质量，增强教学效果。双师型教师队伍的建设有助于"参与式教与学"培养模式在理论课程中的实践环节、实践课程等的有效实施。

3. 校内外双导师队伍建设

在本科阶段，不同高等院校可根据其办学特色以及学科建设情况，建立"双导师制"，即校内的学业导师和校外的发展（实践、实习）导师。学业导师主要是法学院利用自身多学科教师乃至博士生资源引导低年级本科生发展而专门设立的特色制度，旨在为低年级本科生提供全本科阶段的课程学习、专业选择、科研创作、本科发展规划上的引导和帮助。发展（实践、实习）导师则在与学校合作的外部单位中产生，主要负责学生在实践、实习中的指导、管理，帮助学生深入实践，提升实践能力、获得实践技巧并进行职业规划。校内外双导师队伍的建设有助于保证"参与式教与学"培养模式在毕业实习实践环节的质效。

第十五章 CHAPTER 15
"参与式教与学"培养模式下实践课程考核评价

2018年教育部和中央政法委联合出台了《关于坚持德法兼修实施卓越法治人才教育培养计划2.0的意见》（教高〔2018〕6号），应此要求，呼和浩特民族学院法学院优化了《法律诊所》课程考核等内容，要求任课教师在对选修《法律诊所》课程的学生进行考核评价时，所依据的考核方法和评价标准要凸显《法律诊所》的实践性，且针对《法律诊所》教学方式的多样性和教学场所的非固定性，在侧重实践性的基础上构建起多元化的考核标准和评价方法。

一、法学实践课程概述

（一）法学实践课程基本内涵

法学教育是培养德才兼备法治专业人才的学科，同时也是一门行为科学，而法学实践课程是完成专业法治人才培养目标的重要环节。实践课程能够促进学生认知和能力的协调统一，培养能熟练将专业理论知识应用于立法、司法、行政及其他法律服务的实践能力与创新创业能力的应用型卓越法治人才。因此笔者认为，法学实践课程是以培养学生法治思维、职业道德、创新能力和实践能力为目的，对学生将法学理论知识运用于分析解决实务法律问题能力作为考核评价对象的课程。

法学是具有共同理论基础或研究领域相对一致的专业，具有很强的应用性和实践性，在国家民主法治建设中发挥着重要的基础性作用。具有如下特点：首先，法学实践课程强调知行合一。法科学生不仅要具备完整的法学理论学科体系知识，而且对法律实践能力和法律逻辑有更高的要求。想成为合格的法官、检察官和律师等人才，必须具备能动的法律思维能力。法学实践课正是为了培养学生的动手能力，强调理论的融会贯通，强调知识与技能的联系而设置的。其次，法学实践课具有综合性。传统的法学教学模式主要以讲授模式为主，将实体法和程序法知识结合起来，分阶段、分内容和分方向地对学生进行知识的教授，通过学生的认识活动程度，由浅入深、由表及里的实践教学，从而使学生逐步掌握法学的知识与技能。最后，法学实践课以学生为主体进行教学。法学实践课程中教师退居其次，主要由学生进行参与和体验，教师通过指导与引导，使学生分析和参与直至主导处理真实的案件（例），发散学生的思维，在解决具体案件的过程中理解识记法律条文和相关的法学理论知识。

（二）法学实践课程教学改革意义

建设社会主义法治国家需要大量高素质的法科生，法学教育重视并提倡实践教学，重视学生能力的发展，能够让法科学生更主动适应社会主义法治社会建设要求。当前的法学教育把传授法学理论和实践知识与职业道德和社会主义法治理念结合起来，使学生掌握用法学理论知识处理实际法律问题的技巧与方法，具备同当事人以及司法行政机关等沟通的能力，使得理论教学和实践教学相互平衡，对于本科法学教育意义重大。

二、《法律诊所》课程开设情况

本科法学专业实践课程有《法律诊所》《模拟法庭》《法律

职业技能训练》等,传统的法学专业教学过程中更重视理论知识的讲授,一定程度上忽视了实践能力的锻炼与培养,这无疑会影响学生参加工作后的实绩和在单位的成长速度。因此,呼和浩特民族学院法学院为培养高素质应用型法治人才,对实践课程考核评价方式进行了有益的探索性改革。

(一)《法律诊所》课程特点分析

"诊所式"法律教育,又称"法律诊所"(Legal education),是一种以培养法学生法律技能、法律职业道德、法律职业责任为核心的实践性法学教学模式,同时也是一种法学实践教学与法律援助方式相结合、法律实务能力和法律执业技能教育相结合的创新型和延伸型法律教学课程。"法学实践教育教学是我国法治社会的形成以及完善的重要一环。在推进我国依法治国文化的建设过程中,高等院校法学教育者以及管理者需要基于法学实践教育教学基础进行法学人才培养机制的探索。"[1]

其特点如下:一是具有教学内容及方式侧重实践性的特点。《法律诊所》的教学要求及学生的学习内容具有浓厚的实践性色彩,授课教师在教学中不能简单地以"一言堂"的方式向学生"灌输"法律理论知识,而是要通过对司法实践中不同性质的案例的讲解和指导学生实际操作等方式,引导学生在理论学习的基础上提升解决实务问题的能力。在任课教师和小组成员的配合下深入研讨相关案例,自觉关注实践中发生的热点案件,打破"法学理论高手"与"司法实践侏儒"式的不平衡发展。二是要求参与者具备思维多样性的特点。正如英国丹宁勋爵所说:"法律的唯一确定性就在于它的不确定性。"司法实践中争议的事项事关利益纷争与抉择,同一案件事实中蕴含着不同的法律

---

[1] 柴国生:"依法治国视域下法治人才培养机制的优化路径——评《法学本科实践教学教程》",载《中国教育学刊》2019年第3期,第63页。

关系，而不同法律关系又会在案件事实、证据和法律适用的选择层面产生关联。所以，这要求教师和学生从多个视角、多个层面来看待案件中所涉及的不同法律关系。[1]法律诊所思维方式的多样性要求学生在处理具体案件纠纷时，要站在对方当事人立场去分析案件事实及其可能的处理方式，即在实践中处理案件时，既要分析对方当事人及其诉讼代理人（主要是律师）会如何朝着有利于其利益的方向主张案件法律事实和法律适用，以此来作好法庭辩论的应对。还要分析法官在面对案件法律事实和相关法律规范时有可能作出何种裁决来实现"法律效果""政治效果"与"社会效果"的有机统一。三是具有教学灵活性的特点。《法律诊所》实践形式的多样性决定了其具备教学方式灵活多向性的特点，《法律诊所》作为一门侧重于法律实践能力培养的课程，要求授课教师与学生"双向互动""全面参与"，如《法律诊所》课程中有分组模拟庭审训练、互动式个案指导、真实案件代理等多种先进性的教学方法，以此来满足司法实践中不同的需要。呼和浩特民族学院法学院实践课程只设置了固定接待室并未单独设定固定上课地点，这便是充分考虑到了《法律诊所》教学场所不固定和多样性的特点，其教学既可以在教室展开实践之前的法律理论教育，也可以在模拟法庭及司法机关进行观摩、演练，还可以在律师事务所、公证处等场所进行实践教学。

---

[1] 一般情况下，一个案件中只有一个法律关系，但是社会生活的多样性和复杂性决定了法律关系的多样性与复杂性，即使同一案件、同一个法律事实中也会涉及不同性质的法律关系。比如张三实施了持刀砍伤李四的行为，该同一个法律事实可能既涉及刑事法律关系中的故意伤害/杀人的犯罪与刑罚的关系，亦涉及了民事法律关系中的人身权侵权损害赔偿法律关系，此外还可能涉及行政法律关系中的治安处罚这一行政处罚法律关系。

第十五章 "参与式教与学"培养模式下实践课程考核评价

（二）《法律诊所》课程知识体系与课时分配讨论

呼和浩特民族学院法学院《法律诊所》课程知识体系共分十章。由于其性质为法学类专业选修课，理论讲授为16学时，实践指导为20学时，共计36学时，其知识体系和学时分配参见下表。一名教师只能带10到20名学生（班容量），而且根据已经开设三年的课程来看，36课时远达不到培养"应用型法治人才"的需要。[1]

课程章节	课程内容及体系	学时分配
一	第一章 走进诊所	2学时
二	第二章 民商事法律纠纷（案件）的诉讼及非诉解决程序	4学时
三	第三章 同当事人及司法机关沟通技巧	2学时
四	第四章 民商事法律纠纷（案件）的收案及处理方案	4学时
五	第五章 法律要点的确定、分析与法律适用	4学时
六	第六章 实践常用法律文书制作	2学时
七	第七章 法律职业道德的具体运用	2学时
八	第八章 模拟法庭演练	4学时
九	第九章 案件代理	10学时
十	第十章 撰写实践报告	2学时

---

[1] 笔者认为72学时较适当（课程模拟法庭环节设计课题量为4，实际至少需要12课时，当然这存在班容量大的问题，即使小的班容量，课时也不应少于6课时；案件代理环节还需要制作阅卷记录、案例和法律检索及代理方案制作等，这一环节还需要增加20学时；此外，还有值班接待等工作也需要计算课时）。建议在增加专任教师的同时，利用好实习基地，聘请校外指导老师（高年级学生配合协助）开设不同的诊所课程（家事、交通事故、医疗损害、刑事、行政、立法等）。

(三)《法律诊所》课程的教学目标、任务及要求

1.《法律诊所》的教学目标与任务

通过《法律诊所》课程的教授,学生能够进一步巩固所学法学理论知识,并将相关知识应用至具体实务场景。任课教师和实践导师的双指导下,学生将全面、系统地掌握处理法律纠纷的方式方法及基本技巧,为当事人提供高质量的法律服务,擅于与当事人、司法行政机关工作人员和其他诉讼参与人沟通、合作,实现理论知识水平、法律实践能力以及法律执业能力的结合。在这个过程中,能够深入了解我国司法实践现状以及法治发展的趋势,并深刻体会法律职业者的职业道德感和社会责任感,厚植社会主义法治理念。

2.《法律诊所》的教学要求

本课程面向法学本科专业的三、四年级学生,参加本课程的学生应已经修完且熟练掌握《宪法学》《法理学》《民法学》《刑法学》等基础主干课程。选修该课程的学生应自觉锻炼和强化独立办理案件的能力和素质,还应当按照课程要求参加课堂讲授及其他各种形式的理论、实践环节,积极参加讨论。在任课教师的指导下,学生分成小组（5人到8人一组）,参加接待,提供法律咨询等法律服务,如按照诊所值班要求到诊所对外的法律服务办公室值班、接待来访,向需要获得法律服务的个人或单位提供高质量法律服务,同时做好来访登记、接待记录。无论是课堂讨论还是办理真实案件,学生都要充分发挥主观能动性,在任课教师指导下,提出自己对争议法律关系（案件）的分析意见和解决方案,每个学生都应当参与办理一个诉讼或者非诉案件（咨询解答、诉讼代理等）,并按照诊所办案程序和要求,撰写结案报告。

3. 《法律诊所》课程中关于诊所实践的注意事项

《法律诊所》课程属于实践课,既涉及理论知识,又涉及实践技巧,理论知识方面会涉及多个法学科目,实践技巧包括经验性技巧和探索性技巧。所以,需要学生在完成理论专题学习后再进行实践专题训练。"现行法学本科教育……过于注重学科知识体系的建构和完善,过于强调对基本知识的传授以及对基本概念和基本原理的解释和分类,造成明显的学科化和学院化的发展倾向",[1]因此需要实践课程予以纠正。

4. 《法律诊所》课程对学生考核标准及评价模式的独特要求

《法律诊所》课程的考核标准及评价模式侧重实践性,而且基于教学内容和教学方式以及教学场所的多样性、灵活性使得课程中对学生的考核标准及评价方法形成了基于实践性基础之上的"主客观相结合、重过程型的多元化考核"模式。课程的主要考核标准及评价模式包括师生相互评价,既有任课教师对选课学生上课情况及实践表现的评价,也有学生对任课教师授课内容和实践指导的评价(用于改进教学);将选课学生的自我评价和相互评价相结合,评价的范围和形式具有多样性,既可以对课程的理论学习进行评价,也可以对诊所的实务工作进行评价;既可以采取口头方式,也可以采取书面形式进行评价。对于诊所实践中的案件受理、当事人接待、案件处理结果的分析等进行量化考核。

(四)《法律诊所》课程的学生考核标准和评价模式分析

呼和浩特民族学院法学院现阶段形式上统一适用"平时成绩30%、期中成绩20%、期末成绩50%"的考核标准与评价方

---

[1] 杨会、魏建新:"国家统一法律职业资格考试背景下法学本科教育改革研究",载《社会科学家》2018年第2期,第115页。

法(以下简称"325"模式)。"325"模式中,最能体现出课程实践性和评价学生实践、学习积极性的是"平时成绩",但现有的考核中平时成绩仅占 30%,因而不能体现出平时实践的主导地位。反而是侧重书面、卷面成绩的理论性考核方式——"期中成绩"和"期末成绩"占据主导地位,二者共计达到了 70%。"325"模式之下不能适应《法律诊所》的实践性和教学方式、内容的灵活多样性,不能有效引导学生提升自己的实践能力和水平,更不能有效实现使法学理论与司法实践相结合、相协调的教学任务和目标。

三、关于变革《法律诊所》课程考核与评价模式的依据

在"法律诊所"等法律实践教学中适用"325"考核评价标准不利于学生自主学习及教师科学、合理评价学生的表现及成绩,应予改革完善。

(一)变革课程考核与评价模式的学科依据

《法律诊所》课程所具有的实践性、教学方式灵活多样性以及学生考核方式和标准独特性等特点决定了其机械适用"325"模式无法实现与实践教学以及学生运用法学理论解决实践问题能力提升的有效兼容和相互促进,且无法实现课程提高学生解决现实法律问题和培养"应用型法治人才"的教学目标。因此,必须变革"单向、客观、重结果型的一元化考核"模式,发展侧重于实践的"主客观相结合、重过程型的多元化考核"模式。

(二)变革课程考核与评价模式的现实依据

按照侧重理论学习能力及书面考试结论的"325"评价标准和考核方式对学生进行评价,则会人为"固化"学生重视法学理论学习和忽视实践学习及能力的提高这一不利局面,进而使法学教育"教师重法学理论教育,学生轻法学实践学习"以及

学生"法学理论能力"与"实务能力"相脱节的弊端被放大和强化，这对学生未来的成长、发展和法学教育都是极为不利的。故而要对其进行有利于学生实务能力提升的方向改革。

（三）变革课程考核与评价模式的学理依据

"325"模式属于"单向、客观、重结果型的一元化考核"，此考核及评价标准不利于学生"独立思考分析问题能力"的培育和强化，亦不利于其"实际操作和解决问题能力"的提升。法学是实践的学科，只有实现司法实践与法学理论学习有机结合，才能培育出德法兼修的应用型法治人才。

（四）变革课程考核与评价模式是法学教育的发展趋势要求

《法律诊所》形成于美国法学院，因其重视培养法科学生的法律实践能力和判例研读能力，被"英美法系"国家各法学院和法律教育方法论所广泛采纳，乃至成为经典的法律教育模式。在两大法系相互借鉴融合的过程中，"大陆法系"国家的法学教育亦引入了"法律诊所"教育模式。国内各高等院校的法律系、法学院有许多开设了《法律诊所》课程，人大法学院已开设了职务犯罪侦查纠纷解决、国际商事法律人才、知识产权、律师、政务法务、商事法务、司法法务、亚太精英法律人才等九大方向。[1]且对课程的考核方式与评价标准相较于理论法学而言，形成了侧重实践性和多元化的评价模式。这表明借鉴域外和我国其他高等院校开设《法律诊所》课程的实践经验，创新课程考核、评价模式是顺应时代发展潮流的做法，是法学教育同中国优势法学教育乃至国际法学教育接轨的强有力措施和证明。

---

〔1〕 龙翼飞等："中国人民大学法学院法律硕士培养的若干改革与设想"，载郭志远主编：《安徽大学法律评论》，安徽人民出版社2011年版，第39页。

四、关于变革《法律诊所》课程考核标准及评价模式的探索

在不突破"325"考核权重的基础上,呼和浩特民族学院于2017学年至2018学年开始对大四年级共83名同学的《法律诊所》课程进行验证性改革,考核评价模式由侧重于理论的"325"模式变更为侧重于实践的多元化考核评价模式。

(一)课程考核标准及评价模式具体要求

1. 学生的出勤考核及评价分值占20%

《法律诊所》课程需要在实践中学习诉讼技巧和诉讼经验,只有学生按照课程安排和《教学大纲》的要求认真开展课程学习活动,才能获得良好的效果。因此,考勤制度成为课堂教学顺利开展的重要保障之一,通过从时间上和空间上约束学生,使之按时参加课程学习,方可有效保证培养目的的实现。与此同时,学生的出勤情况是评估课堂教学效果的重要参考指标,是学生学习兴趣与积极性的反映,客观上能够促进教师完善教学内容、改进教学方法,因此必须严格和强化课程的考勤制度,故考勤在百分制中所占分值为20%。

2. 学生代理案件的"案例分析报告"考核和评价分值占35%

由于《法律诊所》课程教学方式的实践性、多样性以及学习内容的特殊性,因此,需要通过"案例分析报告"的考核形式来实现对司法实践中的"司法实践能力""与当事人沟通技巧""实践案件法律分析与解决问题能力"等的考核与评价。鉴于"案例分析报告"在教学中的重要性,因此在考核时有必要将"案例分析报告"这部分分值予以细化,具体考核和占比内容包括:①案例分析答辩占15%。通过案件分析答辩,可以比较准确、全面地检查学生综合运用法学知识的能力。案例分析过程中需要以个人或分小组的形式对具体代理的案件通过PPT

等形式进行案例分析与讲演,同时解答评价教师与其他同学就本案提出的问题,因此将其考核分值点设置为15%。②法律文书写作训练是法律实务最基础的技能之一,也是一名合格的法律职业人应具备的素质,法律诊所课程中少不了对案例分析书面报告及其他书面材料的分析和整理,学生需要在所代理案件的处理过程中,基于案件事实形成案件分析意见、代理方案、法律意见、法律风险分析论证和结果预判等书面材料,因此将其考核分值设置为20%。

3. 个人工作记录的考核及评价分值占10%

《法律诊所》课程以实践为主,在课程设置方面主要以任课教师指导学生参加真实的案件代理过程的方式进行教学,学生通过处理实务法律问题、参与现实法律程序、接触不同法律人物等实践环节积累法律实务经验,训练法律职业技能。因此,学生参与的案件越多,受到的实践锻炼越多,能力提高得会更快。此时个人工作记录成为衡量学生学习效果的参考值之一。呼和浩特民族学院《法律诊所》课程的地点设置在当地法律援助中心、律师事务所以及法律服务所等不同地点,可以将学生上课时所做的诸如"法律咨询和援助中心"记录、代理案件的处理中所做的记录以及"接待当事人笔录""案件处理过程记录"等作为考核标准,其考核分值占比为10%。

4. 实践报告的考核及评价分值占10%

《法律诊所》课程作为侧重实践性的法学专业选修课,在注重和强调实践性的同时也从侧面锻炼了学生的理论总结能力。法律本身就是一门实践性、社会性很强的学科,法学专业的学生必须掌握听、说、读、写、辩等多种法律素质和能力,而法律实践报告的撰写则是法律工作者写作与总结能力的重要表现之一,通过实践报告的撰写能够将学到的法学理论知识运用到实践中，有益于实现知识的融会贯通，能够反映出学生的知识掌握水平，因此，有必要采取"实践报告"的形式来实现对学生实践总结能力的评价与考核。其考核及评价分值占比为10%。

5. 小组讨论的考核及评价分值占5%

《法律诊所》课程诸如在"模拟法庭""案件分析"等教学内容中，学生在任课教师的指导下，为解决遇到的相关法律问题常常会以小组讨论的方式提出疑问、进行探究和推理。这种小组讨论的学习方式与单向教授不同，为学生提供了群体思考的机会，学生通过思辨讨论过程中的思维碰撞，互相启发和补充，极大地激发了学生的学习兴趣。通过学与思、践与悟的结合，深化了对知识点的理解与掌握。因此，讨论中的表现也是侧面考察和评价学生的因素之一。为培养学生的小组合作意识与能力，同时为了更好地实现《法律诊所》课程的教学效果，有必要将小组讨论以及其他形式的小组活动计入考核和评价之中，"案件小组讨论分析记录"考核分值占比为5%。

6. 模拟法庭（包括案卷装订）的考核和评价分值为20%

《法律诊所》作为实践性和操作性极强的课程，在教学过程中离不开诸如"模拟法庭"等实践性教学方式来增强学生的法律实践能力。通过"模拟法庭"教学，学生通过具体的角色扮演来真实体验法律实践者的职业活动，从而发挥学生的主观能动性、全面锻炼学生的法律实践能力、提升学生的法律职业素养。"要利用司法实务界的导师对学生进行法律职业伦理道德的教化，法律职业伦理道德是法律职业的基础和伴生物。"[1]在开展"模拟法庭"的过程中，通过对学生在司法审判程序中的参与、实体法律适用以及诉讼技巧等方面的考察，了解学生对相

---

〔1〕樊建民：“法学教育模式改革之探析”，载《河南社会科学》2013年第8期，第77页。

第十五章 "参与式教与学"培养模式下实践课程考核评价

关知识的掌握程度,故将模拟法庭的庭审表现纳入考核和评价之中,占比为10%。与此同时,对于在模拟法庭中案卷的排列与装订亦是重要的考核内容,案卷的整理装订工作看起来简单,但是实际上是十分繁杂细致又规范严格的工作,需要按照严格的程序进行,若主卷内文书材料残缺不全,装订杂乱无章,则会影响到办案质量,因此必须引起重视。将案卷文书的装订列入考察范围,能够实现学生对案件和法律的尊重,增强其司法实践能力。

7. 注意事项

需要注意的是,实践专题又非理论专题那样能够按课程进度表准时完成,因为涉及人民法院处理案件的结案时间与学校的教学及结课时间可能不同步或每位学生选取案件进度不同的情况。可能会存在本学期《法律诊所》课程已经结课,但实务诉讼程序中选课学生所代理案件还未审结的情况。因此,对于一学期结课时尚未完成完整案件的学生,其成绩可以等到案件处理完毕后,再依据上述考核标准与评价方法进行考核、评分与录入成绩,或者根据已完成情况打分。

(二) 课程考核标准及评价模式成效

根据上述改革设计,由学生参与各级人民法院真实案件代理进行验证,学生亲身动手参与真实的诉讼案件开庭审理和非诉案件处理,使学生去真实法庭见真人处理真事儿、真纠纷,结果显示学生参与实践的积极性和分析解决实务问题的能力都得到了极大的提高。

(三) 小结

本科法学教育只有兼顾基础理论的教授与实践应用创新能力的培养,才能为国家培育德才兼备的法治人才。呼和浩特民族学院法学院致力于法学实践课课程思政、课程体系、考核评价的改革、优化,以实践课程考核评价为导向,秉承"三全育人"理念,使教师指导、学生主导双向互动的"参与式教与学"模式落到实处。经实践后发现,本科法学实践课程以"主客观相结合、重过程型的多元化考核"模式,对培养具备熟练运用法学理论知识分析解决实务问题能力的卓越法治人才具有正向促进作用。

经过几轮次《法律诊所》课程教学工作的实践、学生的反馈及渐进式的改革实验,结合对其他部分院校《法律诊所》课程开展情况的考察,笔者认为对《法律诊所》课程考核标准及评价模式进行改革可以充分调动和提高学生参与实践的积极性,使教与学由重理论轻实践向理论知识与实践能力的学习、培养协同共进的方式转变。课程考核评价在"三全育人"理念指导下,由"单向客观重结果型的一元化考核"向"主客观相结合、重过程型的多元化考核"转变,最终实现本科法学专业教学与学习方式由教师主导主动、学生被动向教师指导、学生主导、教师与学生双向互动的"参与式教与学"模式转变。

第十六章 CHAPTER 16
"参与式教与学"培养模式研究与实践总结

依据教育部、中央政法委《关于坚持德法兼修实施卓越法治人才教育培养计划 2.0 的意见》《普通高等院校法学类本科专业教学质量国家标准（2018 年版）》《法学类教学质量国家标准（2021 年版）》《关于推进习近平法治思想纳入高校法治理论教学体系的通知》等文件精神和呼和浩特民族学院（以下简称"学校"）本科法学办学实际，围绕"德法兼修卓越法治人才"培养定位，系统开展卓越法治人才培养理论研究和实践检验，形成了系列成果，包括系列学术论文、各级各类教改项目、课程教案及考评报告、专业实习方案和在校生代理真实案件形成的案例库一套。在前期研究与实践基础上，总结提炼出"三全育人"理念下卓越法治人才"参与式教与学"培养模式，本章从"参与式教与学"培养模式研究和实践基础、创新、成效及进一步深化完善等方面对"参与式教与学"培养模式进行阐述。

一、"参与式教与学"培养模式之基础

（一）问题的提出

法学专业担负着培养信仰宪法法律、捍卫公平正义、实践法

治建设、推动法治进程、传承法治文明[1]的卓越法治人才的重任，本科法学专业所具有的极强的实践性，决定着培养分析和解决实务问题的德法兼修人才是本科法学教育所要达成的目标之一。但本科法学实践教学面临着"千校一面"的同质化困境，以及学生对独立自主地获取、更新本专业相关知识的学习能力和将所学的专业理论与知识融会贯通并灵活地综合应用于专业实务之中的基本技能需求，同法学实践课程（环节）供给不足和教学模式创新不够之间的矛盾问题。故此，如何突破同质化困境、解决学生基本技能需求同教学资源供给不足的矛盾问题，以实现"三全育人"理念下高质量培养德法兼修的卓越法治人才成为亟待解决的教改课题。

内蒙古自治区的卓越法治人才供给总体上尚不充分，自治区内地区间亦存在不平衡状况，需要立足自治区的实际，强化创新精神和实践能力的培养模式研究与实践，切实提高学生提供法律服务能力。呼和浩特民族学院法学院（以下简称"法学院"）为解决前述法学教学难题，以德法兼修的卓越法治人才培养为目标，安排实务经验丰富的教师作为主要参与人组成教改团队，针对法学专业理论课程实践环节的教法、实践课程建设及教学方式方法开展全面系统研究和实验，以创新法学专业实践教学模式和优化法学实践课程（环节）体系，提高卓越法治人才培养质效。

（二）教改研究与实践之必要性和可行性

1. 必要性

开展教改研究与实践是学生培养之需要。根据法学院就业和考研情况，绝大多数学生毕业后选择就业，因此，在校期间

---

[1] 参见教育部、中央政法委《关于坚持德法兼修实施卓越法治人才教育培养计划2.0的意见》（教高[2018]6号）。

第十六章 "参与式教与学"培养模式研究与实践总结

培养学生法治思维、职业道德、创新精神和实践能力成为法学院法学教育的必然要求，有必要对以往的法学实践教学课程（环节）体系和教学模式进行研究和实践，以适应德法兼修卓越法治人才培养之需要，实现学生经过专业学习毕业即能上岗上手、可用好用。

开展教改研究与实践是法学实践教学创新发展之要求。传统的法学实践教学仍存在一些固有问题没能有效解决，如实践课程单一且主要的实践活动仍为"情景模拟和案例推演"，课程教学模式停留在"一言堂"等教师主导模式上，学生只是被动的学习。课程内容过分强调理论知识的传授，轻实践能力的培养。教学内容上重知识传授、轻育人问题，致使培养的法治人才专业理论与实践结合能力不强[1]、解决实务问题水平不高等。这便要求围绕卓越法治人才培养的定位，结合学生特点，利用本土资源，创新特色教法，在法学实践教学上下功夫，走一条"目标明确"的专业发展之路。

开展教改研究与实践是依法治国（区）和用人单位之需求。法学专业培养学生必须对焦人才需求，教育发展应围绕社会和用人单位人才需求，基于法学院学生毕业选择直接就业的比例较高的现实，法学教育应着重培养实践能力强的卓越法治人才，做到有的放矢、供需对应。

2. 可行性

开展教改研究与实践有专业办学基础。法学专业自被批准招生之后，围绕法学实践教学进行过多次研讨，并据此多次修改培养方案和教学大纲等系列教学材料，以及过往的法学办学

---

〔1〕 姜磊："高校本科应用型法治人才培养与实践教学模式研究——以呼和浩特民族学院法学院为例"，载《赤峰学院学报（汉文哲学社会科学版）》2021年第4期，第89页。

经验为教改研究和改革奠定了基础。

开展教改研究与实践有"双师型"教师队伍优势。法学专业有多名"双师型"（教师、律师）教师，在人才招聘时注重有实践从业经历教师的引进，着力提高"双师型"教师占比，实务经验丰富的教师队伍为法学实践教学提供了坚实保障。

开展教改研究与实践有实习实训基地支撑。法学院先后建立了行政、执法、司法等实践教学基地，为开展教改研究与实践提供了实务师资补充和实务案件资源支撑。

开展教改研究与实践有经费保障。根据法学实践教学改革研究和实践发展需要，学校在教改之初以立项校级教学改革课题方式给予经费支持，并对实习实训学生提供专项实习经费保障。

（三）开展教改研究与实践所要解决的核心问题

教改研究与实践证明：以增设新课和优化实践环节，解决传统实践课程（环节）单一问题；以提出的"参与式教与学"模式替代传统的"理论课方式开展实践课""体验式"教学模式，解决学生作为主角但不够主动和不能主导的问题；运用"三全育人"理念，在引（指）导学生过程中以理想信念教育为核心，以社会主义核心价值观为引领，解决教学内容上重实务知识传授、轻育人的问题；充分利用"双师型"教师条件和实习实训基地资源，以真案资源解决理论课与实践课（环节）脱钩和学生实践案源不足的问题。

（四）研究与实践主要方法

（1）文献研究法：通过查阅相关文献，全面地了解所要研究的法学实践教学的本质属性，并借鉴已有成果中国内外法学实践教学模式等的经验做法。

（2）比较研究法：比较研究法分为纵向比较和横向比较两

个维度，纵向比较主要为法学院法学实践教学前后届别学生实践教学效果比较，以不断修正和改进教学模式；横向比较主要为现行实践课程设置和教学模式与国内外法学教育模式及其他高等院校进行比较，重点放在《模拟法庭》《法律诊所》课和专业实习环节教学模式的比较分析上。

（3）个案法：选取所任教及调研学校的法学专业课程的教学和"课程思政"为研究对象，从中寻求规律性认识。

（4）社会调查法：通过对国内部分高等院校的访谈调研和问卷调查，了解其法学实践教学情况和卓越法治人才培养模式；此外，通过学生对课程和教学模式的意见和建议进行统计分析，为研究和改革提供现实依据。

二、"参与式教与学"培养模式创新及成效

（一）"参与式教与学"培养模式之创新

在培养模式方面，首次提出"参与式教与学"培养模式并进行了与之相匹配的课程建设改革的创新发展，突破同质化困境，切实解决了以往法学实践教学中出现的"千校一面"问题，有效提高了学生分析和解决实务问题的能力。注重原有资源的开发利用和就地取材并注重外地经验本土化，与实习实训基地共同在实践课（环节）上深度合作，使学生自主主导"去真法庭见真人"参与处理"真事儿真纠纷"，构建法治人才培养共同体，创新培养卓越法治人才路径。

在课程建设方面，基于"参与式教与学"培养模式，协同优化了课程（环节）体系，《法律诊所》《法律职业技能训练》等课程的增设有效弥补了实践课程供给不足的问题。根据卓越法治人才培养需要，结合学科特点和学生实际，构建"三课两环节"课程体系，即由《法律文书》《模拟法庭》《法律职业技

能训练》《法律诊所》课以及法学理论课中的实践环节、专业（社会）实习（实践）环节组成，各课程（环节）教与学的具体模式各有不同，但通用的模式（方法）是学生主动参与并主导，实现实践能力的培养。

在实践教学方面，"参与式教与学"培养模式采用学生循序渐进地参与直至主导学的逻辑进路，借助实习实训基地实务工作者力量和真案资源，创设性地让学生主导、教师引（指）导式参与而提高了学生主动思考和动手解决实务问题的能力，开拓了法学实践教学理论研究和实践应用的新范式。

在课程思政方面，"参与式教与学"模式秉承"三全育人"理念，在实践中将职业立场、伦理、习近平法治思想、社会主义法治理念等融入法学实践课程（环节）的日常教学之中，在教与学过程中铸牢中华民族共同体意识，在学生处理具体案件和为群众提供法律服务中，校内外导师合力培养学生信仰宪法法律，自觉践行社会主义核心价值观。

此外，在理念层面，"参与式教与学"培养模式倡导"实践能力由实践来锻炼"，在教改研究和实践过程中，学生不但是改革的实践检验者，也是改革的研究参与者，如学生参与课题调研工作、针对课程谈感受和提意见建议等。

（二）"参与式教与学"培养模式之成效

学生提供法律咨询、文书代写服务得到了当事人"排忧解难有水平、免费服务显责任"的赞扬；参与真案实战，得到各方诉讼主体的认可，并产生了经济效益（其中一案在本金外胜诉 17 826 969 元利息）；[1]学生代理真实案件形成的案例库（见

---

[1] 姜磊："高校本科应用型法治人才培养与实践教学模式研究——以呼和浩特民族学院法学院为例"，载《赤峰学院学报（汉文哲学社会科学版）》2021 年第 4 期，第 91 页。

下表）被区内外多所高等院校教师借用于教学活动。学生毕业后上岗即直接能用、好用。课程实验的学生有被实习实训基地聘任的，还有在毕业后被在校时代理案件的当事人后续委托代理（［2021］内0502民初12274号民事判决书等）的。回顾过去近9年的实践试验与实践检验，"参与式教与学"培养模式能够使学生更好地将所学应用于实践，保证了法学专业学生的学习质量，实现了法学专业的培养目标，为社会输送了大量德法兼修的卓越法治人才，满足现实中立法、司法、行政和其他单位法律服务的需求。在呼和浩特民族学院、区内外高等院校法学实践教学发展和"德法兼修"的卓越法治人才培养方面，"参与式教与学"模式均有显著正向影响。

在校生参与/主导真实诉讼、非诉及科研项目明细（部分）

序号	姓名	案由/事项	当事人	出庭（场）与否	程序	文书号
1	李慧 马佳宁	执行异议纠纷	内蒙古奋发农牧业科技有限责任公司与呼和浩特市	是	执行异议	［2017］内0105执异248号
2	李慧	劳动合同纠纷	孙某阳与中国大地财产保险股份有限公司	否	一审	［2017］内0624民初1277号
3	包顺布尔	物业服务合同纠纷	呼和浩特市赛罕区巧报镇大台什村民委员会和呼和浩特市锦钰物业服务有限责任公司	是	二审	［2017］内01民终4057号

续表

序号	姓名	案由/事项	当事人	出庭(场)与否	程序	文书号
4	晏杨	建设工程施工合同纠纷	和林格尔县宏伟维修队与呼和浩特市赛罕区巧报镇大台什村民委员会	是	二审	[2017] 内01民终3837号
5	李迎春	物业服务合同纠纷	呼和浩特市赛罕区巧报镇大台什村民委员会与呼和浩特市锦钰物业服务有限责任公司	是	二审	[2017] 内01民终4063号
6	马佳宁	房屋买卖合同纠纷	内蒙古亿科房地产开发有限公司与焦某宇	是	一审	[2017] 内0105民初8160号
7	乌单牧其尔	执行异议纠纷	内蒙古福瑞祥典当有限公司与郝某龙	是	二审	[2018] 内民终435号
8	李春风	承揽合同纠纷	呼和浩特市赛罕区巧报镇大台什村民委员会与呼和浩特市锦钰物业服务有限责任公司	否	二审	授权委托书
9	伊日腾出	不当得利纠纷	内蒙古自治区精神卫生中心与内蒙古建设股份有限公司	是	一审	[2018] 内0105民初6103号
10	李慧	房屋租赁合同纠纷	呼市赛罕区巧报镇人民政府双树村民委员会与邬某宇	是	二审	[2019] 内01民终2455号

第十六章 "参与式教与学"培养模式研究与实践总结

续表

序号	姓名	案由/事项	当事人	出庭(场)与否	程序	文书号
11	伊茹其布尔	地下设施损害责任纠纷	李某与呼和浩特市城发信息管网有限责任公司	是	一审	[2018]内0103民初3031号
12	董佳慧	交通事故责任纠纷	刘某与尹某军、中国平安财产保险股份有限公司金昌中心支公司、白某花、何某平	否	一审	[2017]内2922民初200号
13	董佳慧	商品房预售合同纠纷	呼和浩特市城发信息管网有限责任公司与内蒙古万通房地产开发有限责任公司	是	一审	[2017]内0502民初8264号
14	董佳慧	交通事故责任纠纷	惠某华等与中国太平洋财产保险股份有限公司呼和浩特中心支公司	是	一审	[2017]内2922民初1563号
15	董佳慧	交通事故责任纠纷	张某英等与中国太平洋财产保险股份有限公司呼和浩特中心支公司	是	一审	[2017]内0925民初666号
16	黄家铱	建设工程施工合同纠纷	内蒙古永亨建设工程有限责任公司与呼和浩特市赛罕区黄合少镇黑沙图村村民委员会	是	一审	[2017]内0105民初6218号

续表

序号	姓名	案由/事项	当事人	出庭（场）与否	程序	文书号
17	马佳宁	房屋租赁合同纠纷	邬泽宇与呼市赛罕区巧报镇人民政府双树村民委员会	是	二审	［2017］内01民终3387号
18	白玛曲扎	民间借贷纠纷	内蒙古亿拓地产顾问有限责任公司与张某君、柴某珍	是	一审	［2019］内0102民初3109号
19	布音塔	建设施工合同纠纷	江苏溧阳晶鑫建设有限公司内蒙古分公司与呼市回民区攸攸板镇什拉门更村民委员会	否	仲裁	呼仲案字［2019］第387号
20	李思达等	市场（村委会集体资产）股份化改制	呼和浩特市双树农副产品市场有限责任公司	是	全过程	专项法律顾问
21	党浩文等	教学改革项目	内蒙古自治区教育科学规划课题	是	全过程	内教科规办结字［2021］01

1. 对法学实践教育教学理论与实践影响

第一，法学理论课程的实践部分。专业基础理论课教师在理论课程讲授时，使用在校生代理真实案件形成的案例引入教学和对理论知识解析及交叉法律关系分析，更容易激发学生的学习兴趣和积极性。

第二，法学实践课程建设。基于"参与式教与学"培养模式，协同优化课程（环节）体系所构建的"三课两环节"课程体系，有效弥补了实践课程供给不足问题。

第三，法学实践教学。"参与式教与学"模式中作为主角的学生主动参与并主导学习。教师更多的工作是对接实习实训基地和引（指）导式参与，更注重过程监督与学生实践中必要的"重大危机干预"，教师在"教学相长"过程中积累了更丰富的真案教学案例。此外，理论课实践环节使用本校学生代理的真案案例，"现身说法"式的教学效果愈加突显。

第四，法学教育。"参与式教与学"模式一定程度上丰富了法学教育理论体系，有助于法学实践教育本土化课程资源和培养模式的开发建设，在法学教育研究中构建中国话语体系。

2. 对学生学习及实践能力影响

第一，学生学习方式和成绩。学生由原来的参与配合转变为主动主导，学生去"真法庭见真人"参与处理"真事儿真纠纷"成为常用的实践方式。《法律诊所》课的成绩因更注重"多干多得、少干少得"的考核评价，5个班级学生分数在80分以上的占94.4%。专业（毕业）实习实践因更注重"过程管理"、不唯《实习报告》论分数的考核评价而更客观公允。

第二，学生实践能力。"参与式教与学"培养模式培养了学生的法治思维、职业道德、创新精神，增强了学生分析解决实务问题的能力。真案实战中呈现的法律文书的规范要求增强了学生综合运用专业知识的能力，庭审举证质证和辩论环节锻炼了学生的思辨和沟通交流能力，研究实践过程中，参与实验的2019级法学4班学生法律职业资格考试单科通过率超过50%，学生参与的真案代理丰富了教学案例库。

第三，学生德育效果。法学实践环节更利于法律职业立场、伦理的培育，通过在真实案件代理中融入习近平法治思想、社会主义核心价值观等，培养学生信仰宪法法律、捍卫公平正义、传承法治文明。学生在"比学赶帮超"的实践过程中相互进行价值影响，传递向上向善正能量。

三、"参与式教与学"培养模式之完善和精进

呼和浩特民族学院法学院秉承服务地方、为内蒙古培养德法兼修的卓越法治人才的办学宗旨，从地方实际出发，积极响应卓越法治建设的人才需求，放眼社会主义法治建设大局，创新人才培养模式、建设课程体系，培养更多卓越法治人才，提升"参与式教与学"培养模式运用质效。

（一）理论研究方面

"参与式教与学"培养模式的内涵还需要进一步总结提炼，形成理论体系，探索法学实践教学理论研究话语体系，以更好地指导实践；在《法学类教学质量国家标准（2021年版）》对法学实践教学学分比等刚性规范基础上，结合专业办学定位，深化研究建设同"参与式教与学"培养模式相匹配的课程体系包括但不限于集实务实训于一体的综合实践课（环节）、理论课的实践部分，丰富《模拟法庭》《法律职业技能训练》课程大纲等，下一轮次培养方案修改时增设或修改，以本土化课程实现法治人才培养；实践课（环节）的"三全育人"还需要系统研究和阐述，重点为习近平法治思想、社会主义法治理念、社会主义核心价值观、职业立场和伦理教育及铸牢中华民族共同体意识如何更好地融入"参与式教与学"培养模式。

（二）实践应用方面

"参与式教"由"双师型"教师负责，同时聘请实务部门一线工作人员参与对学生的有效指导，补强师资力量，为使校内外导师协同做好学生的引导和指导工作，需要完善实践教学规章制度；论证在现有代理、辩护规定基础上，争取教育行政

主管部门和司法行政等部门的政策支持，以使学生"去真法庭见真人"参与处理"真事儿、真纠纷"成为普遍可能；在整班（课程）建制范围外，"参与式教与学"培养模式针对学生进一步开展个案延展实践试验，即将实践能力培养置于日常，已经完成3名同学业余时间代理真实诉讼或仲裁案件的试验。将进一步推广"参与式教与学"培养模式适用范围，尝试构建学生在校期间不固定时间的一门实践大课的学习与教学体系。

四、结语

自2014年组织团队针对卓越法治人才培养模式进行理论研究，并适时进行实践检验，呼和浩特民族学院完成的理论和实践成果丰富且成体系，有理论课实践环节、实践课程、实践环节，有教改论文、教改课题，有在校生代理真实案件形成的教学案例库，在"参与式教与学"培养模式影响下，学生法律职业资格考试单科一次性通过率超过50%，近年每年多名学生在"挑战杯"等全区大学生创业设计竞赛和全区大学生课外学术科技作品竞赛中获奖。此外，"参与式教与学"培养模式的理论研究和实践检验均有学生参与，进一步提升了"参与式教与学"培养模式质效。

在"三全育人"理念下，基于法学实践教学实际，在原有人才培养模式基础上，提出"参与式教与学"培养模式有一定的创新性，尤其是将理论研究转化为实践，使学生参与真实案件代理，具有一定的突破性和实效性，为德法兼修的卓越法治人才培养提供了一种可行方案。同时，在实践课程教学过程中注重习近平法治思想、职业立场、伦理、理想信念和社会主义核心价值观的融入，更有利于铸牢中华民族共同体意识，实现"课程思政"。

"参与式教与学"培养模式的执行有校内"双师型"教师，也有校外实习实训基地执业律师等实务人员，校内"双师型"教师在律师事务所兼职执业，可以有效确保"参与式教与学"培养模式落地、落实，完善协同育人机制，构建法治人才培养共同体。法学院安排的教师团队成员的"老、中、青"年龄结构，从师资力量角度保证了"参与式教与学"培养模式的可持续发展。实习实训基地导师选定党员参与，进一步保证"课程思政"实现。

后 记 postscript

  本书是"2022年内蒙古自治区本科教学改革研究项目"（本科法学实践课程建设和教学改革研究）成果，作者写作成稿得益于在呼和浩特民族学院和内蒙古工业大学执教经验和慧聪律师事务所的执业经历。法学是实践性较强的学科，其课程建设和教学经验也主要基于和来源于实践，本书鉴别取舍国外的经验，其中有益经验利于我国法学实践课程体系和实践教学改革的质效提升，但更重要的是要考虑实际，注重本土化研究和尝试从理论、概念和方法等方面构建法学实践教学领域的中国话语体系。

  各种实践教学模式在法学实践教学中虽受到越来越多的关注，但目前来看，教学效果并不理想，若能克服各种实践教学模式在运用时的掣肘，分阶段、分层次综合运用各种教学模式，充分发挥实践教学模式协同运用的优势或基于现有理论研究和实践经验集成符合法治人才需求、法科生自身基础和教学实际的教学模式质效，那么实践教学必将如预期般培养法科生的法治思维和职业道德，激发法科生的创新精神，提高法科生的实践能力，为社会提供更多应用型卓越法治人才。由此，法学实践教学改革仍需要不懈的努力。